1권

JN404568

제1회 BNK경남은행 필기시험

www.sdedu.co.kr

〈문항 수 및 시험시간〉

영역	문항 수	시험시간	모바일 OMR 답안채점 / 성적분석
논리사고력	30문제	80분	
금융직무	20문제		
경제 / 경영학	20문제		
디지털	10문제		

BNK경남은행 필기시험

제1회 모의고사

문항 수 : 80문항
시험시간 : 80분

01 다음이 설명하는 은행법상 명칭으로 옳은 것은?

> 자본금·적립금 및 그 밖의 잉여금, 1년 이상의 기한부 예금 또는 사채(社債)나 그 밖의 채권을 발행하여 조달한 자금을 1년을 초과하는 기한으로 대출하는 업무

① 신용공여업무
② 지급보증업무
③ 상업금융업무
④ 장기금융업무
⑤ 단기금융업무

02 다음 중 은행법에서 규정하는 고객응대지원에 대한 보호조치 의무사항이 아닌 것은?

① 직원에 대한 치료 및 상담 지원
② 직원의 보호를 위하여 필요한 법적 조치
③ 고객의 폭언 피해 발생 시 영업장 퇴거 조치
④ 고객을 직접 응대하는 직원을 위한 상시적 고충처리 기구 마련
⑤ 직원이 요청하는 경우 해당 고객으로부터의 분리 및 업무담당자 교체

03 다음 중 유배당보험과 무배당보험을 비교한 내용으로 옳지 않은 것은?

① 유배당보험은 무배당보험에 비해 보험료가 높은 것이 일반적이다.
② 유배당보험은 금리가 하락하고 주식시장이 하락할 때 상대적으로 유리하다.
③ 만기 시에 무배당보험 계약자는 환급금만 지급받지만, 유배당보험 계약자는 환급금과 함께 배당금을 지급받는다.
④ 유배당보험 계약자는 보험회사로부터 자산 운용의 수익을 지급받을 수 있지만, 실제로 배당 금액이 크지 않을 수 있다.
⑤ 오늘날 우리나라에서는 무배당보험이 지배적이고, 유배당보험은 거의 자취를 감추었다.

04 다음 〈보기〉 중 금융상품 및 금리에 대한 설명으로 옳지 않은 것을 모두 고르면?

〈보기〉

ㄱ. CD는 보통 만기가 1년 이상이다.
ㄴ. CP의 발행주체는 은행이다.
ㄷ. 코픽스(KOPIX)는 주택담보대출 기준금리로 사용된다.
ㄹ. RP는 예금자보호 대상 금융상품에 해당한다.

① ㄱ
② ㄴ
③ ㄴ, ㄷ
④ ㄷ, ㄹ
⑤ ㄱ, ㄴ, ㄹ

05 다음 중 금융기관에 대한 설명으로 옳은 것은?

① 예금은행은 통화금융정책을 사용할 권한을 가지고 있다.
② 예금은행은 통화금융기관으로 제1금융권이라고 한다.
③ 산업은행과 같은 개발기관은 주로 단기자금을 공급하기 위해 설립된 금융기관이다.
④ 자금중개기능을 담당하는 투자기관의 대표적인 예가 증권회사이다.
⑤ 제2금융권은 제도권 밖의 대금업체이다.

06 주식 투자자가 주식 담보대출 등을 위해 한국예탁결제원에 예탁된 주식을 인출한 뒤 본인 이름으로 명의를 고치지 않아 예탁결제원이 대신 수령한 배당금이나 주식 등을 말하는 휴면주식의 공식적인 표현으로 옳은 것은?

① 공매도
② ISA
③ 실기주과실
④ 의무보호예수금
⑤ ELS

07 다음 중 통화가치가 비교적 안정적인 주요 6개국의 통화 대비 미국 달러의 가치를 지수화한 지표를 나타내는 것은?

① 암스 인덱스
② 월드 인덱스
③ OITP 지수
④ 달러 인덱스
⑤ RMB 인덱스

08 다음 중 저축성예금이 아닌 것은?

① 정기적금
② 기업자유예금
③ 가계당좌예금
④ 정기예금
⑤ 저축예금

09 다음에서 추론할 수 있는 현상으로 옳지 않은 것은?

> 올 하반기 이후 외국인 투자자들이 주식과 채권 등을 매도해 자금 이탈이 가속화됨에 따라 우리나라 금융시장 전반에 큰 부담이 되고 있다. 이러한 외국인 자금의 이탈은 자국의 금융 위기로 신용 경색에 맞닥뜨린 외국인들이 현금 유동성을 확보하려고 국내 보유 자산을 빠르게 처분하고 있기 때문이다. 세계 금융 및 경제 위기가 진정될 때까지는 신흥 시장 중에서도 풍부한 유동성으로 자금 회수가 비교적 수월한 우리나라에서 외국인의 자금 이탈은 당분간 지속될 것이다.

① 주가 하락
② 증권투자수지 악화
③ 채권수익률 상승
④ 달러 대비 원화가치 하락
⑤ 수입물가 하락

10 콜시장에 대량의 자금을 공급하여 콜금리를 사실상 거의 0%(제로)에 가깝도록 유도하는 정책은?

① 제로금리 정책
② 우대금리 정책
③ 양적완화 정책
④ 출구전략
⑤ 테이퍼링

11 다음 중 공매도의 특징으로 옳지 않은 것은?

① 주가가 하락하면 공매도한 투자자는 손해를 보게 된다.
② 무차입공매도와 차입공매도로 구분된다.
③ 한국에서 무차입공매도는 금지되어 있다.
④ 주식시장에 유동성을 공급할 수 있다.
⑤ 불공정거래 수단으로 악용될 수 있다.

12 다음 중 이자보상배율에 대한 설명으로 옳지 않은 것은?

① 기업의 채무상환능력을 나타내는 지표이다.
② 기업이 영업이익으로 대출원금을 얼마나 감당할 수 있는지를 보여준다.
③ 이자보상배율이 1보다 큰 기업의 경우 비용 지불 능력이 충분하다.
④ 이자보상배율이 1 이하가 되면 잠재적 부실기업으로 볼 수 있다.
⑤ 이자보상배율이 1인 기업은 영업이익을 전부 금융 지급 비용으로 사용한다.

13 금융회사는 자신의 서비스가 자금세탁 등의 불법행위에 이용되지 않도록 여러 제도를 도입하고 있다. 다음 중 이와 관련이 없는 것은?

① BIB
② CDD
③ CTR
④ EDD
⑤ STR

14 주식시장에서 주가를 기술적으로 분석하여 예측하는 지표의 하나로 강세장으로 전환함을 나타내 주는 신호를 뜻하는 단어로, 정치에서는 지지율이 약세에서 강세로 전환되는 신호를 뜻하기도 하는 것은?

① 골든 크로스
② 데드 크로스
③ 실버 크로스
④ 레드 크로스
⑤ 블랙 크로스

15 다음 중 자금을 필요로 하는 수요자가 온라인 플랫폼 등을 통해 불특정 다수 대중에게 자금을 모으는 방식은?

① 크라우드소싱
② 크라우드펀딩
③ 아웃소싱
④ 엔젤 투자
⑤ 리플

16 다음 중 유로채와 외국채에 대한 설명으로 옳지 않은 것은?

① 유로채는 채권의 표시통화 국가에서 발행되는 채권이다.
② 유로채는 이자소득세를 내지 않는다.
③ 외국채는 감독 당국의 규제를 받는다.
④ 외국채는 신용 평가가 필요하다.
⑤ 아리랑본드는 외국채, 김치본드는 유로채이다.

17 다음 중 DLS 상품의 수익 여부 기준이 되는 파생상품에 포함되는 개념으로 옳지 않은 것은?

① 주가지수
② 유가지수
③ 환율
④ 채권
⑤ 원자재지수

18 다음 중 여신전문금융회사에 대한 설명으로 옳지 않은 것은?

① 예금업무는 취급하지 않고 여신업무만 취급한다.
② 자금은 주로 예금수입과 채권발행으로 조달된다.
③ 여신전문금융회사가 취급하는 여신업무는 소비자금융, 리스, 벤처금융 등을 포함한다.
④ 여신전문금융회사법에서는 신용카드업, 시설대여업, 할부금융업 및 신기술사업금융업을 여신전문금융업으로 규정하고 있다.
⑤ 여신전문금융업을 하려면 금융위원회의 허가를 받거나 금융위원회에 등록을 해야 한다.

19 다음에서 설명하고 있는 인수합병 방어전략으로 옳은 것은?

특정 투자자가 회사의 경영권을 획득하거나 강화하기 위하여 불특정 다수의 주주들로부터 주식 등을 공개적으로 장외에서 매수하는 방법

① 황금낙하산
② 독약조항
③ 새벽의 기습
④ 곰의 포옹
⑤ 공개매수제도

20 다음 중 용어에 대한 설명이 옳은 것은?

① 가지급금은 현금지급이 아직 이루어지지 않은 것이므로 세법의 규제를 받지 않는다.
② 통화스왑은 계약시 약정 환율에 따라 해당 통화를 일정 시점에서 교환하는 것이다.
③ 낙성계약은 당사자의 의사가 일치하는 것 이외에 당사자 일방이 물건의 인도와 기타 급부를 하여야 성립하는 계약을 말한다.
④ 라이선스 생산방식은 기술의존도가 낮아 자력 개발이 쉬운 제품의 생산에 주로 사용된다.
⑤ 더블딥이란 경기 침체로 일시적인 어려움을 겪는 상황을 말한다.

21 재정적자로 인해 정부가 국채를 발행하여 자금을 조달할 경우, 국채의 발행이 채권가격의 하락으로 이어져 시장이자율이 상승하여 투자에 부정적인 영향을 주는 것은?

① 피셔 방정식
② 구축 효과
③ 유동성 함정
④ 오쿤의 법칙
⑤ 화폐 수량설

22 N기업의 생산함수(Q)는 $\frac{1}{2,000}KL^{\frac{1}{2}}$, 자본임대료는 20, 임금은 10이다. N기업이 자본을 2,000단위 사용하는 경우에 단기비용함수를 계산하면 얼마인가?(단, K는 자본투입량, L은 노동투입량이다)

① $10Q^2+10,000$
② $10Q^2+40,000$
③ $20Q^2+20,000$
④ $20Q^2+40,000$
⑤ $30Q^2+40,000$

23 다음 경제이론과 관련이 있는 것은?

1980년대 말 버블경제의 붕괴 이후 지난 10여 년간 일본은 장기침체를 벗어나지 못하고 있다. 이에 대한 대책의 하나로 일본 정부는 극단적으로 이자율을 낮추고 사실상 제로금리정책을 시행하고 있으나, 투자 및 소비의 활성화 등 의도했던 수요확대 효과가 전혀 나타나지 않고 있다.

① 화폐 환상
② 유동성 함정
③ 구축 효과
④ J커브 효과
⑤ 피셔 방정식

24 국내외 여건에 유동적으로 대처하기 위해 수입품의 일정한 수량을 기준으로 부과하는 탄력관세는?

① 상계관세
② 조정관세
③ 할당관세
④ 계정관세
⑤ 덤핑방지관세

25 다음은 완전경쟁시장에 대한 설명이다. 빈칸에 들어갈 말을 순서대로 나열한 것은?

완전경쟁시장의 대표적인 특징은 첫째, 판매자와 구매자 모두 _________이고, 둘째, 판매자와 구매자 모두 제품에 대해 _________ 정보를 가지고 있으며, 셋째, 이 시장에서는 기업의 _________이 자유롭다는 데 있다.

① 가격 수용적, 불완전한, 가격 설정
② 가격 수용적, 완전한, 진입과 퇴출
③ 가격 수용적, 비대칭적, 제품 차별
④ 가격 설정적, 불완전한, 가격 설정
⑤ 가격 설정적, 완전한, 진입과 퇴출

26 X재는 다음과 같이 우하향하는 수요곡선과 수직의 공급곡선을 갖는다. X재 한 단위당 5만큼의 세금이 부과될 때, 나타나는 변화로 옳은 것은?

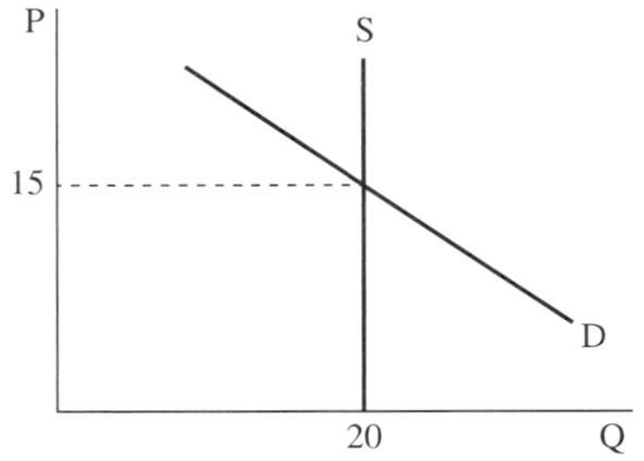

① 소비자가 지불하는 가격이 상승한다.
② 생산자잉여가 감소한다.
③ 소비자와 공급자가 조세를 3 : 4 비율로 나누어 부담한다.
④ 정부의 조세수입은 100보다 작다.
⑤ 초과부담(사중손실)이 발생한다.

27 다음 중 정부의 지출과 조세정책 효과에 대한 설명으로 옳지 않은 것은?

① 인플레이션은 정부의 부채 부담을 더욱 크게 한다.
② 정부 부채는 일반적으로 미래의 조세 수입 증가를 통해 해소된다.
③ 조세를 일시적으로 변화시킬 경우 영속적으로 변화시킬 때보다 효과가 적다.
④ 정부가 지출을 증가시키면서도 세금을 늘리지 않는다면 정부 부채가 늘어날 수밖에 없다.
⑤ 정부가 지출을 늘리면 당장 재정적자는 불어나지만 결국 경제 회복으로 조세수입이 증가하게 되어 재정적자가 줄어들 수 있다.

28 다음 〈보기〉 중 통화정책의 단기적 효과를 높이는 요인으로 옳은 것을 모두 고르면?

〈보기〉

ㄱ. 화폐수요의 이자율 탄력성이 높은 경우
ㄴ. 투자의 이자율 탄력성이 높은 경우
ㄷ. 한계소비성향이 높은 경우

① ㄱ
② ㄴ
③ ㄱ, ㄷ
④ ㄴ, ㄷ
⑤ ㄱ, ㄴ, ㄷ

29 다음 중 소비자잉여에 대한 설명으로 옳은 것은?

① 공급이 감소하여 가격이 상승한 경우 소비자잉여는 감소한다.
② 수요가 증가하여 가격이 상승한 경우 소비자잉여는 감소한다.
③ 수요의 탄력성이 클수록 소비자잉여도 크다.
④ 공급의 탄력성이 클수록 소비자잉여도 크다.
⑤ 소비자잉여를 늘리는 정책은 자원배분의 효율성을 제고한다.

30 소득 불평등 정도를 나타내는 그래프로 산업화 과정에 있는 국가의 불평등 정도는 처음에 증가하다가 산업화가 일정 수준을 지나면 다시 감소하는 역 U자형 형태를 보이는 것으로 알려졌으나, 최근 『21세기 자본』의 저자 토마 피케티와 『왜 우리는 불평등해졌는가』를 쓴 브랑코 밀라노비치 뉴욕시립대 교수가 이를 비판하면서 이슈가 됐다. 이 그래프는 무엇인가?

① 로렌츠 곡선
② 필립스 곡선
③ 굴절수요 곡선
④ 로지스틱 곡선
⑤ 쿠즈네츠 곡선

31 다음 중 투자안 분석기법으로서의 순현가(NPV)법에 대한 설명으로 옳은 것은?

① 순현가는 투자의 결과 발생하는 현금유입의 현재가치에서 현금유입의 미래가치를 차감한 것이다.
② 순현가법은 모든 개별 투자안들 간의 상호관계를 고려한다.
③ 순현가법에서는 투자안의 내용연수 동안 발생할 미래의 모든 현금흐름을 반영한다.
④ 순현가법에서는 현금흐름을 최대한 큰 할인율로 할인한다.
⑤ 순현가법에서는 투자의 결과 발생하는 현금유입이 투자안의 내부수익률로 재투자될 수 있다고 가정한다.

32 다음 중 단위당 소요되는 표준작업시간과 실제작업시간을 비교하여, 절약된 작업시간에 대한 생산성 이득을 노사가 각각 50:50의 비율로 배분하는 임금제도는?

① 임프로쉐어 플랜
② 스캔런 플랜
③ 메리크식 복률성과급
④ 테일러식 차별성과급
⑤ 러커 플랜

33 다음 중 다각화 전략의 장점으로 옳지 않은 것은?

① 복합기업들이 여러 시장에 참여하고 있기 때문에 어떤 한 사업분야에서 가격경쟁이 치열하다면, 다른 사업분야에서 나오는 수익으로 가격경쟁을 가져갈 수 있다.
② 범위의 경제성 또는 시너지 효과는 실질적으로 기업의 이익을 증대시킬 수 있다.
③ 새로운 성장동력을 찾아 기업 자체의 성장성을 잃지 않을 수 있다.
④ 개별 사업부문의 경기순환에 의한 리스크를 줄일 수 있다.
⑤ 글로벌 경쟁이 심화될수록 경쟁력이 높아질 수 있다.

34 다음 중 델파이 기법에 대한 설명으로 옳지 않은 것은?

① 전문가들을 두 그룹으로 나누어 진행한다.
② 많은 전문가들의 의견을 취합하여 재조정 과정을 거친다.
③ 의사결정 및 의견개진 과정에서 타인의 압력이 배제된다.
④ 전문가들을 공식적으로 소집하여 한 장소에 모이게 할 필요가 없다.
⑤ 미래의 불확실성에 대한 의사결정 및 중장기예측에 좋은 방법이다.

35 다음 중 마이클 포터(Michael E. Porter)가 제시한 경쟁우위전략에 대한 설명으로 옳지 않은 것은?

① 원가우위전략은 경쟁기업보다 낮은 비용에 생산하여 저렴하게 판매하는 것을 의미한다.
② 차별화전략은 경쟁사들이 모방하기 힘든 독특한 제품을 판매하는 것을 의미한다.
③ 집중화전략은 원가우위에 토대를 두거나 차별화우위에 토대를 둘 수 있다.
④ 원가우위전략과 차별화전략은 일반적으로 대기업에서 많이 수행된다.
⑤ 마이클 포터는 기업이 성공하기 위해서는 한 제품을 통하여 원가우위전략과 차별화전략 두 가지 전략을 동시에 추구해야 한다고 보았다.

36 다음 〈보기〉 중 리더십이론에 대한 설명으로 옳은 것을 모두 고르면?

〈보기〉

ㄱ. 변혁적 리더십을 발휘하는 리더는 부하에게 이상적인 방향을 제시하고 임파워먼트(Empowerment)를 실시한다.
ㄴ. 거래적 리더십을 발휘하는 리더는 비전을 통해 단결, 비전의 전달과 신뢰의 확보를 강조한다.
ㄷ. 카리스마 리더십을 발휘하는 리더는 부하에게 높은 자신감을 보이며 매력적인 비전을 제시하지만 위압적이고 충성심을 요구하는 측면이 있다.
ㄹ. 슈퍼 리더십을 발휘하는 리더는 부하를 강력하게 지도하고 통제하는 데 역점을 둔다.

① ㄱ, ㄷ
② ㄱ, ㄹ
③ ㄴ, ㄷ
④ ㄴ, ㄹ
⑤ ㄷ, ㄹ

37 다음 중 신제품을 가장 먼저 받아들이는 그룹에 이어 두 번째로 신제품의 정보를 수집하여 신중하게 수용하는 그룹은?

① 조기 수용자(Early Adopters)
② 혁신자(Innovators)
③ 조기 다수자(Early Majority)
④ 후기 다수자(Late Majority)
⑤ 최후 수용자(Laggards)

38 다음 중 한 사람의 업무담당자가 기능부문과 제품부문의 관리자로부터 동시에 통제를 받도록 이중권한 구조를 형성하는 조직구조는?

① 기능별 조직
② 사업부제 조직
③ 매트릭스 조직
④ 프로젝트 조직
⑤ 팀제 조직

39 다음 중 e-비즈니스 기업의 장점으로 옳지 않은 것은?

① 빠른 의사결정을 진행할 수 있다.
② 양질의 고객서비스를 제공할 수 있다.
③ 배송, 물류비 등 각종 비용을 절감할 수 있다.
④ 기업이 더 높은 가격으로 제품을 판매할 수 있다.
⑤ 소비자에게 더 많은 선택권을 부여할 수 있다.

40 다음에서 설명하는 인력공급 예측기법은?

• 시간의 흐름에 따라 직원의 직무이동확률을 파악하는 방법이다. • 장기적인 인력공급의 미래예측에 용이하다. • 조직 및 경영환경이 매우 안정적이어야 측정이 가능하다.

① 자격요건 분석
② 기능목록 분석
③ 마코브 체인
④ 대체도
⑤ 외부공급 예측

41 다음 중 마이데이터(Mydata) 특징으로 옳지 않은 것은?

① 여러 기관에 있는 자신의 정보를 한 번에 확인할 수 있다.
② 특정 업체에 자신의 정보를 제공할 수 있다.
③ 개인의 정보 주권을 보장하는 것이 목적이다.
④ 개인이 자신의 정보를 관리한다.
⑤ 금융 정보를 제외한 정보가 대상이 된다.

42 다음 중 빅데이터의 특징인 5V에 해당하지 않는 것은?

① Volume
② Velocity
③ Variety
④ Veracity
⑤ Variability

43 다음 중 'VR, AR, MR, XR, SR'의 정의로 옳지 않은 것은?

① VR : 컴퓨터 등을 사용한 인공적인 기술로 만들어낸 실제와 유사하지만 실제가 아닌 어떤 특정한 환경 혹은 그러한 기술
② AR : 현실의 이미지나 배경에 3차원 가상 이미지를 겹쳐서 하나의 영상으로 보이는 환경 혹은 그러한 기술
③ MR : 현실의 인간(이용자)과 화면 안의 가상공간이 상호작용할 수 있는 환경 혹은 그러한 기술
④ XR : 사진처럼 현실과 완전히 동일한 두 가지 이상의 이미지를 합성해 뇌에 직접 주입함으로써 가상의 공간을 실존하는 현실처럼 착각하도록 구현된 환경 혹은 그러한 기술
⑤ SR : 과거와 현재의 영상을 혼합해 실존하지 않는 인물·사건 등을 새롭게 구현할 수 있고 이용자가 가상 공간을 실제의 세계로 착각할 수 있는 환경 혹은 그러한 기술

44 다음에서 설명하는 서비스는?

> 은행의 송금과 결제망을 표준화시키고 이를 개방하여 하나의 애플리케이션으로 모든 은행의 계좌 조회, 결제, 송금 등의 금융 활동을 제공하는 서비스를 말한다. 2019년 12월 18일에 정식으로 서비스를 시작했으며, 은행권의 오픈 API에 따라 데이터를 전송한다. 개인이 이용하던 은행의 모바일 앱에 타행 계좌를 등록하고 이용 동의를 하면 서비스를 이용할 수 있다. 편리성이 증대되었다는 장점이 있지만, 일일 이체한도가 기존 은행 애플리케이션에 비해 낮다는 단점이 있다.

① 섭테크
② 레그테크
③ 뱅크런
④ 오픈뱅킹
⑤ 테크핀

45 다음 중 랜섬웨어(Ransomware) 공격에 대한 설명으로 옳지 않은 것은?

① 랜섬웨어 예방을 위해서는 랜섬웨어가 생기기 전의 오래된 윈도우가 효과적이므로 오래된 운영체계로 변경하도록 한다.
② 랜섬웨어 예방을 위해서는 컴퓨터를 켜기 전에 랜선을 뽑아 두거나 와이파이를 꺼두는 방법이 효과적이다.
③ 랜섬웨어에 걸렸을 경우 컴퓨터 포맷은 가능하나 파일을 열거나 복구하기가 힘들다.
④ 랜섬웨어는 이메일, 웹사이트, P2P 서비스 등을 통해 주로 퍼진다.
⑤ 랜섬웨어 감염 시 외장하드나 공유폴더도 함께 암호화된다.

46 공공장소에서 일반 대중들이 쉽게 이용할 수 있도록 무인·자동화를 통해 주변 정보 안내나 버스 시간 안내 등을 하는 무인 정보단말기 또는 이를 활용한 마케팅은?

① RFID
② 비콘
③ NFC
④ 키오스크
⑤ ATM

47 딥러닝 기술 중 적대관계생성신경망(GAN)을 이용한 기술로, 어떤 영상에 어떤 인물의 모습을 합성한 편집물은?

① GIS
② 딥페이크
③ 혼합현실
④ 메타버스
⑤ 디지털트윈

48 다음 중 자율주행 자동차에 적용될 기술과 가장 거리가 먼 것은?

① 레이더
② GPS
③ 3D 카메라
④ 적외선 카메라
⑤ 스마트 그리드

49 다음에서 설명하는 기술은?

빠른 온라인 인증을 위한 기술로 ID나 비밀번호를 입력하지 않고, 생체인식 기술을 통해 개인 인증을 할 수 있는 기술이다.

① RPA
② FIDO
③ 오픈API
④ Mashup
⑤ OCR

50 다음 중 다양한 종류의 데이터를 모아 분석하고 처리하여 의미 있는 데이터를 뽑아내는 이론과 기술을 통칭하는 용어는?

① 데이터 과학(Data Science)
② 데이터 마이닝(Data Mining)
③ 데이터 랭글링(Data Wrangling)
④ 기계 학습(Machine Learning)
⑤ 빅 데이터(Big Data)

※ 다음 문단을 논리적 순서대로 바르게 나열한 것을 고르시오. [51~54]

51

(가) 상품의 가격은 기본적으로 수요와 공급의 힘으로 결정된다. 시장에 참여하고 있는 경제 주체들은 자신이 가진 정보를 기초로 하여 수요와 공급을 결정한다.

(나) 이런 경우에는 상품의 가격이 우리의 상식으로는 도저히 이해하기 힘든 수준까지 일시적으로 뛰어오르는 현상이 나타날 가능성이 있다. 이런 현상은 특히 투기의 대상이 되는 자산의 경우 자주 나타나는데, 우리는 이를 '거품 현상'이라고 부른다.

(다) 그러나 현실에서는 사람들이 서로 다른 정보를 갖고 시장에 참여하는 경우가 많다. 어떤 사람은 특정한 정보를 갖고 있는데 거래 상대방은 그 정보를 갖고 있지 못한 경우도 있다.

(라) 일반적으로 거품 현상이란 것은 어떤 상품, 특히 자산의 가격이 지속해서 급격히 상승하는 현상을 가리킨다. 이와 같은 지속적인 가격 상승이 일어나는 이유는 애초에 발생한 가격 상승이 추가적인 가격 상승의 기대로 이어져 투기 바람이 형성되기 때문이다.

(마) 이들이 똑같은 정보를 함께 갖고 있으며 이 정보가 아주 틀린 것이 아닌 한, 상품의 가격은 어떤 기본적인 수준에서 크게 벗어나지 않을 것이라고 예상할 수 있다.

① (가) – (다) – (나) – (라) – (마)
② (가) – (마) – (다) – (나) – (라)
③ (라) – (가) – (다) – (나) – (마)
④ (라) – (다) – (가) – (나) – (마)
⑤ (마) – (가) – (다) – (라) – (나)

52

(가) 최초로 입지를 선정하는 업체는 시장의 어디든 입지할 수 있으나 소비자의 이동 거리를 최소화하기 위하여 시장의 중심에 입지한다.

(나) 최대수요입지론은 산업 입지와 상관없이 비용은 고정되어 있다고 가정한다. 이 이론에서는 경쟁 업체와 가격 변동을 고려하여 수요가 극대화되는 입지를 선정한다.

(다) 그다음 입지를 선정해야 하는 경쟁 업체는 가격 변화에 따라 수요가 변하는 정도가 크지 않은 경우, 시장의 중심에서 멀어질수록 시장을 뺏기게 되므로 경쟁 업체가 있더라도 가능한 중심에 가깝게 입지하려고 한다.

(라) 하지만 가격 변화에 따라 수요가 크게 변하는 경우에는 두 경쟁자는 서로 적절히 떨어져 입지하여 보다 낮은 가격으로 제품을 공급하려고 한다.

① (가) – (나) – (라) – (다)
② (나) – (가) – (다) – (라)
③ (나) – (라) – (다) – (가)
④ (라) – (가) – (나) – (다)
⑤ (라) – (가) – (다) – (나)

53

(가) 오히려 클레나 몬드리안의 작품을 우리 조각보의 멋에 비견되는 것으로 보아야 할 것이다. 조각보는 몬드리안이나 클레의 작품보다 100여 년 이상 앞서 제작된 공간 구성미를 가진 작품이며, 시대적으로 앞설 뿐 아니라 평범한 여성들의 일상에서 시작되었다는 점 그리고 정형화되지 않은 색채감과 구성미로 독특한 예술성을 지닌다는 점에서 차별화된 가치를 지닌다.

(나) 조각보는 일상생활에서 쓰다 남은 자투리 천을 이어서 만든 것으로, 옛 서민들의 절약 정신과 소박한 미의식을 보여준다. 조각보의 색채와 공간구성 면은 공간 분할의 추상화가로 유명한 클레(Paul Klee)나 몬드리안(Peit Mondrian)의 작품과 비견되곤 한다. 그만큼 아름답고 훌륭한 조형미를 지녔다는 의미이기도 하지만 일견 돌이켜 보면 이것은 잘못된 비교이다.

(다) 기하학적 추상을 표방했던 몬드리안의 작품보다 세련된 색상 배치로 각 색상이 가진 느낌을 살렸으며, 동양적 정서가 담김 '오방색'이라는 원색을 통해 강렬한 추상성을 지닌다. 또한 조각보를 만드는 과정과 그 작업의 내면에 가족의 건강과 행복을 기원하는 마음이 담겨 있어 단순한 오브제이기 이전에 기복신앙적인 부분이 있다. 조각보가 아름답게 느껴지는 이유는 이처럼 일상 속에서 삶과 예술을 함께 담았기 때문일 것이다.

① (가) – (나) – (다)
② (나) – (가) – (다)
③ (나) – (다) – (가)
④ (다) – (가) – (나)
⑤ (다) – (나) – (가)

54

(가) 점차 우리의 생활에서 집단이 차지하는 비중이 커지고, 사회가 조직화되어 가는 현대 사회에서는 개인의 윤리 못지않게 집단의 윤리, 즉 사회 윤리의 중요성도 커지고 있다.

(나) 따라서 우리는 현대 사회의 특성에 맞는 사회 윤리의 정립을 통해 올바른 사회를 지향하는 노력을 계속해야 할 것이다.

(다) 그러나 이러한 사회 윤리가 단순히 개개인의 도덕성이나 윤리 의식의 강화에 의해서만 이루어지는 것은 아니다.

(라) 물론 그것은 인격을 지니고 있는 개인과는 달리 전체의 이익을 합리적으로 추구하는 사회의 본질적 특성에서 연유하는 것이기도 하다.

(마) 그것은 개개인이 도덕적이라는 것과 그들로 이루어진 사회가 도덕적이라는 것은 별개의 문제이기 때문이다.

① (가) – (나) – (다) – (라) – (마)
② (가) – (나) – (라) – (다) – (마)
③ (가) – (나) – (마) – (라) – (다)
④ (가) – (다) – (나) – (라) – (마)
⑤ (가) – (다) – (마) – (라) – (나)

※ 다음 글을 읽고 이어질 문단을 논리적 순서대로 바르게 나열한 것을 고르시오. [55~56]

55

현대 대부분 국가가 선택하는 정치체제는 민주주의이다. 민주주의는 물론 단점도 가지고 있지만, 여태까지 성립된 정치체제 중에서 가장 나은 체제라는 평가를 받고 있다.

(가) 일반적으로 민주주의에서 가장 중요한 것은 국민주권이며, 따라서 사회적 계급은 존재할 수 없다. 민주주의 체제가 성립되기 이전에 대부분 국가의 정치체제는 전제주의였는데, 전제주의에서는 특권자인 국왕에게 주권이 있는 것과 극명히 대비되는 부분이다.

(나) 입헌군주제에서 국왕은 통치능력이 없다. 일종의 국가 상징으로서만 받아들여지는 것이다. 이러한 입헌군주제에서의 국왕을 가장 잘 표현하는 말이 '군림하나 통치하지 않는다.'일 것이다.

(다) 아무리 상징으로서만 국왕이 존재한다고 해도 영국에서 입헌군주제를 폐기하자는 움직임이 존재한다. 이들은 입헌군주제를 옹호하는 '근왕파'와 대비되어 '공화파'라 불리며, 어떤 신문은 공화파를 위한 신문 사이트를 따로 개설, 국왕의 소식이 보이지 않게 하기도 했다.

(라) 그럼에도 불구하고 민주주의가 시작된 나라 중 하나인 영국에는 아직도 국왕이 있다. 이러한 정치체제를 입헌군주제라 하는데, 입헌군주제에서의 왕은 입법, 사법, 행정의 모든 권력을 행사하던 전제주의에서의 국왕과는 다르다.

① (가) – (다) – (나) – (라)
② (가) – (라) – (나) – (다)
③ (가) – (라) – (다) – (나)
④ (라) – (나) – (다) – (가)
⑤ (라) – (다) – (나) – (가)

56

오늘날과 달리 과거에는 마을에서 일어난 일들을 '원님'이 조사하고 그에 따라서 자의적으로 판단하여 형벌을 내렸다. 현대에서 법에 의하지 않고 재판행위자의 입장에서 이루어진다고 생각되는 재판을 비판하는 '원님재판'이라는 용어의 원류이다.

(가) 죄형법정주의는 앞서 말한 '원님재판'을 법적으로 일컫는 죄형전단주의와 대립되는데, 범죄와 형벌을 미리 규정하여야 한다는 것으로서, 서구에서 권력자의 가혹하고 자의적인 법 해석에 따른 반발로 등장한 것이다.

(나) 앞서 살펴본 죄형법정주의가 정립되면서 파생원칙 또한 등장하였는데, 관습형법금지의 원칙, 명확성의 원칙, 유추해석금지의 원칙, 소급효금지의 원칙, 적정성의 원칙 등이 있다. 이러한 파생원칙들은 모두 죄와 형벌은 미리 설정된 법에 근거하여 정확하게 내려져야 한다는 죄형법정주의의 원칙과 연관하여 쉽게 이해될 수 있다.

(다) 그러나 현대에서 '원님재판'은 이루어질 수 없다. 형사법의 영역에 논의를 한정하여 보자면, 형사법을 전반적으로 지배하고 있는 대원칙은 형법 제1조에 규정되어있는 소위 '죄형법정주의'이다.

(라) 그 반발은 프랑스 혁명의 결과물인 '인간 및 시민의 권리선언' 제8조에서 '누구든지 범죄 이전에 제정·공포되고 또한 적법하게 적용된 법률에 의하지 아니하고는 처벌되지 아니한다.'라고 하여 실질화되었다.

① (가) – (다) – (나) – (라)
② (가) – (다) – (라) – (나)
③ (다) – (가) – (나) – (라)
④ (다) – (가) – (라) – (나)
⑤ (다) – (라) – (가) – (나)

57 다음 글을 읽고 추론한 내용으로 적절하지 않은 것은?

> 제약 연구원이란 제약 회사에서 약을 만드는 과정에 참여하는 사람을 말한다. 제약 연구원은 이러한 모든 단계에 참여하지만, 특히 신약 개발 단계와 임상 시험 단계에서 가장 중점적인 역할을 한다. 일반적으로 약을 만드는 과정은 새로운 약품을 개발하는 신약 개발 단계, 임상 시험을 통해 개발된 신약의 약효를 확인하는 임상 시험 단계, 식약처에 신약이 판매될 수 있도록 허가를 요청하는 약품 허가 요청 단계, 마지막으로 의료진과 환자를 대상으로 신약에 대해 홍보하는 영업 및 마케팅의 단계로 나눈다.
>
> 제약 연구원이 되기 위해서는 일반적으로 약학을 전공해야 한다고 생각하기 쉽지만, 약학 전공자 이외에도 생명 공학, 화학 공학, 유전 공학 전공자들이 제약 연구원으로 활발하게 참여하고 있다. 만일 신약 개발의 전문가가 되고 싶다면 해당 분야에서 오랫동안 연구한 경험이 필요하기 때문에 대학원에서 석사나 박사 학위를 취득하는 것이 유리하다.
>
> 제약 연구원이 되기 위해서는 전문적인 지식도 중요하지만, 사람의 생명과 관련된 일인 만큼, 무엇보다도 꼼꼼함과 신중함, 책임 의식이 필요하다. 또한 제약 회사라는 공동체 안에서 일을 하는 것이므로 원만한 일의 진행을 위해서 의사소통 능력도 필수적으로 요구된다. 오늘날 제약 분야가 빠르게 성장하고 있다는 점을 고려할 때, 일에 대한 도전 의식, 호기심과 탐구심 등도 제약 연구원에게 필요한 능력으로 꼽을 수 있다.

① 제약 연구원은 약품 허가 요청 단계에 참여한다.

② 오늘날 제약 연구원에게 요구되는 능력이 많아졌다.

③ 생명이나 유전 공학 전공자도 제약 연구원으로 일할 수 있다.

④ 신약 개발 전문가가 되려면 반드시 석사나 박사를 취득해야 한다.

⑤ 제약 연구원과 관련된 정보가 부족하다면 약학을 전공해야만 제약 연구원이 될 수 있다고 생각할 수 있다.

58 다음 글의 제목으로 가장 적절한 것은?

> 제4차 산업혁명은 인공지능이 기존의 자동화 시스템과 연결되어 효율이 극대화되는 산업 환경의 변화를 의미한다. 2016년 세계경제포럼에서 언급되어, 유행처럼 번지는 용어가 되었다. 학자에 따라 바라보는 견해는 다르지만 대체로 기계학습과 인공지능의 발달이 그 수단으로 꼽힌다.
> 2010년대 중반부터 드러나기 시작한 제4차 산업혁명은 현재진행형이며, 그 여파는 사회 곳곳에서 드러나고 있다. 현재도 사람을 기계와 인공지능이 대체하고 있으며, 현재 일자리의 80 ~ 99%까지 대체될 것이라고 보는 견해도 있다.
> 만약 우리가 현재의 경제 구조를 유지한 채로 이와 같은 극단적인 노동 수요 감소를 맞게 된다면, 전후 미국의 대공황 등과는 차원이 다른 끔찍한 대공황이 발생할 것이다. 계속해서 일자리가 줄어들수록 중·하위 계층은 사회에서 밀려날 수밖에 없는데, 반면 자본주의 사회의 특성상 많은 비용을 수반하는 과학기술의 연구는 자본에 종속될 수밖에 없기 때문이다. 물론 지금도 이러한 현상이 없는 것은 아니지만, 아직까지는 단순노동이 필요하기 때문에 노동력을 제공하는 중·하위층들도 불합리한 부분들에 파업과 같은 실력행사를 할 수 있었다. 그러나 앞으로 자동화가 더욱 진행되어 노동의 필요성이 사라진다면 그들을 배려해야 할 당위성은 법과 제도가 아닌 도덕이나 인권과 같은 윤리적인 영역에만 남게 되는 것이다.
> 반면에, 이를 긍정적으로 생각한다면 이처럼 일자리가 없어졌을 때 극소수에 해당하는 경우를 제외한 나머지 사람들은 노동에서 완전히 해방되어, 인공지능이 제공하는 무제한적인 자원을 마음껏 향유할 수도 있을 것이다. 하지만 이러한 미래는 지금의 자본주의보다는 사회주의 경제 체제에 가깝다. 이 때문에 많은 경제학자와 미래학자들은 제4차 산업혁명 이후의 미래를 장밋빛으로 바꿔나가기 위해, 기본소득제 도입 등의 시도와 같은 고민들을 이어가고 있다.

① 제4차 산업혁명의 의의
② 제4차 산업혁명의 빛과 그늘
③ 제4차 산업혁명의 위험성
④ 제4차 산업혁명에 대한 준비
⑤ 제4차 산업혁명의 시작

59 다음 글의 빈칸에 들어갈 내용으로 가장 적절한 것은?

오늘날 인류가 왼손보다 오른손을 선호하는 경향은 어디서 비롯되었을까? 오른손을 귀하게 여기고 왼손을 천대하는 현상은 어쩌면 산업화 이전 사회에서 배변 후 사용할 휴지가 없었다는 사실과 관련이 있을 법하다. 맨손으로 배변 뒤처리를 하는 것은 불쾌할 뿐더러 병균을 옮길 위험을 수반하는 일이었다. 이런 위험성을 낮추는 간단한 방법은 음식을 먹거나 인사할 때 다른 손을 사용하는 것이었다. 기술 발달 이전의 사회는 대개 왼손을 배변 뒤처리에, 오른손을 먹고 인사하는 일에 사용했다.
나는 이런 배경이 인간 사회에 널리 나타나는 '오른쪽'에 대한 긍정과 '왼쪽'에 대한 반감을 어느 정도 설명해 줄 수 있으리라고 생각했다. 그러나 이 설명은 왜 애초에 오른손이 먹는 일에 그리고 왼손이 배변 처리에 사용되었는지 설명해주지 못한다. ______________________ 따라서 근본적인 설명은 다른 곳에서 찾아야 할 것 같다.
한쪽 손을 주로 쓰는 경향은 뇌의 좌우반구의 기능 분화와 관련되어 있는 것으로 보인다. 보고된 증거에 따르면, 왼손잡이는 읽기와 쓰기, 개념적·논리적 사고 같은 좌반구 기능에서 오른손잡이보다 상대적으로 미약한 대신 상상력, 패턴 인식, 창의력 등 전형적인 우반구 기능에서는 상대적으로 기민한 경우가 많다.
나는 이성 대 직관의 힘겨루기, 뇌의 두 반구 사이의 힘겨루기가 오른손과 왼손의 힘겨루기로 표면화된 것이 아닐까 생각한다. 즉, 오른손이 원래 왼손보다 더 능숙했기 때문이 아니라 뇌의 좌반구가 인간의 행동을 지배하는 권력을 갖게 되었기 때문에 오른손 선호에 이르렀다는 생각이다.

① 동서양을 막론하고 왼손잡이 사회는 확인된 바 없기 때문이다.
② 기능적으로 왼손이 오른손보다 섬세하기 때문이다.
③ 모든 사람들이 오른쪽을 선호하는 것이 아니기 때문이다.
④ 양손의 기능을 분담시키지 않는 사람이 존재할 수도 있기 때문이다.
⑤ 현대사회에 들어서 왼손잡이가 늘어나고 있기 때문이다.

60 다음 글의 내용으로 가장 적절한 것은?

> OECD에 따르면 평균 수면시간이 프랑스는 8시간 50분, 미국은 8시간 38분, 영국은 8시간 13분이며, 우리나라는 7시간 49분으로 OECD 회원국 중 한국인의 수면시간이 가장 적다. 사회 특성상 다른 국가에 비해 근무 시간이 많아 수면시간이 짧은 것도 문제지만, 수면의 질 또한 낮아지고 있어 문제가 심각하다.
> 최근 수면장애 환자가 급격히 증가하는 추세다. 국민건강보험공단에 따르면 수면장애로 병원을 찾은 환자는 2010년 46만 1,000명에서 2015년 72만 1,000명으로 5년 새 56% 이상 급증했다. 당시 병원을 찾은 사람이 70만 명을 넘었다면, 현재 수면장애로 고통받는 사람은 더 많을 것으로 추산된다.
> 수면장애는 단순히 잠을 이루지 못하는 불면증뿐 아니라 충분한 수면을 취했음에도 낮 동안 각성을 유지하지 못하는 기면증(과다수면증), 잠들 무렵이면 다리가 쑤시거나 저리는 증상, 코골이와 동반되어 수면 중에 호흡이 멈춰 숙면을 취하지 못하는 수면무호흡증 등 수면의 양과 질 저하로 생긴 다양한 증상을 모두 포괄한다. 수면장애는 학습장애, 능률 저하는 물론이고 교통사고 등 안전사고, 정서장애, 사회 적응 장애의 원인이 될 수 있다. 방치하게 되면 지병이 악화되고 심근경색증, 뇌졸중 등 심각한 병을 초래하기도 한다.
> 수면장애 환자는 여성이 42만 7,000명으로 남성(29만 1,000명)보다 1.5배 정도 더 많다. 여성은 임신과 출산, 폐경과 함께 찾아오는 갱년기 등 생체주기에 따른 영향으로 전 연령에서 수면장애가 보다 빈번하게 나타나는 경향을 보이는 것으로 보고된다. 특히 폐경이 되면 여성호르몬인 에스트로겐이 줄어들면서 수면과 관련이 있는 아세틸콜린 신경전달 물질의 분비 역시 저하되어 체내 시계가 혼란스러움을 느끼게 돼 밤에 잘 잠들지 못하거나 자주 깨며 새벽에 일찍 일어나는 등 여러 형태의 불면증이 동반된다.
> 또 연령별로는 40・50대 중・장년층이 36.6%로 가장 큰 비중을 차지했고, 이에 비해 20・30대는 17.3%로 나타났다. 흔히 나이가 들면 생체시계에 변화가 생겨 깊은 잠은 비교적 줄어들고 꿈 수면이 나타나는 시간이 빨라지게 돼 상대적으로 얕은 수면과 꿈 수면이 많아지게 된다.

① 한국인의 수면시간은 근무 시간보다 짧다.
② 수면장애 환자는 20・30대에 가장 많다.
③ 수면장애 환자는 여성보다 남성이 더 많다.
④ 한국인의 수면의 질이 낮아지고 있다.
⑤ 여성의 경우 에스트로겐의 증가가 불면증에 영향을 미친다.

61 영희는 3시에 학교 수업이 끝난 후 할머니를 모시고 병원에 간다. 학교에서 집으로 갈 때는 4km/h의 속력으로 이동하고 집에서 10분 동안 할머니를 기다린 후, 할머니와 병원까지 3km/h의 속력으로 이동한다고 한다. 학교와 집, 집과 병원 사이의 거리 비가 2 : 1일 때, 병원에 도착한 시각은 4시 50분이다. 병원에서 집까지의 거리는?

① 1km
② 2km
③ 3km
④ 4km
⑤ 5km

62 어느 대형서점에 들렀다가 돌아가는 손님 중 책을 살 확률을 따져보았더니, 비가 오는 날엔 $\frac{1}{3}$이 책을 샀고, 비가 오지 않으면 $\frac{2}{7}$이 책을 사서 갔다. 만약 어느 날 비가 올 확률이 $\frac{1}{5}$이라고 한다면 손님이 들어왔다가 책을 살 확률은?

① $\frac{6}{15}$
② $\frac{8}{35}$
③ $\frac{20}{51}$
④ $\frac{31}{105}$
⑤ $\frac{130}{525}$

63 농도 4%의 소금물이 들어있는 컵에 농도 10%의 소금물을 부었더니, 농도 8%의 소금물 600g이 만들어졌다. 처음 들어있던 농도 4%의 소금물은 몇 g인가?

① 160g
② 180g
③ 200g
④ 220g
⑤ 240g

64 A회사는 10분에 5개의 인형을 만들고, B회사는 1시간에 1대의 인형 뽑는 기계를 만든다. 이 두 회사가 40시간 동안 일을 하면 최대 몇 대의 인형이 들어있는 인형 뽑는 기계를 완성할 수 있는가?(단, 인형 뽑는 기계 하나에는 적어도 40개의 인형이 들어가야 한다)

① 30대
② 35대
③ 40대
④ 45대
⑤ 50대

65 남학생 5명과 여학생 3명이 운동장에 있다. 남학생 중 2명을 뽑고, 여학생 중 2명을 뽑아 한 줄로 세우는 경우의 수는?

① 120가지
② 240가지
③ 360가지
④ 480가지
⑤ 720가지

66 다음과 같은 이등변삼각형의 둘레의 길이는?

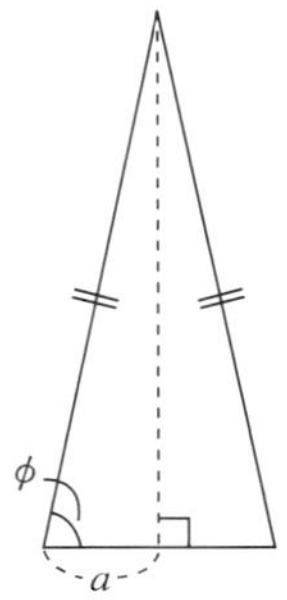

① $a\left(1+\frac{1}{\sin\phi}\right)$
② $a\left(1+\frac{1}{\cos\phi}\right)$
③ $2a\left(1+\frac{1}{\sin\phi}\right)$
④ $2a\left(1+\frac{1}{\cos\phi}\right)$
⑤ $8a$

67 a, b, c 세 유리수의 합은 18이다. a는 b와 c 합의 2배이고, c는 b의 3배일 때, 세 유리수 중에서 가장 큰 수는?

① $\frac{27}{2}$
② 11
③ 12
④ $\frac{44}{3}$
⑤ 15

68 다음은 2022 ~ 2024년의 행정구역별 인구에 대한 자료이다. 전년 대비 2024년의 대구 지역의 인구 증가율은?(단, 소수점 둘째 자리에서 반올림한다)

〈행정구역별 인구〉

(단위 : 천 명)

구분	2022년	2023년	2024년
전국	20,726	21,012	21,291
서울	4,194	4,190	4,189
부산	1,423	1,438	1,451
대구	971	982	994
인천	1,136	1,154	1,171
광주	573	580	586
대전	592	597	606
울산	442	452	455
세종	63	82	94
경기	4,787	4,885	5,003
강원	674	685	692
충북	656	670	681
충남	871	886	902
전북	775	783	790
전남	824	834	843
경북	1,154	1,170	1,181
경남	1,344	1,367	1,386
제주	247	257	267

① 1.1%
② 1.2%
③ 1.3%
④ 1.4%
⑤ 1.5%

69 다음은 자동차 판매현황에 대한 자료이다. 이에 대한 〈보기〉의 설명 중 옳은 것을 모두 고르면?

〈자동차 판매현황〉

(단위 : 천 대)

구분	2022년	2023년	2024년
소형	30	50	40
준중형	200	150	180
중형	400	200	250
대형	200	150	100
SUV	300	400	200

〈보기〉

ㄱ. 2022 ~ 2024년 동안 판매량이 지속적으로 감소하는 차종은 2종류이다.
ㄴ. 2023년 대형 자동차 판매량은 전년 대비 30% 미만 감소했다.
ㄷ. 2022 ~ 2024년 동안 SUV 자동차의 총판매량은 대형 자동차 총판매량의 2배이다.
ㄹ. 2023년 대비 2024년에 판매량이 증가한 차종 중 증가율이 가장 높은 차종은 준중형이다.

① ㄱ, ㄷ
② ㄴ, ㄷ
③ ㄴ, ㄹ
④ ㄱ, ㄴ, ㄹ
⑤ ㄱ, ㄷ, ㄹ

70 다음은 학교별 급식학교수와 급식인력(영양사, 조리사, 조리보조원)의 현황을 나타낸 자료이다. 이에 대한 설명으로 옳지 않은 것은?

〈학교별 급식학교수와 급식인력 현황〉

(단위 : 개, 명)

구분	급식학교 수	직종					
		영양사			조리사	조리보조원	총계
		정규직	비정규직	소계			
초등학교	5,417	3,377	579	3,956	4,955	25,273	34,184
중학교	2,492	626	801	1,427	1,299	10,147	12,873
고등학교	1,951	1,097	603	1,700	1,544	12,485	15,729
특수학교	129	107	6	113	135	211	459
전체	9,989	5,207	1,989	7,196	7,933	48,116	63,245

① 급식인력은 4개의 학교 중 초등학교가 가장 많다.

② 4개의 학교 모두 급식인력(영양사, 조리사, 조리보조원) 중 조리보조원이 차지하는 비율이 가장 높다.

③ 중학교 정규직 영양사는 고등학교 비정규직 영양사보다 23명 더 많다.

④ 특수학교는 4개의 학교 중 유일하게 정규직 영양사보다 비정규직 영양사가 더 적다.

⑤ 영양사 정규직 비율은 특수학교가 중학교보다 2배 이상 높다.

※ 다음 명제가 모두 참일 때, 반드시 참인 명제를 고르시오. [71~73]

71

- 테니스를 좋아하는 사람은 가족 여행을 싫어한다.
- 가족 여행을 좋아하는 사람은 독서를 좋아한다.
- 독서를 좋아하는 사람은 쇼핑을 싫어한다.
- 쇼핑을 좋아하는 사람은 그림 그리기를 좋아한다.
- 그림 그리기를 좋아하는 사람은 테니스를 좋아한다.

① 그림 그리기를 좋아하는 사람은 가족 여행을 좋아한다.
② 쇼핑을 싫어하는 사람은 그림 그리기를 좋아한다.
③ 테니스를 좋아하는 사람은 독서를 좋아한다.
④ 쇼핑을 좋아하는 사람은 가족 여행을 싫어한다.
⑤ 쇼핑을 싫어하는 사람은 테니스를 좋아한다.

72

- 도보로 걷는 사람은 자가용을 타지 않는다.
- 자전거를 타는 사람은 자가용을 탄다.
- 자전거를 타지 않는 사람은 버스를 탄다.

① 자가용을 타는 사람은 도보로 걷는다.
② 버스를 타지 않는 사람은 자전거를 타지 않는다.
③ 버스를 타는 사람은 도보로 걷는다.
④ 도보로 걷는 사람은 버스를 탄다.
⑤ 도보로 걷는 사람은 자전거를 탄다.

73

- A가 외근을 나가면 B도 외근을 나간다.
- A가 외근을 나가면 D도 외근을 나간다.
- D가 외근을 나가면 E도 외근을 나간다.
- C가 외근을 나가지 않으면 B도 외근을 나가지 않는다.
- D가 외근을 나가지 않으면 C도 외근을 나가지 않는다.

① B가 외근을 나가면 A도 외근을 나간다.
② D가 외근을 나가면 C도 외근을 나간다.
③ A가 외근을 나가면 E도 외근을 나간다.
④ C가 외근을 나가지 않으면 D도 외근을 나가지 않는다.
⑤ B가 외근을 나가지 않으면 D도 외근을 나가지 않는다.

74 세 상품 A, B, C에 대한 선호도 조사를 실시했다. 조사에 응한 사람이 가장 좋아하는 상품부터 1 ~ 3순위를 부여했다. 조사의 결과가 다음과 같을 때, C에 3순위를 부여한 사람의 수는?(단, 두 상품에 같은 순위를 표시할 수는 없다)

- 조사에 응한 사람은 20명이다.
- A를 B보다 선호한 사람은 11명이다.
- B를 C보다 선호한 사람은 14명이다.
- C를 A보다 선호한 사람은 6명이다.
- C에 1순위를 부여한 사람은 없다.

① 4명
② 5명
③ 6명
④ 7명
⑤ 8명

75 진영이가 다니는 유치원에는 서로 다른 크기의 토끼, 곰, 공룡, 기린, 돼지 인형이 있다. 다음에 근거하여 바르게 추론한 것은?

- 진영이가 좋아하는 인형의 크기가 가장 크다.
- 토끼 인형은 곰 인형보다 크다.
- 공룡 인형은 기린 인형보다 작다.
- 곰 인형은 기린 인형보다는 크지만 돼지 인형보다는 작다.

① 곰 인형의 크기가 가장 작다.
② 기린 인형의 크기가 가장 작다.
③ 돼지 인형은 토끼 인형보다 작다.
④ 토끼 인형은 돼지 인형보다 작다.
⑤ 진영이가 좋아하는 인형은 알 수 없다.

76 A ~ E 5명은 아파트 101 ~ 105동 중 서로 다른 동에 각각 살고 있다. 제시된 내용이 모두 참일 때, 다음 중 반드시 참인 것은?(단, 101 ~ 105동은 일렬로 나란히 배치되어 있다)

- A와 B는 서로 인접한 동에 산다.
- C는 103동에 산다.
- D는 C 바로 옆 동에 산다.

① A는 101동에 산다.
② B는 102동에 산다.
③ D는 104동에 산다.
④ A가 102동에 산다면 E는 105동에 산다.
⑤ B가 102동에 산다면 E는 101동에 산다.

77 S사의 기획부 A대리는 회의를 위해 8인용 원탁에 부원들을 배치하고자 한다. 다음 〈조건〉에 따라 부원들을 배치한다고 할 때, H부장의 오른쪽에 앉는 사람은?

〈조건〉

- S사의 기획부는 A대리, B대리, C대리, D과장, E과장, F팀장, G팀장, H부장으로 구성되어 있다.
- 동일 직급끼리는 마주 보거나 이웃하여 앉을 수 없다.
- B대리는 D과장의 오른쪽에 앉는다.
- F팀장은 대리 직급과 마주 보고 앉는다.
- D과장은 F팀장과 이웃하여 앉을 수 없다.
- G팀장은 A대리의 왼쪽에 앉는다.
- E과장은 F팀장과 이웃하여 앉는다.

① A대리
② C대리
③ D과장
④ F팀장
⑤ G팀장

78 P회사의 마케팅 부서 직원 A～H가 〈조건〉에 따라 원탁에 앉아서 회의를 하려고 한다. 다음 중 항상 참인 것은?(단, 서로 이웃해 있는 직원 간의 사이는 모두 동일하다)

〈조건〉

- A와 C는 가장 멀리 떨어져 있다.
- A 옆에는 G가 앉는다.
- B와 F는 서로 마주보고 있다.
- D는 E 옆에 앉는다.
- H는 B 옆에 앉지 않는다.

① 총 경우의 수는 네 가지이다.
② A와 B 사이에는 항상 누군가 앉아 있다.
③ C 옆에는 항상 E가 있다.
④ E와 G는 항상 마주 본다.
⑤ G의 오른쪽 옆에는 항상 H가 있다.

79 N은행은 A～D 각 부서에 1명씩 신입사원을 선발하였다. 지원자는 총 5명이었으며, 선발 결과에 대해 다음과 같이 진술하였다. 이 중 1명의 진술만 거짓으로 밝혀졌을 때, 다음 중 항상 참인 것은?

- 지원자 1 : 지원자 2가 A부서에 선발되었다.
- 지원자 2 : 지원자 3은 A 또는 D부서에 선발되었다.
- 지원자 3 : 지원자 4는 C부서가 아닌 다른 부서에 선발되었다.
- 지원자 4 : 지원자 5는 D부서에 선발되었다.
- 지원자 5 : 나는 D부서에 선발되었는데, 지원자 1은 선발되지 않았다.

① 지원자 1은 B부서에 선발되었다.
② 지원자 2는 A부서에 선발되었다.
③ 지원자 3은 D부서에 선발되었다.
④ 지원자 4는 B부서에 선발되었다.
⑤ 지원자 5는 C부서에 선발되었다.

80 L사에서는 택배직원들의 복리후생을 위해 이번 주말에 무료 요가강의를 제공할 계획이다. 자원관리과에는 A사원, B사원, C주임, D대리, E대리, F과장 6명이 있다. 요가강의에 참여할 직원들에 대한 정보가 다음과 같을 때, 이번 주말에 열리는 무료 요가강의에 참석할 자원관리과 직원들의 최대 수는?

〈정보〉

• C주임과 D대리 중 한 명만 참석한다.
• B사원이 참석하면 D대리는 참석하지 않는다.
• C주임이 참석하면 A사원도 참석한다.
• D대리가 참석하면 E대리는 참석하지 않는다.
• E대리는 반드시 참석한다.

① 2명
② 3명
③ 4명
④ 5명
⑤ 6명

이 출판물의 무단복제, 복사, 전재 행위는 저작권법에 저촉됩니다.
파본은 구입처에서 교환하실 수 있습니다.

합격의공식
시대
에듀

www.sdedu.co.kr

2권

제2회
BNK경남은행
필기시험

www.sdedu.co.kr

〈문항 수 및 시험시간〉

영역	문항 수	시험시간	모바일 OMR 답안채점 / 성적분석
논리사고력	30문제	80분	
금융직무	20문제		
경제 / 경영학	20문제		
디지털	10문제		

BNK경남은행 필기시험

제2회 모의고사

문항 수 : 80문항
시험시간 : 80분

01 다음 중 은행법상 은행에 대한 설명으로 옳지 않은 것은?

① 보험사업자는 은행법상 은행에 해당한다.
② 법인이 아니면 은행업을 경영할 수 없다.
③ 전국은행의 최저자본금은 1천억 원 이상이다.
④ 은행업을 경영하려면 금융위원회의 인가가 필요하다.
⑤ 신탁업무만을 경영하는 회사는 은행법상 은행에 해당하지 않는다.

02 다음 중 빈칸에 들어갈 값으로 옳은 것은?

> 은행의 주주 1인을 포함한 동일인이 지방은행의 의결권 있는 발행주식 총수의 ________를 초과하여 주식을 보유하는 경우의 그 주주 1인은 대주주에 해당한다.

① 4%
② 5%
③ 8%
④ 10%
⑤ 15%

03 다음 〈보기〉 중 보험사의 파생상품에 대한 설명으로 옳지 않은 것을 모두 고르면?

〈보기〉

ㄱ. 파생상품은 전통적인 금융상품의 기초자산의 가치 변동에 따라 가치가 결정되는 금융상품을 말한다.
ㄴ. 보험회사의 파생상품은 장외시장 거래보다는 장내시장 거래 비율이 압도적으로 높다.
ㄷ. 금융시장의 불확실성이 높아질수록 보험회사의 파생상품 거래량이 감소할 가능성 또한 증가한다.
ㄹ. 보험회사의 장외파생상품 거래는 통화스왑, 통화선도 등 통화 관련 거래가 일반적이다.

① ㄱ, ㄴ
② ㄱ, ㄷ
③ ㄱ, ㄹ
④ ㄴ, ㄷ
⑤ ㄴ, ㄹ

04 다음 중 증권을 사고팔 때, 장외에서 매도자와 매수자 간에 주식을 대량으로 매매할 수 있는 제도는?

① 블록딜
② 오버행
③ 공매도
④ 숏커버
⑤ 윈도드레싱

05 이 정책은 정책 금리가 0에 가까운 초저금리 상태일 때 중앙은행이 경기부양을 목적으로 돈을 푸는 것을 말한다. 자국의 통화가치를 떨어뜨려 수출경쟁력을 높이려는 목적이 있으며, 다른 나라 경제에 영향을 미치기도 하는 이 정책은?

① 출구전략
② 테이퍼링
③ 양적완화
④ 오퍼레이션 트위스트
⑤ 부동자금

06 다음 중 환매조건부채권에 대한 설명으로 옳지 않은 것은?

① 금융기관이 일정 기간 후 확정금리를 보태어 되사는 조건으로 발행하는 채권이다.
② 발행 목적에 따라 여러 가지 형태가 있는데, 흔히 중앙은행과 시중은행 사이의 유동성을 조절하는 수단으로 활용된다.
③ 한국은행에서도 시중에 풀린 통화량을 조절하거나 예금은행의 유동성 과부족을 막기 위해 수시로 발행하고 있다.
④ 은행이나 증권회사 등의 금융기관이 개인 수신 금융상품으로는 판매할 수 없다.
⑤ 금리는 자금 사정이나 금융기관에 따라 다르게 책정하지만, 일반적으로 정기예금보다 약간 높은 수준으로 책정된다.

07 다음 중 금융기관의 부실자산이나 채권만을 사들여 전문적으로 처리하는 기관은?

① 머니뱅크
② 배드뱅크
③ 다크뱅크
④ 캔디뱅크
⑤ 라인뱅크

08 다음 중 향후 금리 상승 가능성을 고려한 가산금리로, 주로 주택담보대출 시 대출 한도를 산정하는 데 쓰이는 금리는?

① CD 금리(Certificate of Deposit Rate)
② 콜 금리(Call Rate)
③ 쿠폰 금리(Coupon Rate)
④ 스트레스 금리(Stress Rate)
⑤ COFIX 금리(Cofix Rate)

09 다음 중 채권시장의 경색으로 일시적 자금난을 겪는 기업에 유동성을 지원하고, 국고채와 회사채의 과도한 스프레드 차이를 해소하기 위해 설립한 펀드는?

① 통화채권펀드
② 채권시장안정펀드
③ 모태펀드
④ IP펀드
⑤ SOC펀드

10 **국세청에 따르면 전체 근로자의 5%가 근로소득세의 70%를 부담하는 것으로 나타나 조세정책의 기본원칙인 이것이 훼손되고 있다는 비판이 나오고 있다. 다음 원칙 중 어느 것이 훼손되었다고 볼 수 있겠는가?**

① 근거과세원칙
② 능력원칙
③ 소급과세금지원칙
④ 신의성실원칙
⑤ 편익원칙

11 **다음 중 통화선물거래(Currency Futures)의 특징이 아닌 것은?**

① 거래소에서 정한 표준화된 조건으로 거래가 이루어지므로 거래의 유동성이 높다.
② 모든 거래자는 거래이행을 보증하기 위해 청산소에 일정 수준 이상의 증거금을 예치하여야 한다.
③ 청산소가 거래의 결제 및 이행을 보증하므로 계약불이행위험이 거의 없다.
④ 거래되는 통화의 종류, 거래량, 환율 만기 등을 협의해서 자유롭게 정할 수 있다.
⑤ 거래소를 통해 매일 최종선물가격을 기준으로 가격변동에 따른 당일손익 정산이 이루어진다.

12 **다음 중 경기부양을 위해 정부나 중앙은행이 쓸 수 있는 정책이 아닌 것은?**

① 기준금리를 인하시킨다.
② 적자재정을 확대한다.
③ 추가경정예산을 편성한다.
④ 부가가치세율을 인상한다.
⑤ 공개시장에서 채권을 매입한다.

13 **다음 중 통화량에 미치는 효과가 다른 하나는?**

① 신용보증기금과 기술보증기금이 보증한도를 줄이기로 했다.
② 중앙은행이 기준금리를 인하했다.
③ 중앙은행이 은행에 대한 법정지급준비율을 인상했다.
④ 저축은행 등에서 돈을 빌려 대출하는 대부업체들의 조달금리를 올렸다.
⑤ 원화가치의 안정을 위해 달러화 매도개입을 시도하였다.

14 다음 중 핫머니에 대한 설명으로 옳지 않은 것은?

① 국제금융시장의 안정을 저해한다.
② 국제투기자본으로 급격하게 유출입되면 통화위기가 촉발된다.
③ 유동적인 형태를 취한다는 특징이 있다.
④ 자금의 이동이 장기간에 걸쳐 지속적으로 이루어진다.
⑤ 토빈세는 이를 규제하기 위한 방안이다.

15 다음 중 헤지펀드에 대한 설명으로 옳지 않은 것은?

① 위험회피보다는 투기적인 성격이 더 강하다.
② 국가가 운용한다.
③ 단기이익을 목적으로 국제시장에 투자한다.
④ 도박성이 큰 신종상품을 개발하는 요인으로 지적된다.
⑤ 단기투자자본으로 내용을 공개하지 않는다.

16 다음 중 수익률과 위험에 대한 설명으로 옳지 않은 것은?

① 두 자산의 수익률 간 상관관계가 0이라면 두 자산에 분산투자하여도 위험감소 효과가 없다.
② 투자대상 자산 간 상관관계가 주어졌을 때 투자비율의 조정에 따른 포트폴리오 기대수익과 위험의 변화를 그림으로 나타낸 것이 포트폴리오 결합선이다.
③ 투자대상 자산의 상관관계가 낮을수록 분산투자의 위험절감 효과가 커진다.
④ 선택 가능한 포트폴리오 중 위험이 최소가 되는 포트폴리오를 최소분산포트폴리오라 한다.
⑤ 국채, 예금, 적금 등은 무위험에 속한다.

17 다음 중 투자목표 설정에 대한 설명으로 옳지 않은 것은?

① 투자목표는 투자자의 성별, 투자성향, 투자자금의 성격, 세금에 의해 결정된다.
② 재무목표를 설정할 때는 은퇴자금, 자녀의 대학교육자금, 내집마련자금 등과 같이 명확하게 표현되지 않기 때문에 구체화되어야 한다.
③ 투자시계(Time Horizon)는 단기 혹은 장기투자인지, 투자회수는 언제하는지를 고려하는 것을 포함한다.
④ 투자목표를 설정할 때는 위험수용도(Risk Tolerance Levels)를 고려해야 한다.
⑤ 투자목표를 설정할 때는 세금관계와 법적규제를 고려해야 한다.

18 다음 중 어음관리계좌(CMA)에 대한 설명으로 옳지 않은 것은?

① 종합금융회사가 발행 및 지급을 책임지는 확정금리 고수익상품이다.
② 종합금융회사가 수신기반을 강화할 목적으로 도입한 상품이다.
③ 거래단위가 비교적 소액이며 입출금이 자유로워서 소규모 자금운용에 편리하다.
④ 만기 후 인출하지 않으면 원리금이 자동예치되는 방식으로 예탁기간이 연장된다.
⑤ 공과금자동납부, 급여이체, 인터넷뱅킹 등 은행업무가 가능하다.

19 다음 중 금융투자상품에 대한 설명으로 옳지 않은 것은?

① 금융투자상품은 이익을 얻거나 손실을 회피할 목적이 있는 것을 말한다.
② 크게 증권과 파생상품으로 구분이 된다.
③ 현재 또는 장래의 특정 시점에 금전, 그 밖의 재산적 가치가 있는 것을 지급하기로 약속하는 상품이다.
④ 금전 등의 지급시점이 현재이면 파생상품, 지급시점이 장래의 특정 시점이면 증권으로 구분한다.
⑤ 금융투자상품은 원금손실 가능성이 있다.

20 다음 중 금융상품의 금리에 대한 설명으로 옳지 않은 것은?

① 실적배당률이나 만기 때의 시장금리를 적용하는 경우의 금리를 연동금리라고 한다.
② 만기까지 받은 총수익의 투자원금에 대한 비율은 총수익률이라고 한다.
③ 예금의 만기에 이자를 1회 계산·지급하는 방식을 단리라고 한다.
④ 예금증서, 채권 등의 표면에 기재된 이자율을 표면금리라고 한다.
⑤ 대출하거나 예금할 때 약정한 금리가 만기 때까지 바뀌지 않고 지속되는 금리를 고정금리라고 한다.

21 다음 〈보기〉에서 명목금리와 실질금리에 대한 견해로 옳은 것을 모두 고르면?

〈보기〉

ㄱ. 실물투자에 영향을 미치는 것은 실질금리보다 명목금리이다.
ㄴ. 실질금리와 명목금리는 상호의존적인 관계를 가진다.
ㄷ. 명목금리는 실질금리에서 예상물가상승률과 실질경제성장률을 차감한 값이다.
ㄹ. 총수요 증가로 인한 물가상승이 발생한다면 명목금리가 고정적이라고 가정할 때 실질금리가 일시적으로 하락할 수 있다.
ㅁ. 소비, 투자 등 경제 내 총수요가 감소하면 물가와 명목금리는 하락하나 실질금리는 상승한다.

① ㄱ, ㄴ
② ㄱ, ㄷ
③ ㄴ, ㄹ
④ ㄷ, ㅁ
⑤ ㄹ, ㅁ

22 다음 〈보기〉에서 보통수요함수와 보상수요함수에 대한 설명으로 옳지 않은 것을 모두 고르면?

〈보기〉

ㄱ. 보통수요함수가 가격효과 중 대체효과만 반영하는 것과 달리 보상수요함수는 대체효과와 소득효과를 모두 포함한 가격효과를 반영한다.
ㄴ. 보상수요곡선은 가격 하락에 따른 수요량의 변동 폭이 보통수요곡선보다 크기 때문에 소비자 잉여를 과장할 수 있다.
ㄷ. 보상수요함수의 기울기가 보통수요함수보다 가파른 것은 소득효과가 재화의 소비량을 확대하는 방향으로 작용하기 때문이다.
ㄹ. 소득효과가 음(−)의 방향으로 작용하는 열등재의 경우 보통수요함수의 기울기가 보상수요함수보다 더 가파르게 된다.

① ㄱ, ㄴ
② ㄱ, ㄷ
③ ㄱ, ㄹ
④ ㄴ, ㄷ
⑤ ㄴ, ㄹ

23 다음 중 물적자본의 축적을 통한 경제성장을 설명하는 솔로우(R. Solow) 모형에서 수렴현상이 발생하는 원인에 해당하는 것은?

① 자본의 한계생산체감
② 경제성장과 환경오염
③ 내생적 기술진보
④ 기업가 정신
⑤ 인적자본

24 다음 중 역선택에 대한 설명으로 옳은 것은?

① 자동차보험에 가입한 운전자일수록 안전 운전을 하려 한다.
② 화재보험에 가입한 건물주가 화재예방을 위한 비용 지출을 줄인다.
③ 소득이 증가할수록 소비 중에서 식료품비가 차지하는 비중이 감소한다.
④ 사고 위험이 높은 사람일수록 상해보험에 가입할 가능성이 높아진다.
⑤ 가로등과 같은 재화의 공급을 시장에 맡긴다면, 효율적인 양보다 적게 공급된다.

25 다음 중 이윤극대화를 추구하는 독점기업의 가격차별에 대한 설명으로 옳지 않은 것은?

① 동일한 수요자를 대상으로 구입 수량에 따라 가격을 차별할 수 있다.
② 분리된 시장 간 상품의 재판매가 불가능할 때 가격차별이 효과적이다.
③ 분리된 두 시장에서 각각의 한계수입과 기업의 한계비용이 같아야 한다.
④ 완전가격차별은 사회후생을 감소시킨다.
⑤ 수요의 가격탄력성이 큰 시장의 가격을 탄력성이 작은 시장의 가격보다 낮게 설정한다.

26 다음 중 인플레이션이 발생했을 때 경제에 미치는 영향으로 옳은 것은?

① 완만하고 예측 가능한 인플레이션은 소비감소를 일으킬 수 있다.

② 인플레이션은 수입을 저해하고 수출을 촉진시켜 무역수지와 국제수지를 상승시킨다.

③ 인플레이션을 통해 화폐를 저축하는 것에 대한 기회비용이 증가한다.

④ 인플레이션은 기업가로부터 다수의 근로자에게로 소득을 재분배하는 효과를 가져온다.

⑤ 인플레이션은 채무자에게는 손해를, 채권자에게는 이익을 준다.

27 다음에서 설명하는 제도는?

> 공정거래위원회가 불공정행위에 대한 조사의 효율성을 높이기 위해 담합행위를 한 기업들이 자진 신고를 하면 과징금을 면제해 주는 제도를 도입하였다. 담합 사실을 처음 신고한 업체에게는 과징금 100%를 면제해 주고, 2순위 신고자에게는 50%를 면제해 주는 제도이다. 이 제도는 상호 간의 불신을 자극하여 담합을 방지하는 효과가 있지만 담합으로 가장 많은 이익을 얻은 회사가 과징금을 면제받을 수 있다는 한계도 있다.

① 카르텔　　② 리니언시

③ 죄수의 딜레마　　④ 사전심사청구제도

⑤ 공시공개제도

28 다음 중 도덕적 해이 및 역선택에 대한 설명으로 옳지 않은 것은?

① 도덕적 해이는 법과 제도적 허점을 이용해 자기 책임을 소홀히 하거나 집단적인 이기주의를 나타내는 상태나 행위를 뜻한다.

② 보험회사에서는 실손보험계약에 공제조항을 적용해 손실의 일부를 계약자에게 부담시킴으로써 도덕적 해이를 예방할 수 있다.

③ 역선택은 시장에서 거래를 할 때 주체 간 정보 비대칭으로 인해 부족한 정보를 가지고 있는 쪽이 불리한 선택을 하게 되어 경제적 비효율이 발생하는 상황을 말한다.

④ 건강한 사람은 생명보험에 가입하지 않고 건강하지 않은 사람들만 생명보험에 가입하는 현상은 역선택의 사례로 이해할 수 있다.

⑤ 도덕적 해이는 선택 또는 거래와 동시에 발생하지만, 역선택은 거래 이후에 발생한다는 점에서 차이가 있다.

29 다음 〈보기〉에서 GDP가 증가하는 경우는 총 몇 개인가?

〈보기〉

ㄱ. 대한민국 공무원 연봉이 전반적으로 인상되었다.
ㄴ. 중국인 관광객들 사이에서 한국의 명동에서 쇼핑하는 것이 유행하고 있다.
ㄷ. 대한민국 수도권 신도시에 거주하는 A씨의 주택가격이 전년 대비 20% 상승하였다.
ㄹ. 한국에서 생산된 중간재가 미국에 수출되었다.

① 1개
② 2개
③ 3개
④ 4개
⑤ 없음

30 다음은 임금 상승에 따른 노동과 여가의 변화에 대한 설명이다. 빈칸 ㉠~㉣에 들어갈 개념을 순서대로 바르게 나열한 것은?

임금률이 상승하여 소득이 증가함에 따라 여가가 감소하고 노동공급이 증가한다고 한다. 이 경우 여가는 ___㉠___이거나 ___㉡___이면서 ___㉢___가 ___㉣___를 능가할 경우 발생한다. 또한 노동시간이 늘어나면 그 자체로는 효용이 감소하므로 노동은 비재화로 볼 수 있다.

	㉠	㉡	㉢	㉣
①	정상재	열등재	대체 효과	소득 효과
②	열등재	정상재	소득 효과	대체 효과
③	정상재	열등재	소득 효과	대체 효과
④	열등재	정상재	대체 효과	소득 효과
⑤	정상재	대체재	대체 효과	소득 효과

31 다음 중 공정성이론에서 절차적 공정성에 해당하지 않는 것은?

① 접근성
② 반응속도
③ 형평성
④ 유연성
⑤ 적정성

32 다음 중 연속생산에 대한 설명으로 옳은 것은?

① 단위당 생산원가가 낮다.
② 운반비용이 많이 소요된다.
③ 제품의 수요가 다양한 경우 적합한 방식이다.
④ 제품의 수명이 짧은 경우 적합한 방식이다.
⑤ 작업자의 숙련도가 떨어질 경우 작업에 참여시키지 않는다.

33 다음에서 설명하는 것을 순서대로 바르게 나열한 것은?

> • 주문자가 제조업체에 제품 생산을 위탁하면 제조업체는 이 제품을 개발·생산하여 주문자에게 납품하고, 주문업체는 이에 대한 유통 및 판매만 맡는 형태이다. 즉, 하청업체가 제품의 개발과 생산을 모두 담당하는 방식을 말한다.
> • 기업에서 원재료의 생산에서 유통까지 모든 공급망 단계를 최적화하여 수요자가 원하는 제품을 원하는 시간과 장소에 제공하는 공급망 관리를 말한다.

① OEM, CRM
② OEM, SCM
③ ODM, SCM
④ ODM, PRM
⑤ ODM, CRM

34 다음 중 경영정보시스템 관련 용어에 대한 설명으로 옳은 것은?

① 데이터베이스관리시스템은 비즈니스 수행에 필요한 일상적인 거래를 처리하는 정보시스템이다.
② 전문가시스템은 일반적인 업무를 지원하는 정보시스템이다.
③ 전사적 자원관리시스템은 공급자와 공급기업을 연계하여 활용하는 정보시스템이다.
④ 의사결정지원시스템은 데이터를 저장하고 관리하는 정보시스템이다.
⑤ 중역정보시스템은 최고경영자층이 전략적인 의사결정을 하도록 도와주는 정보시스템이다.

35 다음 중 동기부여의 내용이론에 해당하는 것은?

① 성취동기이론
② 기대이론
③ 공정성이론
④ 목표설정이론
⑤ 인지평가이론

36 다음 수요예측 기법 중 정성적 기법에 해당하지 않는 것은?

① 델파이법
② 시계열분석
③ 전문가패널법
④ 자료유추법
⑤ 패널동의법

37 다음 중 직무분석에 대한 설명으로 옳지 않은 것은?

① 직무분석은 직무와 관련된 정보를 수집・정리하는 활동이다.
② 직무분석을 통해 얻어진 정보는 전반적인 인적자원관리 활동의 기초자료로 활용된다.
③ 직무분석을 통해 직무기술서와 직무명세서가 작성된다.
④ 직무기술서는 직무를 수행하는 데 필요한 인적요건을 중심으로 작성된다.
⑤ 직무평가는 직무분석을 기초로 이루어진다.

38 다음 중 자본예산기법과 포트폴리오에 대한 설명으로 옳지 않은 것은?

① 포트폴리오의 분산은 각 구성주식의 분산을 투자비율로 가중평균하여 산출한다.
② 비체계적 위험은 분산투자를 통해 제거할 수 있는 위험이다.
③ 단일 투자안의 경우 순현가법과 내부수익률법의 경제성 평가 결과는 동일하다.
④ 포트폴리오 기대수익률은 각 구성주식의 기대수익률을 투자비율로 가중평균하여 산출한다.
⑤ 두 투자안 중 하나의 투자안을 선택해야 하는 경우 순현가법과 내부수익률법의 선택 결과가 다를 수 있다.

39 다음 중 슘페터(Joseph A. Schumpeter)가 주장한 기업가 정신의 핵심요소가 아닌 것은?

① 비전의 제시와 실현욕구
② 창의성과 혁신
③ 성취동기
④ 인적 네트워크 구축
⑤ 도전정신

40 다음 중 BCG 매트릭스에 대한 설명으로 옳은 것은?

① 횡축은 시장성장률, 종축은 상대적 시장점유율이다.
② 물음표 영역은 시장성장률이 높고, 상대적 시장점유율은 낮아 계속적인 투자가 필요하다.
③ 별 영역은 시장성장률이 낮고, 상대적 시장점유율은 높아 현상유지를 해야 한다.
④ 자금젖소 영역은 현금창출이 많지만, 상대적 시장점유율이 낮아 많은 투자가 필요하다.
⑤ 개 영역은 시장지배적인 위치를 구축하여 성숙기에 접어든 경우이다.

41 다음 중 가상화폐 제작자가 특정 가상화폐를 소유한 사람에게 새로운 코인을 무료로 배분하는 것을 의미하는 용어는?

① 가상화폐공개
② 에어드랍
③ 스냅샷
④ 이더리움
⑤ 리플

42 다음 중 로봇의 보험 상담 업무 대행, 블록체인을 이용한 안전 결제 시스템 등 IT 기술을 활용한 혁신적 보험 서비스를 의미하는 용어는?

① 사이버테크
② I－테크
③ 블랙테크
④ 인슈어테크
⑤ 레그테크

43 다음 글의 빈칸에 들어갈 용어로 옳은 것은?

> 최근 ________ 기업들이 코로나19 이후, 역대 최고 실적을 경신할 수 있었던 이유는 '시장' 역할을 하는 유통 / 검색 / 소셜미디어 등의 플랫폼을 장악했기 때문이다. 많은 기업들이 채용을 동결하거나 줄이고 있는 가운데 ________ 기업에서는 데이터 전문가나 소프트웨어 엔지니어와 같은 고급인재들을 싹쓸이하고 있다. 이에 미국 정부는 이들을 규제하기 위해 칼을 빼들었다. 최근 구글의 모회사인 '알파벳'이 미국 정부로부터 고소를 당했고, 청문회에서는 구글, 아마존, 애플, 페이스북의 CEO가 최초로 한 자리에 모여 독점적 지위 악용이라는 비판을 받았다.

① 핀테크
② 빅테크
③ 빅블러
④ 베조노믹스
⑤ 유니콘

44 다음 중 블록체인(Block Chain)에 대한 설명으로 옳지 않은 것은?

① 블록체인 기술의 체인에는 일정 시간 동안의 거래 기술이 저장된다.
② 블록은 모든 네트워크 참여자들이 확인 가능하다.
③ 신용기반이 아니므로 제3자가 거래를 보증하지 않고도 거래 당사자끼리 교환 가능하다.
④ 블록체인을 적용한 대표적인 화폐로 비트코인이 있다.
⑤ 하나의 노드가 해킹을 당하더라도 계속적으로 데이터를 보존하는 것이 가능하다.

45 다음 중 로보어드바이저(Robo-advisor)에 대한 설명으로 옳지 않은 것은?

① 로봇(Robot)과 투자전문가(Advisor)의 합성어이다.
② 인간 프라이빗 뱅커(PB)를 대신하여 모바일 기기나 PC를 통해 포트폴리오 관리를 수행하는 온라인 자산관리 서비스를 말한다.
③ 인간의 판단을 확인하고 검수하는 역할을 한다.
④ 국내에서는 'DNA'라는 회사에서 최초로 로보어드바이저 기술을 개발했다.
⑤ 로보어드바이저에는 머신러닝 기술이 적용되었다.

46 다음 중 운영체제(OS)의 역할에 대한 설명으로 옳지 않은 것은?

① 컴퓨터와 사용자 사이에서 시스템을 효율적으로 운영할 수 있도록 인터페이스 역할을 담당한다.
② 사용자가 시스템에 있는 응용 프로그램을 편리하게 사용할 수 있다.
③ 하드웨어의 성능을 최적화할 수 있도록 한다.
④ 운영체제의 기능에는 제어 기능, 기억 기능, 연산 기능 등이 있다.
⑤ 프로그램의 오류나 부적절한 사용을 방지하기 위해 실행을 제어한다.

47 다음 중 데이터 통신의 특징으로 옳지 않은 것은?

① 거리와 시간상의 제약을 극복할 수 있다.
② 대형 시스템과 대용량 파일의 공동 이용이 가능하다.
③ 광대역 전송과 다방향 전달 체계를 갖는다.
④ 시간과 횟수에 제한을 받으며, 같은 내용을 한 번만 전송할 수 있다.
⑤ 고속 통신에 적합하다.

48 다음 중 미국의 오픈AI가 2024년 2월 발표한 인공지능 시스템으로, 텍스트 입력을 통해 명령하면 영상을 제작해 주는 시스템의 이름은?

① AI 동맹
② AI 워싱
③ AI 소라
④ AI 얼라이언스
⑤ AI 챗봇

49 다음 중 클라우드 컴퓨팅에 대한 설명으로 옳지 않은 것은?

① 클라우드 컴퓨팅이란 정보처리를 자신의 컴퓨터가 아닌 인터넷으로 연결된 다른 컴퓨터로 처리하는 기술이다.
② 클라우드를 가능하게 해주는 핵심 기술은 집중화와 분산처리이다.
③ 클라우드 컴퓨팅은 소프트웨어 서비스, 플랫폼 서비스, 인프라 서비스로 나눌 수 있다.
④ 클라우드 컴퓨팅 서비스 제공자는 수많은 서버를 한 곳에 모아 데이터를 운영함으로써 규모의 경제를 통한 자원의 공유를 극대화한다.
⑤ 혼합형 클라우드는 폐쇄형 클라우드와 공개형 클라우드 방식을 함께 이용하는 것을 말한다.

50 다음에서 설명하는 것에 대한 특징으로 옳지 않은 것은?

> 은행의 송금・결제망을 표준화시키고 개방해서 하나의 애플리케이션으로 모든 은행의 계좌 조회, 결제, 송금 등을 할 수 있는 금융 서비스를 말한다.

① 은행이 가진 고객 데이터를 타 은행이나 핀테크 기업과 공유하여 이용하도록 하는 제도이다.
② 새로운 핀테크 기업의 시장진입이 가능해진다.
③ 은행의 독점적인 서비스 제공 방식에서 종합 금융 플랫폼으로 발전한다.
④ 소비자는 여러 애플리케이션이나 보안 프로그램을 설치할 필요 없이 다양한 금융 서비스를 하나로 통합하여 사용할 수 있다.
⑤ 사파리나 오페라 등의 웹브라우저에서는 사용이 어렵다.

※ 다음 문단을 논리적 순서대로 바르게 나열한 것을 고르시오. **[51~54]**

51

(가) 좋은 체력은 하루 이틀 사이에 이루어지지 않으며 이를 위해서는 공부, 식사, 수면, 운동의 개인별 특성에 맞는 규칙적인 생활관리와 알맞은 영양공급이 필수적이다. 또 이 시기는 신체적으로도 급격한 성장과 성숙이 이루어지는 중요한 시기로 좋은 영양상태를 유지하는 것은 수험을 위한 체력의 기반을 다지는 것뿐만 아니라 건강하고 활기찬 장래를 위한 준비가 된다는 점을 간과해서는 안 된다.

(나) 우리나라의 중·고교생들은 많은 수가 입시전쟁을 치러야 하는 입장에 있다. 입시 준비 기간이라는 어려운 기간을 잘 이겨내어 각자가 지닌 목표를 달성하려면 꾸준한 노력과 총명한 두뇌가 중요하지만 마지막 승부수는 체력일 것이다.

(다) 그러나 학생들은 많은 학습량, 수험으로 인한 스트레스, 밤새우기 등 불규칙한 생활을 하기도 하고, 식생활에 있어서도 아침을 거르고, 제한된 도시락 반찬으로 인한 불충분한 영양소 섭취, 잦은 야식, 미용을 위하여 무리하게 식사를 거르거나 절식을 하여 건강을 해치기도 한다. 또한 집 밖에서 보내는 시간이 많아 주로 패스트푸드, 편의식품점, 자동판매기를 통해 식사를 대체하고 있다.

① (가) – (나) – (다)
② (가) – (다) – (나)
③ (나) – (가) – (다)
④ (나) – (다) – (가)
⑤ (다) – (가) – (나)

52

(가) 위기가 있는 만큼 기회도 주어진다. 다만, 그 기회를 잡기 위해 우리에게 가장 필요한 것은 지혜이다. 그리고 그 지혜를 행동으로 옮길 때, 우리는 성공이라는 결과를 얻을 수 있는 것이다.

(나) 세계적 금융위기는 끝나지 않았고, 동중국해를 둘러싼 중국과 일본의 영토분쟁은 세계 경제에 새로운 위협 요인이 되고 있다. 국가경제도 부동산가격 하락으로 가계부채 문제가 경제에 부담이 될 것이라는 예측이 나온다. 휴일 영업을 둘러싼 대형마트와 재래시장 간의 갈등도 심화되고 있다. 기업의 입장에서나, 개인의 입장에서나 온통 풀기 어려운 문제에 둘러싸인 형국이다.

(다) 이 위기를 이겨낸 사람이 성공하고, 위기를 이겨낸 기업이 경쟁에서 승리한다. 어려움을 이겨낸 나라가 자신에게 주어진 무대에서 주역이 되었다는 것을 우리는 지난 역사 속에서 배울 수 있다.

(라) 한마디로 위기(危機)의 시대이다. 위기는 '위험'을 의미하는 위(危)자와 '기회'를 의미하는 기(機)자가 합쳐진 말이다. 위기라는 말에는 위험과 기회라는 이중의 의미가 함께 들어 있다. 위험을 이겨낸 사람이 기회를 잡을 수 있다는 말이다. 위기는 기회의 또 다른 얼굴이다.

① (가) – (라) – (나) – (다)
② (나) – (가) – (다) – (라)
③ (나) – (라) – (다) – (가)
④ (라) – (가) – (다) – (나)
⑤ (라) – (다) – (가) – (나)

53

(가) 여기에 반해 동양에서는 보름달에 좋은 이미지를 부여한다. 예를 들어, 우리나라의 처녀귀신이나 도깨비는 달빛이 흐린 그믐 무렵에나 활동하는 것이다. 그런데 최근에는 동서양의 개념이 마구 뒤섞여 보름달을 배경으로 악마의 상징인 늑대가 우는 광경이 동양의 영화에 나오기도 한다.

(나) 동양에서 달은 '음(陰)'의 기운을, 해는 '양(陽)'의 기운을 상징한다는 통념이 자리를 잡았다. 그래서 달을 '태음', 해를 '태양'이라고 불렀다. 동양에서는 해와 달의 크기가 같은 덕에 음과 양도 동등한 자격을 갖춘다. 즉, 음과 양은 어느 하나가 좋고 다른 하나는 나쁜 것이 아니라 서로 보완하는 관계를 이루는 것이다.

(다) 옛날부터 형성된 이러한 동서양 간의 차이는 오늘날까지 영향을 끼치고 있다. 동양에서는 달이 밝으면 달맞이를 하는데, 서양에서는 달맞이를 자살 행위처럼 여기고 있다. 특히 보름달은 서양인들에게 거의 공포의 상징과 같은 존재이다. 예를 들어, 13일의 금요일에 보름달이 뜨게 되면 사람들이 외출조차 꺼린다.

(라) 하지만 서양의 경우는 다르다. 서양에서 낮은 신이, 밤은 악마가 지배한다는 통념이 자리를 잡았다. 따라서 밤의 상징인 달에 좋지 않은 이미지를 부여하게 되었다. 이는 해와 달의 명칭을 보면 알 수 있다. 라틴어로 해를 'Sol', 달을 'Luna'라고 하는데 정신병을 뜻하는 단어 'Lunacy'의 어원이 바로 'Luna'이다.

① (가) – (나) – (라) – (다)
② (나) – (다) – (가) – (라)
③ (나) – (라) – (가) – (다)
④ (나) – (라) – (다) – (가)
⑤ (다) – (나) – (라) – (가)

54

(가) 이 방식을 활용하면 공정의 흐름에 따라 제품이 생산되므로 자재의 운반 거리를 최소화할 수 있어 전체 공정 관리가 쉽다.

(나) 그러나 기계 고장과 같은 문제가 발생하면 전체 공정이 지연될 수 있고, 규격화된 제품 생산에 최적화된 설비 및 배치 방식을 사용하기 때문에 제품의 규격이나 디자인이 변경되면 설비 배치 방식을 재조정해야 한다는 문제가 있다.

(다) 제품을 효율적으로 생산하기 위해서는 생산 설비의 효율적인 배치가 중요하다. 설비의 효율적인 배치란 자재의 불필요한 운반을 최소화하고, 공간을 최대한 활용하면서 적은 노력으로 빠른 시간에 목적하는 제품을 생산할 수 있도록 설비를 배치하는 것이다.

(라) 그중에서도 제품별 배치(Product Layout) 방식은 생산하려는 제품의 종류는 적지만 생산량이 많은 경우에 주로 사용된다. 제품별로 완성품이 될 때까지의 공정 순서에 따라 설비를 배열해 부품 및 자재의 흐름을 단순화하는 것이 핵심이다.

① (가) – (다) – (나) – (라)
② (다) – (가) – (라) – (나)
③ (다) – (라) – (가) – (나)
④ (라) – (나) – (다) – (가)
⑤ (라) – (다) – (나) – (가)

※ 다음 글을 읽고 이어질 문단을 논리적 순서대로 바르게 나열한 것을 고르시오. **[55~56]**

55

봄에 TV를 켜면 황사를 조심하라는 뉴스를 볼 수 있다. 많은 사람이 알고 있듯이, 황사는 봄에 중국으로부터 바람에 실려 날아오는 모래바람이다. 그러나 황사를 단순한 모래바람으로 치부할 수는 없다.

(가) 물론 황사도 나름대로 장점은 존재한다. 황사에 실려 오는 물질들이 알칼리성이기 때문에 토양의 산성화를 막을 수 있다. 그러나 이러한 장점만으로 황사를 방지하지 않아도 된다는 것은 아니다.

(나) 그러므로 황사에는 중국에서 발생하는 매연이나 화학물질 모두 함유되어 있다. TV에서 황사를 조심하라는 것은 단순히 모래바람을 조심하라는 것이 아니라 중국 공업지대의 유해 물질을 조심하라는 것과 같은 말이다.

(다) 황사는 중국의 내몽골자치구나 고비 사막 등의 모래들이 바람에 실려 중국 전체를 돌고 나서 한국 방향으로 넘어오게 된다. 중국 전체를 돈다는 것은, 중국 대기의 물질을 모두 흡수한다는 것이다.

(라) 개인적으로는 황사 마스크를 쓰고 외출 후에 손발을 청결히 하는 등 황사 피해에 대응할 수 있겠지만, 국가적으로는 쉽지 않다. 국가적으로는 모래바람이 발생하지 않도록 나무를 많이 심고, 공장지대의 매연을 제한하여야 하기 때문이다.

① (나) – (가) – (다) – (라)
② (나) – (다) – (가) – (라)
③ (다) – (가) – (나) – (라)
④ (다) – (나) – (가) – (라)
⑤ (다) – (나) – (라) – (가)

56

> 마그네틱 카드는 자기 면에 있는 데이터를 입력장치에 통과시키는 것만으로 데이터를 전산기기에 입력할 수 있다. 마그네틱 카드는 미국 IBM에서 자기 테이프의 원리를 카드에 응용한 것으로 자기 테이프 표면에 있는 자성 물질의 특성을 변화시켜 데이터를 기록하는 방식으로 개발되었다. 개발 이후 신용카드, 신분증 등 여러 방면으로 응용되었고, 현재도 사용되고 있다. 하지만 마그네틱 카드는 자기 테이프를 이용하였기 때문에 자석과 접촉하면 기능이 상실되는 단점을 가지고 있는데, 최근 마그네틱 카드의 단점을 보완한 IC카드가 만들어져 사용되고 있다.

> (가) IC카드는 데이터를 여러 번 쓰거나 지울 수 있는 EEPROM이나 플래시메모리를 내장하고 있다. 개발 초기의 IC카드는 8KB 정도의 저장 공간을 가지고 있었으나, 2000년대 이후에는 1MB 이상의 데이터 저장이 가능하다.
> (나) IC카드는 내부에 집적회로를 내장하였기 때문에 자석과 접촉해도 데이터가 손상되지 않으며, 마그네틱 카드에 비해 다양한 기능을 추가할 수 있고 보안성 및 내구성도 우수하다.
> (다) 메모리 외에도 프로세서를 함께 내장한 것도 있다. 이러한 것들은 스마트카드로 불리며 현재 16비트 및 32비트급의 성능을 가진 카드도 등장했다. 프로세서를 탑재한 카드는 데이터의 저장뿐 아니라 데이터의 암호화나 특정 컴퓨터만이 호환되도록 하는 등의 프로그래밍이 가능해서 보안성이 향상되었다.

① (가) – (나) – (다)
② (가) – (다) – (나)
③ (나) – (가) – (다)
④ (나) – (다) – (가)
⑤ (다) – (가) – (나)

57 다음 글을 읽고 추론한 내용으로 가장 적절한 것은?

EU는 1995년부터 철제 다리 덫으로 잡은 동물 모피의 수입을 금지하기로 했다. 모피가 이런 덫으로 잡은 동물의 것인지, 아니면 상대적으로 덜 잔혹한 방법으로 잡은 동물의 것인지 구별하는 것은 불가능하다. 그렇기 때문에 EU는 철제 다리 덫 사용을 금지하는 나라의 모피만 수입하기로 결정했다. 이런 수입 금지 조치에 대해 미국, 캐나다, 러시아는 WTO에 제소하겠다고 위협했다. 결국 EU는 WTO가 내릴 결정을 예상하여, 철제 다리 덫으로 잡은 동물의 모피를 계속 수입하도록 허용했다.
또한 1998년부터 EU는 화장품 실험에 동물을 이용하는 것을 금지했을 뿐만 아니라, 동물실험을 거친 화장품의 판매조차 금지하는 법령을 채택했다. 그러나 동물실험을 거친 화장품의 판매 금지는 WTO 규정 위반이 될 것이라는 유엔의 권고를 받았다. 결국 EU의 판매 금지는 실행되지 못했다.
한편 그 외에도 EU는 성장 촉진 호르몬이 투여된 쇠고기의 판매 금지 조치를 시행하기도 했다. 동물복지를 옹호하는 단체들이 소의 건강에 미치는 영향을 우려해 호르몬 투여 금지를 요구했지만, EU가 쇠고기 판매를 금지한 것은 주로 사람의 건강에 대한 염려 때문이었다. 미국은 이러한 판매 금지 조치에 반대하며 EU를 WTO에 제소했고, 결국 WTO 분쟁패널로부터 호르몬 사용이 사람의 건강을 위협한다고 믿을 만한 충분한 과학적 근거가 없다는 판정을 이끌어 내는 데 성공했다. EU는 항소했다. 그러나 WTO의 상소 기구는 미국의 손을 들어주었다. 그럼에도 불구하고 EU는 금지 조치를 철회하지 않았다. 이에 미국은 1억 1,600만 달러에 해당하는 EU의 농업 생산물에 100% 관세를 물리는 보복 조치를 발동했고 WTO는 이를 승인했다.

① EU는 환경의 문제를 통상 조건에서 최우선적으로 고려한다.
② WTO는 WTO 상소기구의 결정에 불복하는 경우 적극적인 제재조치를 취한다.
③ WTO는 사람의 건강에 대한 위협을 방지하는 것보다 국가 간 통상의 자유를 더 존중한다.
④ WTO는 제품의 생산과정에서 동물의 권리를 침해한다는 이유로 해당 제품 수입을 금지하는 것을 허용하지 않는다.
⑤ WTO 규정에 의하면 각 국가는 타국의 환경, 보건, 사회 정책 등이 자국과 다르다는 이유로 타국의 특정 제품의 수입을 금지할 수 있다.

58 다음 글의 중심 내용으로 가장 적절한 것은?

> 쇼펜하우어에 따르면 우리가 살고 있는 세계의 진정한 본질은 의지이며 그 속에 있는 모든 존재는 맹목적인 삶에의 의지에 의해서 지배당하고 있다. 쇼펜하우어는 우리가 일상적으로 또는 학문적으로 접근하는 세계는 단지 표상의 세계일뿐이라고 주장하는데, 인간의 이성은 단지 이러한 표상의 세계만을 파악할 수 있을 뿐이다. 그에 따르면 존재하는 세계의 모든 사물들은 우선적으로 표상으로서 드러나게 된다. 시간과 공간 그리고 인과율에 의해서 파악되는 세계가 나의 표상인데, 이러한 표상의 세계는 오직 나에 의해서, 즉 인식하는 주관에 의해서만 파악되는 세계이다. 쇼펜하우어에 따르면 이러한 주관은 모든 현상의 세계, 즉 표상의 세계에서 주인의 역할을 하는 '나'이다.
>
> 이러한 주관을 이성이라고 부를 수도 있는데, 이성은 표상의 세계를 이끌어가는 주인공의 역할을 하는 것이다. 그러나 쇼펜하우어는 여기서 한발 더 나아가 표상의 세계에서 주인의 역할을 하는 주관 또는 이성은 의지의 지배를 받는다고 주장한다. 즉, 쇼펜하우어는 이성에 의해서 파악되는 세계의 뒤편에는 참된 본질적 세계인 의지의 세계가 있으므로 표상의 세계는 제한적이며 표면적인 세계일 뿐, 결코 이성에 의해서 또는 주관에 의해서 결코 파악될 수 없다고 주장한다. 오히려 그는 그동안 인간이 진리를 파악하는 데 최고의 도구로 칭송받던 이성이나 주관을 의지에 끌려 다니는 피지배자일 뿐이라고 비판한다.

① 세계의 본질로서 의지의 세계
② 표상 세계의 극복과 그 해결 방안
③ 의지의 세계와 표상의 세계 간의 차이
④ 세계의 주인으로서 주관의 표상 능력
⑤ 표상 세계 안에서의 이성의 역할과 한계

59 다음 글의 빈칸에 들어갈 내용으로 가장 적절한 것은?

> 중세 이전에는 예술가와 장인의 경계가 분명치 않았다. 화가들도 당시에는 왕족과 귀족의 주문을 받아 제작하는 일종의 장인 취급을 받아왔다. 근대에 접어들면서 예술은 독창적인 창조 활동으로 존중받게 되었고, 아름다움의 가치를 만들어내는 예술가들의 독창성이 인정받게 된 것이다. 그리고 이 가치의 중심에 작가가 있다. 작가가 담으려 했던 의도, 그것이 바로 아름다움을 창조하는 예술의 가치인 셈이다. 예술작품은 작가의 의도를 담고 있고, 작가의 의도가 없다면 작품은 만들어질 수 없다. 이것이 작품에 포함된 작가의 권위를 인정해야 하는 이유이다.
> 또한 예술은 예술가가 표현하고자 하는 것을 창작해내는 그 과정 자체로 완성되는 것이지 독자의 해석으로 완성되는 게 아니다. 설사 작품을 감상하고 해석해 줄 독자가 없어도 예술은 그 자체로 가치 있는 법이다. 예술가는 독자를 위해 작품을 창작하는 것이 아니라 자신의 열정과 열망으로 표현하고자 하는 바를 표현해내는 것이다. 물론 예술작품을 해석하고 이해하는 데에 독자의 역할도 분명 존재하고 필요한 것이 사실이다. 하지만 그렇다고 해도 이는 예술적 가치가 있는 작품에서 파생된 2차적인 활동이지 작품을 새롭게 완성하는 창조적 활동이라고 보기 어렵다. 따라서 독자의 수용과 이해는 ________________________

① 독자가 가지고 있는 작품에 대한 사전 정보에 따라 다르게 나타날 것이다.

② 작품에 담긴 아름다움의 가치를 독자가 나름대로 해석하는 활동으로 볼 수 있다.

③ 권위가 높은 작가의 작품에서 더욱 다양하게 나타난다.

④ 작가의 의도와 작품을 왜곡하지 않는 범위에서 이루어져야 한다.

⑤ 작품이 만들어진 시대적 배경과 문화적 배경을 고려하여야 한다.

60 다음 글의 내용으로 적절하지 않은 것은?

> 마이클 포터(Michael Porter)는 특정 산업의 경쟁 강도, 수익성 및 매력도가 산업의 구조적 특성에 의하여 영향을 받으며, 이는 5가지 힘에 의하여 결정된다고 보았다. 마이클 포터가 제시한 5가지 힘에는 기존 경쟁자, 구매자, 공급자, 신규참가자, 대체품의 힘이 있으며, 이 중에서 가장 강한 힘이 경쟁전략을 책정하는 결정요소가 된다. 이러한 5가지 힘의 분석을 통해 조직이 속한 시장이 이익을 낼 수 있는 시장인지 아닌지를 판단하는데, 이것을 산업의 매력도 측정이라 부른다.
> 먼저 기존 경쟁자 간의 경쟁은 해당 산업의 경쟁이 얼마나 치열한지를 보여준다. 통상적으로 같은 산업에 종사하는 기업이 많을수록 경쟁이 치열할 수밖에 없다. 따라서 특허 등이 필요한 독과점 형태의 산업은 매력적이지만, 누구나 할 수 있는 완전경쟁시장 형태의 산업은 매력이 떨어지게 된다.
> 한편, 대형마트가 물건을 대량으로 구매하면서 공급 가격을 내리라고 한다면 제조업체는 이를 거절할 수 있을까? 최근 대형마트 등의 유통업체들이 제조업체에 상당한 가격 협상력을 갖게 되면서 구매자의 힘이 업계의 힘보다 강해지고 있다. 이처럼 구매량과 비중이 클수록, 제품 차별성이 낮을수록, 구매자가 가격에 민감할수록 구매자의 힘은 커지게 된다. 산업의 매력도는 이러한 구매자의 힘이 셀수록 떨어지고, 반대로 구매자의 힘이 약할수록 높아진다.
> 공급자가 소수 기업에 의해 지배되는 경우, 즉 독과점에 해당하는 경우나 공급자가 공급하는 상품이 업계에서 중요한 부품인 경우 공급자의 힘이 강해져 산업의 매력도는 떨어지게 된다. 반대로 공급자가 다수 기업에 의해 지배되는 경우, 즉 완전경쟁에 해당하는 경우나 공급자가 공급하는 상품이 업계에서 그다지 중요하지 않은 부품인 경우에는 공급자의 힘이 적어지고 산업의 매력도는 올라가게 된다.
> 현재의 산업에 신규참가자가 진입할 가능성이 높으면 그 산업의 매력도는 떨어진다. 신규 진입의 정도는 해당 업계의 진입 장벽이 얼마나 높은가에 따라 결정된다. 예를 들어 반도체나 조선업 등은 대규모의 투자가 필요하므로 신규 진입이 쉽지 않다. 진입 장벽이 높을수록 산업의 매력도는 높아지며, 반대로 진입 장벽이 낮을수록 산업의 매력도는 떨어지게 된다.
> 마이클 포터가 제시한 5가지 힘 중 가장 무서운 것은 대체품의 힘이다. 현재의 상품보다 가격이나 성능에 있어 훨씬 뛰어난 대체품이 나올 경우 해당 산업이 사라져버릴 수도 있기 때문이다. 따라서 대체품의 위협이 낮을수록 산업의 매력도는 높아진다.

① 기존 경쟁자의 힘이 커지면 산업 매력도가 높아진다.
② 구매자의 힘이 약하면 산업 매력도가 높아진다.
③ 공급자의 힘이 커지면 산업 매력도가 높아진다.
④ 신규참가자의 힘이 커지면 산업 매력도가 낮아진다.
⑤ 대체품의 힘이 커지면 산업 매력도가 낮아진다.

61 강물이 A지점에서 3km 떨어진 B지점으로 흐르고 있을 때, 물의 속력은 1m/s이다. 철수가 A지점에서 B지점까지 배를 타고 갔다가 다시 돌아오는 데 1시간 6분 40초가 걸렸다고 한다. 철수가 탄 배의 속력은 몇 m/s인가?

① 2m/s
② 4m/s
③ 6m/s
④ 12m/s
⑤ 15m/s

62 어떤 시험에서 A, B, C 세 사람이 합격할 확률은 각각 $\frac{1}{3}$, $\frac{1}{4}$, $\frac{1}{5}$이다. B만 합격할 확률은?

① $\frac{1}{60}$
② $\frac{2}{15}$
③ $\frac{1}{6}$
④ $\frac{1}{4}$
⑤ $\frac{3}{5}$

63 농도 8% 소금물 200g에서 소금물을 조금 퍼낸 후, 퍼낸 소금물만큼 물을 부었다. 그리고 소금 50g을 넣어 농도 24%의 소금물 250g을 만들었을 때, 처음 퍼낸 소금물의 양은?

① 75g
② 80g
③ 90g
④ 95g
⑤ 100g

64 A가 혼자 컴퓨터 조립을 하면 2시간이 걸리고, B 혼자 컴퓨터 조립을 하면 3시간이 걸린다. 먼저 A가 혼자 컴퓨터를 조립하다가 중간에 일이 생겨 나머지를 B가 완성했는데, 걸린 시간은 총 2시간 15분이었다. A 혼자 일한 시간은?

① 1시간 25분
② 1시간 30분
③ 1시간 35분
④ 1시간 40분
⑤ 1시간 45분

65 A ~ G의 7명의 사람이 일렬로 설 때, A와 G는 서로 맨 끝에 서고, C, D, E는 서로 이웃하여 서는 경우의 수는?

① 24가지
② 36가지
③ 48가지
④ 60가지
⑤ 72가지

66 다음 삼각형의 면적은?

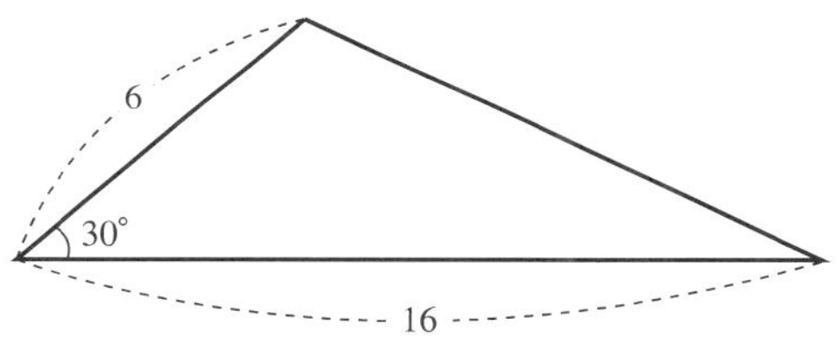

① 20
② 22
③ 24
④ 54
⑤ 56

67 두 정수 a, b에 대하여 1, a, b는 이 순서로 등차수열을 이루고, a, $\sqrt{3}$, b는 이 순서로 등비수열을 이룰 때, a^2+b^2의 값은?

① 2
② 5
③ 8
④ 10
⑤ 12

68 다음은 A국의 2020 ~ 2024년 부양인구비를 나타낸 자료이다. 2024년 15세 미만 인구 대비 65세 이상 인구의 비율은 얼마인가?(단, 비율은 소수점 둘째 자리에서 반올림한다)

〈부양인구비〉

구분	2020년	2021년	2022년	2023년	2024년
부양비	37.3	36.9	36.8	36.8	36.9
유소년부양비	22.2	21.4	20.7	20.1	19.5
노년부양비	15.2	15.6	16.1	16.7	17.3

※ $(\text{유소년부양비}) = \frac{(\text{15세 미만 인구})}{(15 \sim \text{64세 인구})} \times 100$

※ $(\text{노년부양비}) = \frac{(\text{65세 이상 인구})}{(15 \sim \text{64세 인구})} \times 100$

① 72.4%
② 77.6%
③ 81.5%
④ 88.7%
⑤ 90.1%

69 다음은 보건복지부에서 발표한 연도별 의료기기 생산 실적에 대한 자료이다. 이에 대한 설명으로 옳지 않은 것은?

〈연도별 생산 실적 총괄 현황〉

(단위 : 개, %, 명, 백만 원)

구분	업체 수	증감률	품목 수	증감률	운영인원	증감률	생산금액	증감률
2017년	1,500	–	5,862	–	25,287	–	1,478,165	–
2018년	1,596	6.4	6,392	9.04	25,610	1.28	1,704,161	15.29
2019년	1,624	1.75	6,639	3.86	26,399	3.08	1,949,159	14.38
2020년	1,662	2.34	6,899	3.92	26,936	2.03	2,216,965	13.74
2021년	1,726	3.85	7,367	6.78	27,527	2.19	2,525,203	13.9
2022년	1,754	1.62	8,003	8.63	28,167	2.32	2,764,261	9.47
2023년	1,857	5.87	8,704	8.76	30,190	7.18	2,964,445	7.24
2024년	1,958	5.44	9,086	4.39	32,255	6.84	3,366,462	13.56

① 2017 ~ 2024년까지 의료기기 생산업체 수는 꾸준히 증가하고 있으며, 품목 또한 해마다 다양해지고 있다.

② 업체 수의 2018 ~ 2024년까지의 평균 증감률은 5% 이하이다.

③ 전년 대비 업체 수가 가장 많이 늘어난 해는 2018년이며, 전년 대비 생산금액이 가장 많이 늘어난 해는 2021년이다.

④ 2021 ~ 2024년 전년 대비 운영인원의 증감률 변화 추이와 품목 수의 증감률 변화 추이는 같다.

⑤ 품목 수의 평균 증감률은 업체 수의 평균 증감률을 넘어선다.

70 다음은 A시즌 K리그 주요 구단의 공격력을 분석한 자료이다. 이에 대한 설명으로 옳은 것은?(단, 소수점 둘째 자리에서 반올림한다)

〈A시즌 K리그 주요 구단 공격력 통계〉

(단위 : 개)

구분	경기	슈팅	유효슈팅	골	경기당 평균 슈팅	경기당 평균 유효슈팅
울산	6	85	48	16	14.2	8.0
전북	6	112	69	18	18.7	11.5
상주	6	79	32	11	13.2	5.3
포항	9	76	33	9	8.4	3.7
대구	9	88	39	13	9.8	4.3
서울	9	61	27	5	6.8	3.0
성남	9	69	31	6	7.7	3.4

① 슈팅, 유효슈팅, 골 개수의 상위 3개 구단은 각각 모두 다르다.

② 경기당 평균 슈팅 개수가 가장 많은 구단과 가장 적은 구단의 차이는 경기당 평균 유효슈팅 개수가 가장 많은 구단과 가장 적은 구단의 차이보다 작다.

③ 골의 개수가 적은 하위 두 팀의 골 개수의 합은 전체 골 개수의 15%를 초과한다.

④ 유효슈팅 대비 골의 비율이 가장 높은 구단은 상주이다.

⑤ 전북과 성남의 슈팅 대비 골의 비율의 차이는 10%p 이상이다.

※ 다음 명제가 모두 참일 때, 반드시 참인 명제를 고르시오. [71~73]

71

- 서로 다른 밝기 등급(1 ~ 5등급)을 가진 A ~ E 별의 밝기를 측정하였다.
- 1등급이 가장 밝은 밝기 등급이다.
- A별은 가장 밝지도 않고, 두 번째로 밝지도 않다.
- B별은 C별보다 밝고, E별보다 어둡다.
- C별은 D별보다 밝고, A별보다 어둡다.
- E별은 A별보다 밝다.

① A별의 밝기 등급은 4등급이다.
② A ~ E 별 중 B별이 가장 밝다.
③ 어느 별이 가장 어두운지 확인할 수 없다.
④ 어느 별이 가장 밝은지 확인할 수 없다.
⑤ 별의 밝기 등급에 따라 순서대로 나열하면 'E－B－A－C－D'이다.

72

- 어떤 꽃은 향기롭다.
- 향기로운 꽃은 주위에 나비가 많다.
- 주위에 나비가 많은 모든 꽃은 아카시아이다.

① 주위에 나비가 없는 꽃은 아카시아이다.
② 어떤 꽃은 아카시아이다.
③ 주위에 나비가 많은 꽃은 향기롭다.
④ 어떤 꽃은 나비가 많지 않다.
⑤ 모든 아카시아는 향기롭다.

73

- 세경이는 전자공학을 전공한다.
- 원영이는 사회학을 전공한다.
- 세경이는 복수전공으로 패션디자인을 전공한다.

① 원영이는 전자공학을 전공한다.
② 세경이는 전자공학과 패션디자인 모두를 전공한다.
③ 원영이의 부전공은 패션디자인이다.
④ 세경이의 부전공은 패션디자인이다.
⑤ 원영이의 복수전공은 전자공학이다.

74 고등학교 동창인 A ~ F 6명은 음식점에서 식사를 하기 위해 원형 테이블에 앉았다. 〈조건〉이 다음과 같을 때, 항상 옳은 것은?

〈조건〉

- E와 F는 서로 마주보고 앉아 있다.
- C와 B는 붙어 있다.
- A는 F와 한 칸 떨어져 앉아 있다.
- D는 F의 바로 오른쪽에 앉아 있다.

① A와 B는 마주보고 있다.
② A와 D는 붙어 있다.
③ B는 F와 붙어 있다.
④ C는 F와 붙어 있다.
⑤ D는 C와 마주보고 있다.

75 S사의 사내 체육대회에서 A ~ F 6명은 키가 큰 순서에 따라 2명씩 1팀, 2팀, 3팀으로 나뉘어 배치된다. 다음 〈조건〉에 따라 배치된다고 할 때 키가 가장 큰 사람은?

〈조건〉

- A, B, C, D, E, F의 키는 서로 다르다.
- 2팀의 B는 A보다 키가 작다.
- D보다 키가 작은 사람은 4명이다.
- A는 1팀에 배치되지 않는다.
- E와 F는 한 팀에 배치된다.

① A
② B
③ C
④ D
⑤ E

76 다음 〈조건〉에 따라 5층 건물에 A ~ E 5명이 살고 있을 때, 반드시 참이 아닌 것은?(단, 지하에는 사람이 살지 않는다)

〈조건〉

- 각 층에는 최대 2명이 살 수 있다.
- 어느 한 층에는 사람이 살고 있지 않다.
- 짝수 층에는 1명씩만 살고 있다.
- A는 짝수 층에 살고, B는 홀수 층에 살고 있다.
- D는 C 바로 위층에 살고 있다.
- E는 1층에 살고 있다.
- D는 5층에 살지 않는다.

① A가 2층에 산다면 B와 같은 층에 사는 사람이 있을 수 있다.
② B가 5층에 산다면 C는 어떤 층에서 혼자 살고 있다.
③ C가 2층에 산다면 B와 E는 같은 층에서 살 수 있다.
④ D가 4층에 산다면 B와 C는 같은 층에서 살 수 있다.
⑤ E가 1층에 혼자 산다면 B와 D는 같은 층에서 살 수 있다.

77 S회사 영업부서 사원들은 사장님의 지시에 따라 금일 건강검진을 받으러 병원에 갔다. 영업부서는 A사원, B사원, C대리, D과장, E부장 총 5명으로 이루어져 있고, 다음 〈조건〉에 따라 이들의 건강검진 순서를 정하려고 할 때, C대리는 몇 번째로 검진을 받을 수 있는가?

〈조건〉

- A사원과 B사원은 연달아서 받는다.
- B사원은 E부장보다 뒤에 있다.
- D과장은 A사원보다 앞에 있다.
- E부장과 B사원 사이에는 2명이 있다.
- C대리와 A사원 사이에는 2명이 있다.

① 첫 번째, 두 번째
② 두 번째, 세 번째
③ 세 번째, 네 번째
④ 네 번째, 다섯 번째
⑤ 첫 번째, 세 번째

78 A ~ E 5명을 포함한 8명이 달리기 경기를 하였다. 이에 대한 정보가 다음과 같을 때, 항상 옳은 것은?

- A와 D는 연속으로 들어왔으나, C와 D는 연속으로 들어오지 않았다.
- A와 B 사이에 3명이 있다.
- B는 일등도, 꼴찌도 아니다.
- E는 4등 또는 5등이고, D는 7등이다.
- 5명을 제외한 3명 중에 꼴찌는 없다.

① C가 3등이다.
② A가 C보다 늦게 들어왔다.
③ E가 C보다 일찍 들어왔다.
④ B가 E보다 늦게 들어왔다.
⑤ D가 E보다 일찍 들어왔다.

79 A ~ D사원은 각각 홍보부, 총무부, 영업부, 기획부 중 하나의 부서 소속으로 3 ~ 6층의 서로 다른 층에서 근무하고 있다. 이 중 1명만 거짓말을 하고 있다고 할 때, 다음 중 바르게 추론한 것은?(단, 각 팀은 서로 다른 층에 위치한다)

- A사원 : 저는 홍보부와 총무부 소속이 아니며, 3층에서 근무하고 있지 않습니다.
- B사원 : 저는 영업부 소속이며, 4층에서 근무하고 있습니다.
- C사원 : 저는 홍보부 소속이며, 5층에서 근무하고 있습니다.
- D사원 : 저는 기획부 소속이며, 3층에서 근무하고 있습니다.

① A사원은 홍보부 소속이다.
② B사원은 영업부 소속이다.
③ 기획부는 3층에 위치한다.
④ 홍보부는 4층에 위치한다.
⑤ D사원은 5층에서 근무하고 있다.

80 총무부 P사원은 회사에 필요한 용지를 매달 구매하고 있다. 크기가 다른 3종류의 용지를 다음 정보에 맞게 6월에 구입한다고 할 때, 〈보기〉에서 옳지 않은 것을 모두 고르면?

〈정보〉

- 구매할 용지는 A2, A4, B4이며, 크기는 'A2 > B4 > A4'이다.
- 다음은 1월부터 5월까지 용지별 사용 현황이며, 모든 용지는 각각 5개월간 사용한 양의 평균 이상을 주문한다.

(단위 : 박스)

구분	1월	2월	3월	4월	5월
A2	2	1	3	2	2
B4	3	2	2	4	2
A4	12	10	20	15	13

- 가장 작은 용지를 가장 많이 주문하고, 가장 큰 용지는 가장 적게 주문한다.
- 주문한 모든 용지는 총 20박스이다.
- 주문은 박스 단위로 한다.

〈보기〉

ㄱ. P사원이 용지를 구입할 수 있는 방법은 총 2가지이다.
ㄴ. A4 용지는 14박스만 구매가 가능하다.
ㄷ. B4 용지는 A2 용지보다 2박스 이상 더 구매해야 한다.

① ㄱ
② ㄴ
③ ㄱ, ㄴ
④ ㄷ
⑤ ㄴ, ㄷ

이 출판물의 무단복제, 복사, 전재 행위는 저작권법에 저촉됩니다.
파본은 구입처에서 교환하실 수 있습니다.

3권

제1회
BNK부산은행
직무수행능력평가

www.sdedu.co.kr

〈문항 수 및 시험시간〉

영역	문항 수	시험시간	모바일 OMR 답안채점 / 성적분석
일반금융(경제, 경영, 금융직무)	80문항	80분	
논리 · 사고력(언어논리, 수리논리)			
디지털 IT 기초			

BNK부산은행 직무수행능력평가

제1회 모의고사

문항 수 : 80문항
시험시간 : 80분

01 다음 중 원화가치에 대한 설명으로 옳지 않은 것은?

① 원화가치가 과대평가된 경우 수입이 증가한다.
② 원화가치가 과대평가된 경우 국산품의 수출이 감소한다.
③ 원화가치가 과대평가된 경우 수입품에 대한 선호도가 높아진다.
④ 원화가치가 과소평가된 경우 환율 하락압력을 받게 된다.
⑤ 원화가치가 과소평가된 경우 상대국가 제품의 수입이 증가한다.

02 다음 〈보기〉 중 재무건전성 관점에서 재무제표를 분석할 때 필요한 정보를 모두 고르면?

〈보기〉

ㄱ. 유동비율
ㄴ. 자기자본이익률
ㄷ. 부채비율
ㄹ. 총자산증가율

① ㄱ, ㄴ
② ㄱ, ㄷ
③ ㄴ, ㄷ
④ ㄴ, ㄹ
⑤ ㄷ, ㄹ

03 다음 중 실질임금이 시장에서의 균형보다 상당 기간 높게 유지될 수 있는 이유로 옳지 않은 것은?

① 기업이 노동자보다 위험기피적인 성향을 가지고 있다.
② 노동조합원들이 협상을 통해 높은 임금을 요구한다.
③ 실질임금을 높여주는 경우 노동자들이 더욱 열심히 일한다.
④ 실질임금을 높여주는 경우 노동자들의 이직률이 낮아진다.
⑤ 실질임금을 낮추는 경우 최저생계비가 유지되지 않아 노동자들의 건강이 악화된다.

04 금융위기 발생 시 은행 예금의 대규모 인출(뱅크런) 예방 등 금융시스템의 건전성을 유지하기 위해 예금보험제도가 도입된다. 이 제도에 대한 다음의 대화 중 옳은 말을 하는 사람을 모두 고르면?

> 정도 : 신용도가 다른 저축은행이라도 동일한 종류의 위험을 대비하고 있으므로 예금보험공사에 내는 연금보험료는 같아야 해.
> 성일 : 변액연금이나 펀드, 후순위채권 등은 예금보험 대상이 아니야.
> 해영 : 지역농협은 예금보험에 가입해 있지만 농협중앙회는 예금보험에 가입해 있지 않고 자체 기금으로 예금을 보호한다고 알고 있어.
> 수현 : 예금보험제도에 가입한 금융회사가 파산하면 예금보험공사가 이자를 포함해서 금융회사당 최대 5,000만원의 예금을 보장해 준대.
> 재한 : 그 이유는 사후적인 예금의 지급보증을 통해 뱅크런을 예방하고, 금융기관의 연쇄도산을 방지하기 위해서야.

① 성일, 수현
② 정도, 해영
③ 성일, 해영, 수현
④ 정도, 성일, 해영
⑤ 성일, 수현, 재한

05 다음과 같은 로렌츠곡선에 대한 설명으로 옳은 것은?

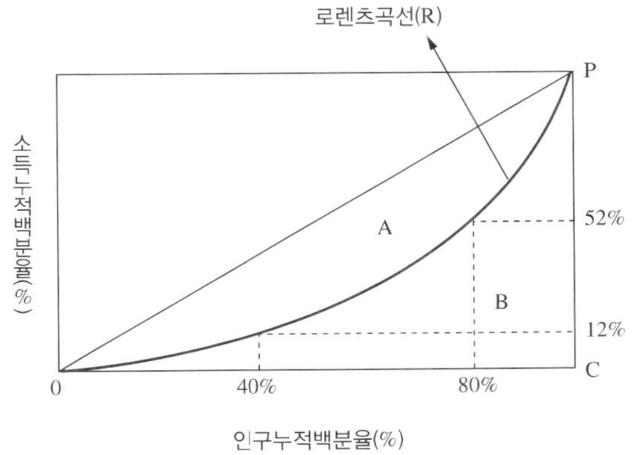

① 10분위분배율의 값은 4이다.
② 지니계수는 삼각형 OCP 면적을 면적 A로 나눈 값으로 산출한다.
③ 중산층 붕괴현상이 발생하면 A의 면적은 감소하고, B의 면적은 증가한다.
④ 불경기로 인해 저소득층의 소득이 상대적으로 크게 감소하면 A의 면적이 커진다.
⑤ 미국의 서브프라임모기지 사태는 로렌츠곡선을 대각선에 가깝도록 이동시킨다.

06 **도담이는 만기가 도래한 적금 3,000만 원을 기대수익률이 10%인 주식에 투자해야 할지 이자율이 5%인 예금에 저축해야 할지 고민 중이다. 결국 도담이가 주식에 투자하기로 결정한 경우, 이 선택에 대한 연간 기회비용은 얼마인가?**

① 0원
② 150만 원
③ 300만 원
④ 3,000만 원
⑤ 3,300만 원

07 **다음 중 경제학자 케인스의 '절약의 역설'에 대해 설명한 내용으로 옳은 것은?**

① 케인스의 거시모형에서 소비는 미덕이므로 저축할 필요가 없고, 따라서 예금은행의 설립을 불허해야 하는 상황
② 모든 개인이 저축을 줄이는 경우 늘어난 소비로 국민소득이 감소하고, 결국은 개인의 저축을 더 늘릴 수 없는 상황
③ 모든 개인이 저축을 늘리는 경우 총수요의 감소로 국민소득이 줄어들고, 결국은 개인의 저축을 더 늘릴 수 없는 상황
④ 모든 개인이 저축을 늘리는 경우 늘어난 저축이 투자로 이어져 국민소득이 증가하고, 결국은 개인의 저축을 더 늘릴 수 있는 상황
⑤ 모든 개인이 저축을 늘리는 경우 늘어난 저축이 소비와 국민소득의 증가를 가져오고, 결국은 개인의 저축을 더 늘릴 수 있는 상황

08 다음 A, B에 해당하는 사례로 옳은 것을 〈보기〉에서 골라 바르게 연결한 것은?

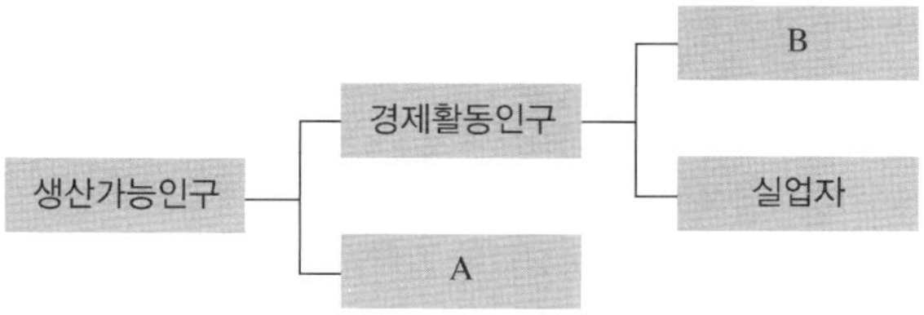

〈보기〉

ㄱ. 실직한 뒤에 구직활동을 포기한 아버지
ㄴ. 교통사고를 당해 휴직 중인 어머니
ㄷ. 아버지가 운영하는 가게에서 무보수로 아르바이트를 하고 있는 누나
ㄹ. 일거리가 적어 일주일에 하루만 일하는 형
ㅁ. 내년도 대학입시를 준비하는 동생

	A	B
①	ㄱ	ㄴ, ㄷ, ㄹ, ㅁ
②	ㄱ, ㄴ	ㄷ, ㄹ, ㅁ
③	ㄱ, ㅁ	ㄴ, ㄷ, ㄹ
④	ㄴ, ㅁ	ㄱ, ㄷ, ㄹ
⑤	ㄹ, ㅁ	ㄱ, ㄴ, ㄷ

09 다음 사례에서 당해 GDP로 계산되는 금액은 얼마인가?

H자동차는 N타이어에서 타이어 40개를 600만 원에 구입하였고, M기업에서 에어컨 10대를 400만 원에 구입하여 자동차 10대를 생산하였다. 이렇게 생산한 자동차 10대 중 6대는 1억 8천만 원에 판매하고 나머지 4대 1억 2천만 원어치는 재고로 갖고 있다. 또한 H자동차는 판매대금 1억 8천만 원 중 6,000만 원은 임금으로 지급하였다.

① 1억 2천만 원
② 1억 8천만 원
③ 2억 4천만 원
④ 2억 8천만 원
⑤ 3억 원

10 다음에서 설명하는 경제 개념으로 옳은 것은?

이것은 세수와 세율 사이의 역설적 관계를 나타내는 곡선이다. 이 곡선에 따르면 세율이 일정 수준을 넘으면 근로의욕이 감소하므로 세수가 줄어드는 현상이 나타난다. 즉, 세율이 t(X)보다 낮은 상태에서는 세율을 올리면 세수가 늘어나고, 반대로 세율이 t(X)보다 높은 상태에서는 세율을 낮춤으로써 세수를 증대시킬 수 있다. 이 곡선은 1980년대 미국 레이건 행정부의 조세인하정책의 이론적 근거가 되었으며, 이로 인해 미국 정부의 거대한 재정적자 증가를 초래하는 결과를 가져왔다.

① 래퍼 커브(Laffer Curve)
② 로렌츠 커브(Lorenz Curve)
③ 디맨드 커브(Demand Curve)
④ 필립스 커브(Philips Curve)
⑤ 쿠즈네츠 커브(Kuznets Curve)

11 다음 중 재화에 대한 설명으로 옳지 않은 것은?

① A재와 B재가 대체관계일 때 A재의 가격상승은 B재의 수요증가를 가져온다.
② A재와 B재가 보완관계일 때 B재의 가격상승은 A재의 수요감소를 가져온다.
③ 가격하락에 따른 수요가 감소한다면 그 재화는 기펜재이다.
④ 기펜재의 가격소비곡선은 우상향한다.
⑤ 기펜재는 수요의 법칙이 지켜지지 않는다.

12 다음 중 여러 가지 자산운용서비스를 하나로 묶어서 고객의 투자성향에 따라 종합금융서비스를 제공하고, 그 대가로 일정률의 수수료를 받는 상품은?

① CMA(Cash Management Account)
② 사모펀드(Private Equity Fund)
③ 랩 어카운트(Wrap Account)
④ ETF(Exchange Traded Fund)
⑤ 헤지펀드(Hedge Fund)

13 다음 중 환매조건부채권(RP)에 대한 설명으로 옳지 않은 것은?

① 일정 기간 경과 후 일정한 가격으로 동일 채권을 다시 매수하거나 매도할 것을 조건으로 한 채권매매방식이다.
② 자금의 수요자는 채권매각에 따른 자본손실 없이 단기간 필요한 자금을 보다 쉽게 조달할 수 있다.
③ 국공채나 특수채·신용우량채권 등을 담보로 발행하기 때문에 안정성이 높고, 예금자 보호도 받을 수 있다.
④ 환매조건부채권의 매도는 거래 상대방을 제한할 필요는 없으므로 일반법인 및 개인까지도 거래 상대방이 될 수 있다.
⑤ 발행 목적에 따라 여러 가지 형태가 존재하지만, 주로 중앙은행과 시중은행 사이의 유동성을 조절하는 수단으로 활용된다.

14 재화나 서비스는 소비의 경합성과 배제성 여부에 따라 다음과 같이 네 개의 부분으로 구분된다. 빈칸에 들어갈 예시가 바르게 연결된 것은?

구분	배제성	비배제성
경합성	자동차, 아이스크림	(가)
비경합성	(나)	국방, 법률, 공원

	(가)	(나)
①	혼잡한 유료 도로	혼잡한 무료 도로
②	혼잡한 유료 도로	혼잡하지 않은 무료 도로
③	혼잡한 무료 도로	혼잡하지 않은 유료 도로
④	혼잡한 무료 도로	혼잡한 유료 도로
⑤	혼잡하지 않은 유료 도로	혼잡한 무료 도로

15 다음 전략적 자산분배의 실행단계를 순서대로 바르게 나열한 것은?

ㄱ. 자산집단의 선택
ㄴ. 선택된 자산집단의 기대수익, 원금, 상관관계의 추정
ㄷ. 투자자의 투자목적과 투자제약조건을 파악
ㄹ. 효율적인 최적자산의 구성

① ㄱ－ㄷ－ㄴ－ㄹ
② ㄱ－ㄷ－ㄹ－ㄴ
③ ㄴ－ㄹ－ㄷ－ㄱ
④ ㄷ－ㄱ－ㄴ－ㄹ
⑤ ㄷ－ㄱ－ㄹ－ㄴ

16 다음은 자산배분전략을 비교한 표이다. 빈칸 ㄱ ~ ㄷ에 들어갈 내용이 바르게 연결된 것은?

구분	전략적 자산배분전략 (SAA; Strategic Asset Allocation)	전술적 자산배분전략 (TAA; Tactical Asset Allocation)
기간	장기적	중·단기적
운용방법	ㄱ	ㄴ
자본시장조건	불변	변함(예측활동 필요)
투자자위험허용도	불변	ㄷ
특징	장기적 자산구성비율	사전적 자산구성

	ㄱ	ㄴ	ㄷ
①	정적	동적	불변
②	동적	동적	변함
③	동적	동적	불변
④	동적	정적	불변
⑤	정적	정적	변함

17 다음 중 화폐에 대한 수요가 증가하는 경우는?

① 소득이 증가하고, 이자율이 상승할 때
② 소득이 증가하고, 이자율이 하락할 때
③ 소득이 감소하고, 이자율이 상승할 때
④ 소득이 감소하고, 이자율이 하락할 때
⑤ 소득이나 이자율과는 관계가 없다.

18 다음 중 우상향하는 총공급곡선(AS)을 왼쪽으로 이동시키는 요인으로 옳은 것은?

① 임금 상승
② 통화량 증가
③ 독립투자 증가
④ 정부지출 증가
⑤ 수입원자재 가격 하락

19 다음은 수제 햄버거 전문점의 햄버거 생산비용에 대한 표이다. 이에 대한 설명으로 옳지 않은 것은?

햄버거(개)	총비용(원)	햄버거(개)	총비용(원)
0	2,500	3	9,000
1	4,000	4	13,000
2	6,000	5	18,000

① 햄버거 생산을 위한 고정비용은 2,500원이다.
② 햄버거를 5개 생산하는 데 드는 평균비용은 3,600원이다.
③ 햄버거를 2개 생산하는 데 드는 평균비용은 햄버거 3개를 생산하는 경우와 같다.
④ 햄버거를 4개째 생산하는 데 드는 한계비용은 4,000원이다.
⑤ 3개의 햄버거를 생산하는 데 드는 평균비용이 3개째 햄버거의 한계비용보다 작다.

20 다음 중 생산요소 노동(L)과 자본(K)만을 사용하는 생산물시장에서 독점기업의 등량곡선과 등비용선에 대한 설명으로 옳지 않은 것은?(단, MP_L은 노동의 한계생산, w는 노동의 가격, MP_K는 자본의 한계생산, r은 자본의 가격이다)

① 등량곡선과 등비용선만으로 이윤극대화 생산량을 구할 수 있다.
② 등비용선 기울기의 절댓값은 두 생산요소 가격의 비율이다.
③ 한계기술대체율이 체감하는 경우, '$(MP_L/w) > (MP_K/r)$'인 기업은 노동투입을 증가시키고 자본투입을 감소시켜야 생산비용을 감소시킬 수 있다.
④ 한계기술대체율은 등량곡선의 기울기를 의미한다.
⑤ 한계기술대체율은 두 생산요소의 한계생산물 비율이다.

21 종현이는 소득이나 통신요금에 관계없이 소득의 5분의 1을 통신비로 지출한다. 다음 〈보기〉에서 종현이의 통신 수요에 대한 설명으로 옳은 것을 모두 고르면?

〈보기〉

ㄱ. 종현이의 소득이 증가하더라도 통신비의 지출은 변하지 않는다.
ㄴ. 종현이의 통신에 대한 수요곡선은 우하향하는 직선 형태를 가진다.
ㄷ. 통신요금이 10% 상승하면 종현이의 통신 수요량은 10% 하락한다.
ㄹ. 종현이의 통신은 가격변화에 따른 소득효과가 대체효과보다 큰 기펜재이다.

① ㄱ
② ㄷ
③ ㄱ, ㄴ
④ ㄴ, ㄹ
⑤ ㄷ, ㄹ

22 다음 중 정상재에 대한 무차별곡선의 설명으로 옳지 않은 것은?

① 소비자에게 같은 수준의 효용을 주는 상품묶음의 집합을 그림으로 나타낸 것이다.
② 원점에서 멀어질수록 더 높은 효용수준을 나타낸다.
③ 기수적 효용 개념에 입각하여 소비자의 선택행위를 분석하는 것이다.
④ 무차별곡선들을 모아 놓은 것을 무차별지도라고 부른다.
⑤ 무차별곡선과 예산제약선을 이용하여 소비자균형을 설명한다.

23 다음은 주어진 생산요소(자원과 기술)를 이용하여 최대한 생산할 수 있는 X재와 Y재의 생산량 조합을 나타낸 곡선이다. 이 곡선이 점선과 같이 이동하였을 때, 이에 대한 설명으로 옳지 않은 것은?

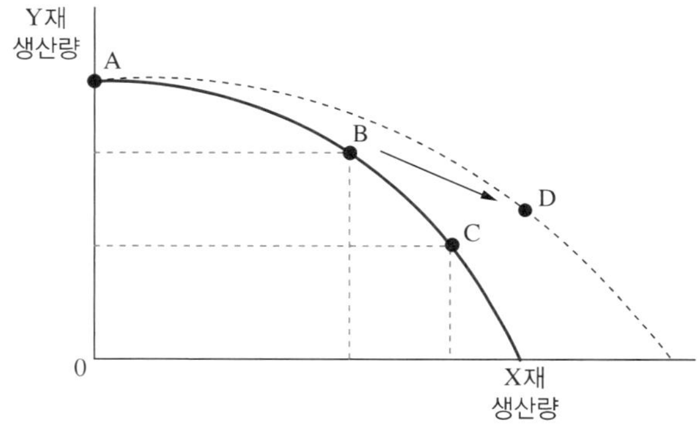

① 생산가능곡선이라고 한다.
② 곡선이 이동한 후 B점은 비효율적이어서 생산하지 않는다.
③ 곡선이 이동한 후 X재 생산량뿐만 아니라 Y재의 생산량도 증가할 수 있다.
④ X재 1단위를 추가로 생산할 때마다 단위당 기회비용은 체감한다.
⑤ 생산요소의 증대 또는 생산기술의 발전으로 곡선이 위와 같이 이동한다.

24 다음 중 독점적 경쟁의 특징으로 옳지 않은 것은?

① 완전경쟁과 마찬가지로 다수의 기업이 존재하며, 진입과 퇴출이 자유롭다.
② 독점적 경쟁기업은 차별화된 상품을 생산함으로써, 어느 정도 시장지배력을 갖는다.
③ 독점적 경쟁기업 간의 경쟁이 판매서비스, 광고 등의 형태로 일어날 때, 이를 비가격경쟁이라고 한다.
④ 독점적 경쟁기업은 독점기업과 마찬가지로 과잉설비를 갖지 않는다.
⑤ 독점적 경쟁기업의 상품은 독점기업의 상품과 달리 대체재가 존재한다.

25 다음 중 효율임금이론(Efficiency Wage Theory)에 대한 설명으로 옳은 것을 〈보기〉에서 모두 고르면?

〈보기〉

ㄱ. 근로자의 생산성이 임금수준에 영향을 받는다는 사실에 입각해 임금의 하방경직성을 설명하고 있다.
ㄴ. 높은 임금은 근로자들의 태만을 막아주는 기능을 함으로써 근로자의 도덕적 해이를 막을 수 있다고 설명한다.
ㄷ. 기업이 제공하는 임금이 낮아지면 역선택의 문제가 발생하므로 이를 해결하기 위해서 기업은 임금을 낮추지 않는다고 설명한다.
ㄹ. 비자발적 실업이 존재하여도 임금이 하락하지 않는 이유를 설명할 수 있다.

① ㄱ
② ㄴ
③ ㄱ, ㄴ, ㄷ
④ ㄴ, ㄷ, ㄹ
⑤ ㄱ, ㄴ, ㄷ, ㄹ

26 다음 중 변동환율제도에 대한 설명으로 옳지 않은 것은?

① 원화 환율이 오르면 물가가 상승하기 쉽다.
② 원화 환율이 오르면 수출업자가 유리해진다.
③ 원화 환율이 오르면 외국인의 국내 여행이 증가한다.
④ 기본적으로 환율은 외환시장에서의 수요와 공급에 의해 결정된다.
⑤ 국가 간 자본거래가 활발하게 이루어진다면 독자적인 통화정책을 운용할 수 없다.

27 다음 중 도덕적 해이에 대한 설명으로 옳지 않은 것은?

① 금융거래 계약 후 차입자가 자금을 원래의 목적대로 이용하지 않을 경우 발생한다.
② 불완전하게 감시를 받고 있는 사람이 부정직하거나 바람직하지 못한 행위를 하는 경향을 말한다.
③ 보험시장에서 도덕적 해이를 방지하기 위한 방안으로는 공동보험을 들 수 있다.
④ 도덕적 해이 문제를 해결하기 위해서는 성과에 근거한 유인계약제도 등을 활용할 수 있다.
⑤ 보험시장에서 대체로 건강상태가 나쁜 사람들이 보험에 가입하는 것은 도덕적 해이의 한 사례이다.

28 다음에서 설명하는 화폐의 기능은 무엇인가?

> 예를 들어 물물교환 경제에서 쌀을 가진 사람이 옷을 구하고자 할 때, 자신이 가진 쌀로 얼마만큼의 옷을 살 수 있는지를 알기 위해서는 다른 상품 간의 교환비율까지 모두 알아야 한다. 그러나 화폐경제에서는 모든 물건의 가치가 같은 화폐 단위로 표시되므로 모든 상품 간의 교환비율을 즉시 알 수 있다.

① 교환매개
② 가치저장
③ 가치척도
④ 지급수단
⑤ 결제수단

29 다음과 같은 엥겔곡선(EC; Engel Curve)에서 X재는 무엇인가?

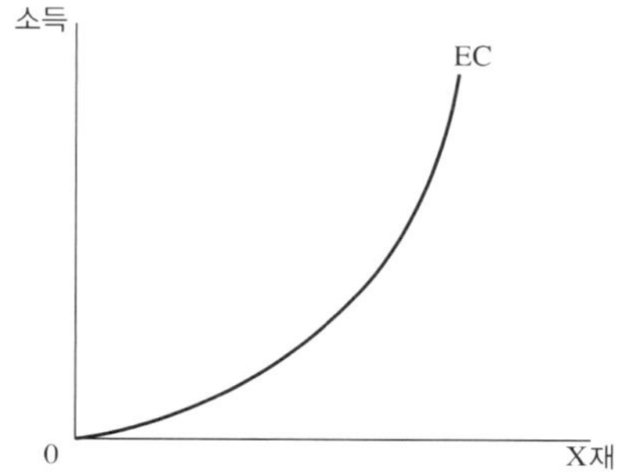

① 열등재
② 필수재
③ 보완재
④ 대체재
⑤ 사치재

30 다음 중 리카도의 비교우위론에 대한 설명으로 옳지 않은 것은?

① 생산비가 상대적으로 더 적게 드는 상품에 특화하여 교역하면 이익을 얻을 수 있다고 본다.
② 한 나라가 두 상품 모두에 절대우위를 가지고 있다고 가정한다.
③ 국가 간 생산요소의 이동이 없는 것으로 가정한다.
④ 한 국가가 매우 희소하거나 없는 물품을 보유하고 있는 경우 우위를 갖는다.
⑤ 자유무역주의가 발달하는 계기가 되었다.

31 다음 글의 빈칸에 들어갈 일수로 옳은 것은?

> 은행이 주식 수 감소 등 자본금의 감소에 해당하는 행위를 하기 위하여 금융위원회에 승인신청을 한 경우 금융위원회는 신청일로부터 ______ 이내에 승인 여부를 결정해야 한다.

① 15일
② 30일
③ 50일
④ 60일
⑤ 90일

32 다음 중 은행법에서 규정하는 금지업무가 아닌 것은?

① 해당 은행의 임직원에 대한 소액대출
② 직접·간접을 불문하고 해당 은행의 주식을 담보로 하는 대출
③ 직접·간접을 불문하고 해당 은행의 주식을 사게 하기 위한 대출
④ 증권에 대한 투자의 총 합계액이 은행의 자기자본의 100분의 100의 범위에 해당하는 금액을 초과하는 투자
⑤ 자기자본의 100분의 100의 범위에서 대통령령으로 정하는 비율에 해당하는 금액을 초과하는 업무용 부동산의 소유

33 다음 중 앨더퍼(Alderfer)의 ERG 이론에 대한 설명으로 옳지 않은 것은?

① 인간의 욕구를 존재욕구, 관계욕구, 성장욕구로 나누었다.
② 하위욕구가 충족될수록 상위욕구에 대한 욕망이 커진다고 주장하였다.
③ 상위욕구의 행위에 영향을 미치기 전에 하위욕구가 먼저 충족되어야만 한다.
④ 매슬로(Maslow)의 욕구단계 이론의 한계점을 극복하고자 제시되었다.
⑤ 한 가지 이상의 욕구가 동시에 작용될 수도 있다고 주장한 욕구단계 이론이다.

34 다음 중 홉스테드(G. Hofstede)의 국가 간 문화차이연구에서 문화차원(Cultural Dimensions)에 해당하지 않는 것은?

① 권력의 거리(Power Distance)
② 불확실성 회피성(Uncertainty Avoidance)
③ 남성성 – 여성성(Masculinity – Femininity)
④ 민주주의 – 독재주의(Democracy – Autocracy)
⑤ 개인주의 – 집단주의(Individualism – Collectivism)

35 다음 수요예측기법 중 성격이 다른 하나는?

① 델파이 기법
② 역사적 유추법
③ 시계열 분석 방법
④ 시장조사법
⑤ 라이프사이클 유추법

36 다음 중 동종 또는 유사업종의 기업들이 법적, 경제적 독립성을 유지하면서 협정을 통해 수평적으로 결합하는 형태는?

① 지주회사(Holding Company)
② 카르텔(Cartel)
③ 컨글로머리트(Conglomerate)
④ 트러스트(Trust)
⑤ 콘체른(Konzern)

37 다음 중 자재소요계획(MRP)에 대한 설명으로 옳은 것은?

① MRP는 필요할 때마다 요청해서 생산하는 방식이다.
② 자재명세서의 부품별 계획 주문 발주시기를 근거로 MRP를 수립한다.
③ MRP는 독립수요를 갖는 부품들의 생산수량과 생산시기를 결정하는 방법이다.
④ MRP는 풀 생산방식(Pull System)에 속하며 시장 수요가 생산을 촉발시키는 시스템이다.
⑤ 생산일정 계획의 완제품 생산일정(MPS), 자재명세서(BOM), 재고기록철(IR)에 대한 정보를 근거로 MRP를 수립한다.

38 다음 중 재고자산에 대한 설명으로 옳은 것은?(단, 재고자산감모손실 및 재고자산평가손실은 없다)

① 재고자산 매입 시 부담한 매입운임은 운반비로 구분하여 비용처리한다.

② 재고자산을 순실현가능가치로 감액한 평가손실과 모든 감모손실은 감액이나 감모가 발생한 다음 기간에 매출원가로 인식한다.

③ 선입선출법 적용 시 물가가 지속적으로 상승한다면, 계속기록법에 의한 기말재고자산금액이 실지재고조사법에 의한 기말재고자산 금액보다 작다.

④ 선입선출법 적용 시 물가가 지속적으로 상승한다면, 계속기록법에 의한 기말재고자산금액이 실지재고조사법에 의한 기말재고자산 금액보다 크다.

⑤ 부동산 매매기업이 정상적인 영업과정에서 판매를 목적으로 보유하는 건물은 재고자산으로 구분한다.

39 다음은 K기업의 손익계산서 내용이다. 이를 바탕으로 구한 K기업의 당기순이익은?

• 매출액 : 10억 원	• 매출원가 : 6.5억 원
• 영업외이익 : 1억 원	• 특별이익 : 0.4억 원
• 영업외비용 : 0.4억 원	• 특별손실 : 0.6억 원
• 법인세비용 : 0.2억 원	• 판관비 : 0.5억 원

① 2.2억 원　② 2.4억 원

③ 2.8억 원　④ 3.2억 원

⑤ 3.6억 원

40 다음 중 재무제표에 대한 설명으로 옳지 않은 것은?

① 재무제표는 적어도 1년에 한 번은 작성한다.

② 현금흐름에 대한 정보를 제외하고는 발생기준의 가정에 작성한다.

③ 재무제표 요소의 측정기준은 역사적원가와 현행가치 등으로 구분된다.

④ 재무제표는 재무상태표, 포괄손익계산서, 자본변동표, 현금흐름표, 주석으로 구성된다.

⑤ 기업이 경영활동을 청산 또는 중단할 의도가 있더라도, 재무제표는 계속기업의 가정에 작성한다.

41 다음 중 각종 디지털 기기나 인터넷에 있는 데이터를 수집 · 분석하여 범죄의 증거를 확보하는 수사 기법은?

① 딥페이크
② 디지털 포렌식
③ 리버스 엔지니어링
④ 디지털 노마드
⑤ 안티 포렌식

42 다음 중 인공 지능과 관련된 용어와 그에 대한 설명이 잘못 연결된 것은?

① AI – 인간의 학습능력, 지각능력, 이해능력 등을 컴퓨터 프로그램으로 실현한 기술
② 딥러닝 – 인간이 가르친 다양한 정보를 학습한 결과에 따라 새로운 것을 예측하는 기술
③ 머신 러닝 – 데이터를 분석하고 스스로 학습하는 과정을 통해 패턴을 인식하는 기술
④ 딥페이크 – 인공 지능을 기반으로 한 인간의 이미지 합성 기술
⑤ 블록체인 – 가상 화폐 거래 시 발생할 수 있는 해킹을 막기 위한 공공 거래 장부

43 다음 중 메칼프의 법칙(Metcalfe's Law)에 대한 설명으로 옳은 것은?

① 마이크로칩의 밀도는 24개월마다 2배로 늘어난다.
② 네트워크의 가치는 사용자 수의 제곱에 비례한다.
③ 조직은 거래 비용이 적게 드는 쪽으로 계속하여 변화한다.
④ 인터넷 이용자의 90%는 관망하며, 9%는 재전송이나 댓글로 확산에 기여하고, 1%만이 콘텐츠를 창출한다.
⑤ 통신 네트워크의 대역폭은 매년 50%씩 10년 동안 약 57배 증가한다.

44 다음 〈보기〉 중 빅데이터에 대한 설명으로 옳은 것을 모두 고르면?

〈보기〉

ㄱ. 빅데이터는 정형화된 수치 자료뿐만 아니라 비정형의 문자, 영상, 위치 데이터도 포함한다.
ㄴ. 빅데이터는 클라우드 컴퓨팅 등 비용 효율적인 장비의 활용이 가능하다.
ㄷ. 빅데이터의 소프트웨어 분석 방법으로는 통계패키지(SAS), 데이터 마이닝 등이 대표적이다.
ㄹ. 빅데이터는 크기(Volume), 속도(Velocity), 다양성(Variety), 가치(Value), 복잡성(Complexity)의 특징을 가지고 있다.

① ㄱ, ㄹ
② ㄴ, ㄷ
③ ㄱ, ㄴ, ㄷ
④ ㄱ, ㄴ, ㄹ
⑤ ㄴ, ㄷ, ㄹ

45 다음에서 설명하는 것은 무엇인가?

팔레트를 사용하는 것과 같이 제한된 색상을 사용해야 할 경우 그 제한된 색상들을 섞어서 다양한 색상을 만들어 내는 방법이다. 즉, 현재 팔레트에 존재하지 않는 컬러를 컬러 패턴으로 대체하여 가장 유사한 컬러로 표현하는 기법이다.

① 디더링(Dithering)
② 안티 앨리어싱(Anti-aliasing)
③ 모핑(Morphing)
④ 와핑(Warping)
⑤ 리터칭(Retouching)

46 다음 소프트웨어의 품질 목표 중 허용되지 않는 사용이나 자료의 변경을 제어하는 정도를 나타내는 것은?

① 무결성(Integrity)
② 신뢰성(Reliability)
③ 사용 용이성(Usability)
④ 유연성(Flexibility)
⑤ 가용성(Availability)

47 다음 소프트웨어의 품질 목표 중 옳고 일관된 결과를 얻기 위하여 요구된 기능을 수행할 수 있는 정도를 나타내는 것은?

① 유지보수성(Maintainability)
② 신뢰성(Reliability)
③ 효율성(Efficiency)
④ 무결성(Integrity)
⑤ 이식성(Portability)

48 다음 〈보기〉 중 데이터 마이닝에 대한 설명으로 옳은 것을 모두 고르면?

〈보기〉

ㄱ. 기대했던 정보뿐만 아니라 기대하지 않았던 정보를 찾아내는 기술을 의미한다.
ㄴ. 계획적으로 축적한 대용량의 데이터를 대상으로 한다.
ㄷ. 선형 회귀분석이나 로지스틱 분석방법 등이 적용된다.

① ㄱ
② ㄴ
③ ㄷ
④ ㄱ, ㄴ
⑤ ㄴ, ㄷ

49 다음 중 IoT(Internet of Things)의 특징으로 옳지 않은 것은?

① 사물에 부착된 센서를 통해 실시간으로 데이터를 주고받는다.

② 사용자가 언제 어디서나 컴퓨터 자원을 활용할 수 있도록 정보 환경을 제공한다.

③ 인터넷에 연결된 기기는 인간의 개입 없이도 서로 알아서 정보를 주고받는다.

④ 유형의 사물 외에 공간이나 결제 프로세스 등의 무형의 사물도 연결할 수 있다.

⑤ 블루투스, NFC, 네트워크 등의 기술은 IoT를 통한 기기들의 소통을 돕는다.

50 다음 중 사람뿐만 아니라 모든 사물이 흩어져 있는 데이터를 수집하고 정리하여 이를 온라인상의 콘텐츠를 이용하여 확산시키는 것은?

① 블로그젝트(Blogject)

② 올블로그(Allbolg)

③ 링크블로그(Link Blog)

④ 메타블로그(Meta Blog)

⑤ 스플로그(Splog)

※ 다음 빈칸에 들어갈 단어로 가장 적절한 것을 고르시오. **[51~52]**

51

떡 : 쌀 = ( ) : 밀가루

① 보리
② 밥
③ 사탕
④ 빵
⑤ 김치

52

( ) : 보강 = 비옥 : 척박

① 상쇄
② 감소
③ 보전
④ 감쇄
⑤ 손실

53 다음 글의 내용으로 적절하지 않은 것은?

> 오늘날 한국 사회는 건강에 대한 관심과 열풍이 그 어느 때보다 증가하고 있다. 이미 우리 사회에서 유기농, 친환경, 웰빙과 같은 단어는 이미 친숙해진 지 오래다. 제품마다 웰빙이라는 단어를 부여해야만 매출이 상승했던 웰빙 시대를 지나서 사람들은 천연 재료를 추구하는 오가닉(Organic) 시대를 접하였으며, 나아가 오늘날에는 오가닉을 넘어 로가닉(Rawganic)을 추구하기 시작한 것이다.
> 로가닉이란 '천연상태의 날 것'을 의미하는 Raw와 '천연 그대로의 유기농'을 의미하는 Organic의 합성어이다. 즉, 자연에서 재배한 식자재를 가공하지 않고 천연 그대로 사용하는 것을 말하는 것이다. 로가닉은 '천연상태의 날것'을 유지한다는 점에서 기존의 오가닉과 차이를 가진다. 재료 본연의 맛과 향을 잃지 않는 방식으로 제조되는 것이다. 이러한 로가닉은 오늘날 우리의 식품업계에 직접적으로 영향을 주고 있다. 화학조미료 사용을 줄이고 식재료 본연의 맛과 풍미를 살린 '로가닉 조리법'을 활용한 외식 프랜차이즈 브랜드가 꾸준히 인기를 끌고 있음을 확인할 수 있는 것이다.
> 로가닉은 세 가지의 핵심적인 가치요소가 포함되어야 한다. 첫째는 날 것 상태인 천연 그대로의 성분을 사용하는 것이고, 둘째는 희소성이며, 셋째는 매력적이고 재미있는 스토리를 가지고 있어야 한다는 것이다.
> 예를 들면 ○○한우 브랜드는 당일 직송된 암소만을 엄선하여 사용함으로써 로가닉의 사고를 지닌 소비자들의 입맛을 사로잡고 있다. 품질이 우수한 식재료의 본연의 맛에서 가장 좋은 요리가 탄생한다는 로가닉 조리법을 통해 화제가 된 것이다. 또한 코펜하겐에 위치한 △△레스토랑은 '채집음식'을 추구함으로써 세계 최고의 레스토랑으로 선정되었다. 채집음식이란 재배한 식물이 아닌 야생에서 자란 음식 재료를 활용하여 만든 음식을 의미한다.
> 다음으로 로가닉의 가치요소인 희소성은 루왁 커피를 예로 들 수 있다. 루왁 커피는 사향 고양이인 루왁이 커피 열매를 먹고 배설한 배설물을 채집하여 만들어진 커피로, 까다로운 채집 과정과 인공의 힘으로 불가능한 생산과정을 거침으로써 높은 희소가치를 지닌 상품으로 각광받고 있는 것이다.
> 마지막으로 로가닉은 매력적이고 재미있는 스토리텔링이 되어야 한다. 로가닉 제품의 채집 과정과 효능, 상품 탄생배경 등과 같은 구체적이고 흥미 있는 스토리로 소비자들의 공감을 불러일으켜야 한다. 소비자들이 이러한 스토리텔링에 만족한다면 로가닉 제품의 높은 가격은 더 이상 매출 상승의 장애 요인이 되지 않을 것이다.
> 로가닉은 이처럼 세 가지 핵심적인 가치요소들을 충족함으로써 한층 더 고급스러워진 소비자들의 욕구를 채워주고 있다.

① 로가닉의 희소성은 어려운 채집 과정과 생산 과정을 통해 나타난다.
② 직접 재배한 식물로 만들어진 채집음식은 로가닉으로 볼 수 있다.
③ 로가닉은 천연상태의 날것을 그대로 사용한다는 점에서 오가닉과 다르다.
④ 로가닉 제품의 높은 가격은 스토리텔링을 통해 보완할 수 있다.
⑤ 로가닉 조리법을 활용한 외식업체의 인기가 높음을 알 수 있다.

※ 다음 문단을 논리적 순서대로 바르게 나열한 것을 고르시오. [54~56]

54

(가) 글의 구조를 고려한 독서의 방법에는 요약하기와 조직자 활용하기 방법이 있다. 내용 요약하기는 문단의 중심 화제를 한두 문장으로 표현해 보는 일이다. 조직자란 내용을 조직하는 단위들이다. 이를 잘 찾아내면 글의 요점을 파악하기 쉽다.

(나) 한 편의 완성된 글은 구조를 갖고 있으며 그 속에는 글쓴이의 중심 생각은 물론 글쓰기 전략도 들어 있다. 이때 글을 쓰는 목적이 무엇이냐에 따라 글쓰기 전략이 달라진다.

(다) 정보를 전달하는 글은 정보를 쉽고 명료하게 조직하는 전략을 사용하고, 설득하는 글은 서론 – 본론 – 결론의 짜임을 취하며 주장을 설득력 있게 펼친다.

(라) 독자 입장에서는 글이 구조를 갖고 있다는 점을 염두에 두고 글쓴이가 글을 쓴 목적이나 의도를 추리하며 글을 읽어야 한다.

① (가) – (나) – (라) – (다)
② (가) – (다) – (나) – (라)
③ (가) – (라) – (나) – (다)
④ (나) – (다) – (라) – (가)
⑤ (나) – (라) – (가) – (다)

55

(가) 르네상스와 종교개혁을 거치면서 성립된 근대 계몽주의는 중세를 지배했던 신(神) 중심의 사고에서 벗어나 합리적 사유에 근거한 인간 해방을 추구하였다.

(나) 하지만 이 같은 문명의 이면에는 환경 파괴와 물질만능주의, 인간소외와 같은 근대화의 병폐가 숨어 있었다.

(다) 또한 계몽주의의 합리적 사고는 자연과학의 성립으로 이어졌으며, 우주와 자연에서 신비로운 요소를 걷어낸 과학 기술의 발전은 인류에게 그 어느 때보다 풍요로운 물질적 부를 가져왔다.

(라) 인간의 무지로부터 비롯된 자연에 대한 공포가 종교적 세계관을 낳았지만, 계몽주의는 이성과 합리성을 통해 이를 극복하였다.

① (가) – (나) – (다) – (라)
② (가) – (다) – (나) – (라)
③ (라) – (가) – (다) – (나)
④ (라) – (나) – (다) – (가)
⑤ (라) – (다) – (가) – (나)

56

(가) 덕후에 대한 사회의 시선도 달라졌다. 과거의 덕후는 이해할 수 없는 자기들만의 세계에 빠져 사는 소통 능력이 부족한 잉여 인간이라는 이미지가 강했다. 하지만 이제는 특정 분야에 해박한 지식을 가진 전문가, 독특한 취향을 지닌 조금 특이하지만 멋있는 존재로 받아들여진다. 전문가들은 이제 한국의 덕후는 단어의 어원이었던 일본의 오타쿠와는 완전히 다른 존재로 진화하고 있다고 진단한다.

(나) 현재 진화한 덕후들은 자신만의 취미에 더욱 몰입한다. 취향에 맞는다면 아낌없이 지갑을 연다. 좋아하는 대상도 다양해지고 있다. 립스틱이나 매니큐어 같은 화장품, 스타벅스 컵까지도 덕질(덕후+질)의 대상이 된다. 이른바 취향 소비를 덕후들이 이끌고 있는 것이다. 덕후들은 자신이 좋아하는 대상을 위해 댓글을 달며 기업이 내놓는 상품에 입김을 발휘하기도 한다. 아예 스스로 좋아하는 대상과 관련된 상품을 제작해 판매하기도 하고, 파생 산업까지 나오고 있다.

(다) 덕후는 일본의 오타쿠(御宅)를 한국식으로 발음한 인터넷 신조어 오덕후를 줄인 말이다. 얼마 전까지 덕후 이미지는 사회성이 부족하거나 우스꽝스럽다는 식으로 그다지 긍정적이지 않았다. 하지만 최근 들어 인터넷과 SNS는 물론 일상생활에서도 자신이 덕후임을 만천하에 드러내며 덕밍아웃(덕후+커밍아웃)하는 사례가 늘고 있다.

① (가) – (나) – (다)
② (가) – (다) – (나)
③ (나) – (가) – (다)
④ (다) – (가) – (나)
⑤ (다) – (나) – (가)

57 다음 글을 읽고 바르게 추론한 것을 〈보기〉에서 모두 고르면?

> 우리가 현재 가지고 있는 믿음들은 추가로 획득된 정보에 의해서 수정된다. 뺑소니사고의 용의자로 갑, 을, 병이 지목되었고 이 중 단 한 명만 범인이라고 하자. 수사관 K는 운전 습관, 범죄 이력 등을 근거로 각 용의자가 범인일 확률을 추측하여, '갑이 범인'이라는 것을 0.3, '을이 범인'이라는 것을 0.45, '병이 범인'이라는 것을 0.25만큼 믿게 되었다고 하자. 얼마 후 병의 알리바이가 확보되어 병은 용의자에서 제외되었다.
> 그렇다면 K의 믿음의 정도는 어떻게 수정되어야 할까? 믿음의 정도를 수정하는 두 가지 방법이 있다. 방법 A는 0.25를 다른 두 믿음에 동일하게 나누어 주는 것이다. 따라서 병의 알리바이가 확보된 이후 '갑이 범인'이라는 것과 '을이 범인'이라는 것에 대한 K의 믿음의 정도는 각각 0.425와 0.575가 된다. 방법 B는 기존 믿음의 정도에 비례해서 분배하는 것이다. 위 사례에서 '을이 범인'이라는 것에 대한 기존 믿음의 정도 0.45는 '갑이 범인'이라는 것에 대한 기존 믿음의 정도 0.3의 1.5배이다. 따라서 믿음의 정도 0.25도 이 비율에 따라 나누어주어야 한다. 즉, 방법 B는 '갑이 범인'이라는 것에는 0.1을, '을이 범인'이라는 것에는 0.15를 추가하는 것이다. 결국 방법 B에 따르면 병의 알리바이가 확보된 이후 '갑이 범인'이라는 것과 '을이 범인'이라는 것에 대한 K의 믿음의 정도는 각각 0.4와 0.6이 된다.

〈보기〉

ㄱ. 만약 기존 믿음의 정도들이 위 사례와 달랐다면, 병이 용의자에서 제외된 뒤 '갑이 범인'과 '을이 범인'에 대한 믿음의 정도의 합은 방법 A와 방법 B 중 무엇을 이용하는지에 따라 다를 수 있다.
ㄴ. 만약 기존 믿음의 정도들이 위 사례와 달랐다면, 병이 용의자에서 제외된 뒤 '갑이 범인'과 '을이 범인'에 대한 믿음의 정도의 차이는 방법 A를 이용한 결과가 방법 B를 이용한 결과보다 클 수 있다.
ㄷ. 만약 '갑이 범인'에 대한 기존 믿음의 정도와 '을이 범인'에 대한 기존 믿음의 정도가 같았다면, '병이 범인'에 대한 기존 믿음의 정도에 상관없이 병이 용의자에서 제외된 뒤 방법 A를 이용한 결과와 방법 B를 이용한 결과는 서로 같다.

① ㄴ
② ㄷ
③ ㄱ, ㄴ
④ ㄱ, ㄷ
⑤ ㄴ, ㄷ

58 다음 글의 중심 내용으로 가장 적절한 것은?

> 그리스 철학의 집대성자라고도 불리는 철학자 아리스토텔레스는 자연의 모든 물체는 '자연의 사다리'에 의해 계급화되어 있다고 생각했다. 자연의 사다리는 아래서부터 무생물, 식물, 동물, 인간 그리고 신인데, 이러한 계급에 맞춰 각각에 일정한 기준을 부여했다. 18세기 유럽 철학계와 과학계에서는 이러한 자연의 사다리 사상이 크게 유행을 했으며 사다리의 상층인 신과 인간에게는 높은 이성과 가치가 있고, 그 아래인 동물과 식물에게는 인간보다 낮은 가치가 있다고 보기 시작했다.
> 이처럼 서양의 자연관은 인간과 자연을 동일시하던 고대에서 벗어나 인간만이 영혼이 있으며, 이에 따라 인간만이 자연을 지배할 수 있다고 믿는 기독교 중심의 중세시대를 지나, 여러 철학자들을 거쳐 점차 인간이 자연보다 우월한 자연지배관으로 모습이 바뀌기 시작했다. 이러한 자연관을 토대로 서양에서는 자연스럽게 산업혁명 등을 통한 대량소비와 대량생산의 경제성장구조와 가치체계가 발전되어 왔다.
> 동양의 자연관 역시 동양철학과 불교 등의 이념과 함께 고대에서 중세세대를 지나게 되었다. 하지만 서양의 인간중심 철학과 달리 동양철학과 불교에서는 자연과 인간을 동일선상에 놓거나 둘의 조화를 중요시하여 합일론을 주장했다. 이들의 사상은 노자와 장자의 무위자연의 도, 불교의 윤회사상 등에서 살펴볼 수 있다. 대량소비와 대량생산으로 대표되는 자본주의의 한계와 함께 지구온난화, 자원고갈, 생태계 파괴가 대두되는 요즘, 동양의 자연관이 주목받고 있다.

① 서양철학에서 나타나는 부작용
② 자연의 사다리와 산업혁명
③ 철학과 지구온난화의 상관관계
④ 서양의 자연관과 동양의 자연관의 차이
⑤ 서양철학의 문제점과 동양철학을 통한 해결법

59 다음 글의 빈칸에 들어갈 내용으로 가장 적절한 것은?

> 기분관리 이론은 사람들의 기분과 선택 행동의 관계에 대해 설명하기 위한 이론이다. 이 이론의 핵심은 사람들이 현재의 기분을 최적 상태로 유지하려고 한다는 것이다. 따라서 기분관리 이론은 흥분 수준이 최적 상태보다 높을 때는 사람들이 이를 낮출 수 있는 수단을 선택한다고 예측한다. 반면에 흥분 수준이 낮을 때는 이를 회복시킬 수 있는 수단을 선택한다고 예측한다. 예를 들어, 음악 선택의 상황에서 전자의 경우에는 차분한 음악을 선택하고 후자의 경우에는 흥겨운 음악을 선택한다는 것이다. 기분조정 이론은 기분관리 이론이 현재 시점에만 초점을 맞추고 있다는 점을 지적하고 이를 보완하고자 한다. 기분조정 이론을 음악 선택의 상황에 적용하면, ＿＿＿＿＿＿＿＿＿＿고 예측할 수 있다.
> 연구자 A는 음악 선택 상황을 통해 기분조정 이론을 검증하기 위한 실험을 했다. 그는 실험 참가자들을 두 집단으로 나누고 집단1에게는 한 시간 후 재미있는 놀이를 하게 된다고 말했고, 집단2에게는 한 시간 후 심각한 과제를 하게 된다고 말했다. 집단1은 최적 상태 수준에서 즐거워했고, 집단2는 최적 상태 수준을 벗어날 정도로 기분이 가라앉았다. 이때 연구자 A는 참가자들에게 기다리는 동안 음악을 선택하게 했다. 그랬더니 집단1은 다소 즐거운 음악을 선택한 반면, 집단2는 과도하게 흥겨운 음악을 선택했다. 그런데 30분이 지나고 각 집단이 기대하는 일을 하게 될 시간이 다가오자 두 집단 사이에는 뚜렷한 차이가 나타났다. 집단1의 선택에는 큰 변화가 없었으나, 집단2는 기분을 가라앉히는 차분한 음악을 선택하는 쪽으로 변하는 경향을 보인 것이다. 이러한 선택의 변화는 기분조정 이론을 뒷받침하는 것으로 간주되었다.

① 사람들은 현재의 기분을 지속하는 데 도움이 되는 음악을 선택한다

② 사람들은 다음에 올 상황을 고려해 흥분을 유발할 수 있는 음악을 선택한다

③ 사람들은 다음에 올 상황에 맞추어 현재의 기분을 조정하는 음악을 선택한다

④ 사람들은 현재의 기분과는 상관없이 자신이 평소 선호하는 음악을 선택한다

⑤ 사람들은 현재의 기분이 즐거운 경우에는 그것을 조정하기 위해 그와 반대되는 기분을 자아내는 음악을 선택한다

※ 다음 명제가 모두 참일 때, 반드시 참인 명제를 고르시오. [60~61]

60

- 속도에 관심 없는 사람은 디자인에도 관심이 없다.
- 연비를 중시하는 사람은 내구성도 따진다.
- 내구성을 따지지 않는 사람은 속도에도 관심이 없다.

① 연비를 중시하지 않는 사람도 내구성은 따진다.
② 디자인에 관심 없는 사람도 내구성은 따진다.
③ 연비를 중시하는 사람은 디자인에는 관심이 없다.
④ 내구성을 따지지 않는 사람은 디자인에도 관심이 없다.
⑤ 속도에 관심이 있는 사람은 연비를 중시하지 않는다.

61

- 어떤 학생은 책 읽기를 좋아한다.
- 책 읽기를 좋아하는 사람의 대부분은 어린이다.
- 모든 어린이는 유치원에 다닌다.

① 모든 학생은 어린이다.
② 모든 학생은 유치원에 다닌다.
③ 책 읽기를 좋아하는 사람 모두가 어린이는 아니다.
④ 책 읽기를 좋아하는 사람 모두 학생이다.
⑤ 모든 어린이는 책 읽기를 좋아한다.

※ 다음 명제가 모두 참일 때, 빈칸에 들어갈 명제로 적절한 것을 고르시오. **[62~63]**

62

- 환율이 하락하면 국가 경쟁력이 떨어졌다는 것이다.
- ______________________________
- 수출이 감소했다는 것은 GDP가 감소했다는 것이다.
- 수출이 감소하면 국가 경쟁력이 떨어진다.

① 국가 경쟁력이 떨어지면 수출이 감소했다는 것이다.
② GDP가 감소해도 국가 경쟁력은 떨어지지 않는다.
③ 환율이 상승하면 GDP가 증가한다.
④ 환율이 하락해도 GDP는 감소하지 않는다.
⑤ 수출이 증가했다는 것은 GDP가 증가했다는 것이다.

63

- 비가 오면 한강 물이 불어난다.
- 비가 오지 않으면 보트를 타지 않은 것이다.
- ______________________________
- 따라서 자전거를 타지 않으면 한강 물이 불어난 것이다.

① 자전거를 타면 비가 오지 않는다.
② 보트를 타면 자전거를 탄다.
③ 한강 물이 불어나면 보트를 타지 않은 것이다.
④ 자전거를 타지 않으면 보트를 탄다.
⑤ 보트를 타면 비가 오지 않는다.

64

K사의 가 ~ 라직원 4명은 원형 탁자에 둘러앉아 인턴사원 교육 관련 회의를 진행하고 있다. 직원들은 각자 인턴 A ~ D를 1명씩 맡아 교육하고 있다. 다음 〈조건〉에 따라 직원과 인턴이 바르게 짝지어진 것은?(단, 방향은 탁자를 바라보고 앉았을 때를 기준으로 한다)

〈조건〉

- B인턴을 맡은 직원은 다직원의 왼편에 앉아 있다.
- A인턴을 맡은 직원의 맞은편에는 B인턴을 맡은 직원이 앉아 있다.
- 라직원은 다직원 옆에 앉아 있지 않으나, A인턴을 맡은 직원 옆에 앉아 있다.
- 나직원은 가직원 맞은편에 앉아있으며, 나직원의 오른편에는 라직원이 앉아 있다.
- 시계 6시 방향에는 다직원이 앉아있으며, 맞은편에는 D인턴을 맡은 사원이 있다.

① 가직원 – A인턴
② 나직원 – D인턴
③ 다직원 – C인턴
④ 라직원 – A인턴
⑤ 라직원 – B인턴

65 K기업의 사내 기숙사 3층에는 다음과 같이 크기가 동일한 10개의 방이 일렬로 나열되어 있다. A ~ E 5명의 신입사원을 10개의 방 중 5개의 방에 각각 배정하였을 때, 〈조건〉을 바탕으로 항상 참인 것은?(단, 신입사원이 배정되지 않은 방은 모두 빈방이다)

1	2	3	4	5	6	7	8	9	10

〈조건〉

- A와 B의 방 사이에 빈방이 아닌 방은 1개뿐이다.
- B와 C의 방 사이의 거리는 D와 E의 방 사이의 거리와 같다.
- C와 D의 방은 나란히 붙어 있다.
- B와 D의 방 사이에는 3개의 방이 있다.
- D는 7호실에 배정되었다.

① 1호실은 빈방이다.
② 4호실은 빈방이다.
③ 9호실은 빈방이다.
④ C는 6호실에 배정되었다.
⑤ E는 10호실에 배정되었다.

66 지윤이는 농도 5%의 오렌지 주스와 농도 11%의 오렌지 주스를 섞어서 농도 8%의 오렌지 주스를 400g을 만들려고 한다. 이때 농도 11%의 오렌지 주스는 몇 g을 섞어야 하는가?

① 150g
② 170g
③ 190g
④ 200g
⑤ 210g

67 흰 구슬 4개, 검은 구슬 6개가 들어 있는 주머니에서 연속으로 2개의 구슬을 꺼낼 때, 흰 구슬, 검은 구슬을 각각 1개씩 뽑을 확률은?(단, 꺼낸 구슬은 다시 넣지 않는다)

① $\frac{2}{15}$
② $\frac{4}{15}$
③ $\frac{7}{15}$
④ $\frac{8}{15}$
⑤ $\frac{11}{15}$

68 은탁이는 1, 1, 1, 2, 2, 3을 가지고 여섯 자릿수의 암호를 만들어야 한다. 이때 가능한 암호는 몇 가지인가?

① 30가지
② 42가지
③ 60가지
④ 72가지
⑤ 84가지

69 A와 B가 운동장을 같은 지점에서 동시에 서로 반대 방향으로 돌면 12분 후에 다시 만난다. A의 속력은 100m/min, B의 속력은 80m/min이라면 운동장의 둘레는 몇 m인가?

① 1,960m
② 2,060m
③ 2,100m
④ 2,130m
⑤ 2,160m

70 민수가 어떤 일을 하는 데 1시간이 걸리고, 그 일을 아버지가 하는 데는 15분이 걸린다. 민수가 30분간 혼자서 일하는 중에 아버지가 오셔서 함께 그 일을 끝마쳤다면, 민수가 아버지와 함께 일한 시간은 몇 분인가?

① 5분
② 6분
③ 7분
④ 8분
⑤ 9분

71 해선이가 학교로 출발한 지 5분 후, 동생이 따라 나왔다. 동생은 100m/min의 속력으로 걷고 해선이는 80m/min의 속력으로 걷는다면, 두 사람은 동생이 출발한 뒤 몇 분 후에 만나는가?

① 15분
② 20분
③ 25분
④ 30분
⑤ 35분

72 다음은 원뿔 모양의 조형물을 지지하기 위해 꼭짓점에서 지면을 향해 지지하는 강선의 일부이다. 강선과 지면이 이루는 각도가 30°이고 강선의 길이가 6m일 때, 이 조형물의 높이는?

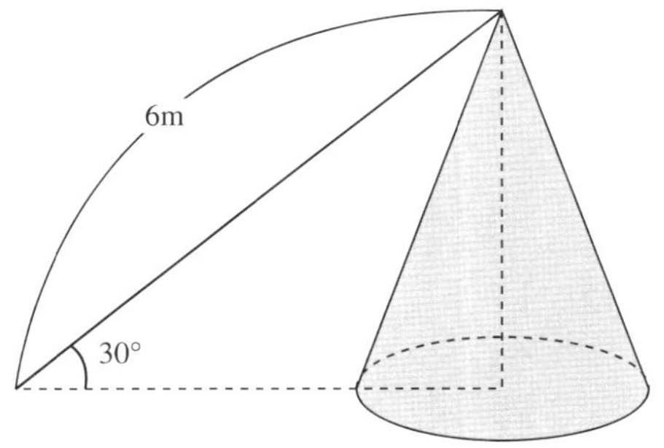

① 1.5m
② $\sqrt{3}$ m
③ 3m
④ $3\sqrt{3}$ m
⑤ 4m

73 영희는 땅따먹기 놀이에서 세모 모양의 땅을 만들었다. 영희의 땅이 다음 그림과 같고 그 넓이가 $3\sqrt{2}\,\text{cm}^2$ 일 때, 각도 θ의 크기는?(단, $0 < \theta < 90°$이다)

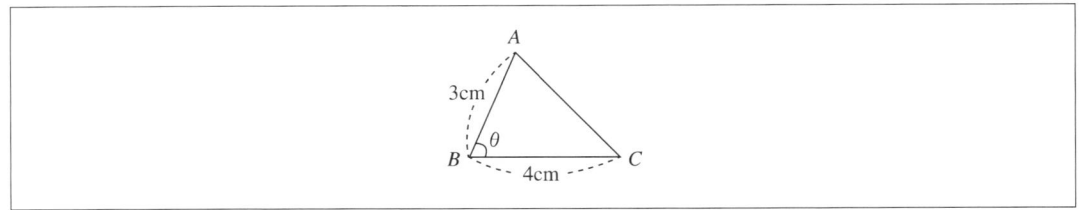

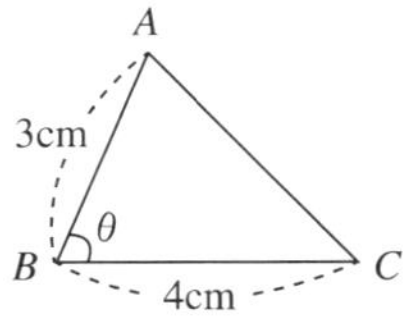

① $\frac{\pi}{6}$
② 1
③ $\frac{\pi}{4}$
④ $\frac{2\pi}{3}$
⑤ $\frac{\pi}{3}$

74 이차방정식 $x^2 - 10x + 8 = 0$의 두 근을 α, β라고 할 때, $\log_2\alpha + \log_2\beta$ 의 값은?

① 1
② 3
③ 5
④ 7
⑤ 9

75 $x \neq 1$, -1일 때, 분수방정식 $\frac{6x+5}{x^2-1} = \frac{2}{x-1} + \frac{3}{x+1}$을 풀어 구한 x의 값은?

① 6
② -6
③ 5
④ -5
⑤ 4

76 다음은 업종별 쌀 소비량에 대한 자료이다. 2024년 쌀 소비량이 세 번째로 높은 업종의 2023년 대비 2024년 쌀 소비량의 증감률은?(단, 소수점 첫째 자리에서 반올림한다)

〈업종별 쌀 소비량〉

(단위 : 톤)

구분	전분제품 및 당류 제조업	떡류 제조업	코코아제품 및 과자류	면류 및 마카로니	도시락 및 식사용 조리식품	탁주 및 약주 제조업
2022년	12,856	188,248	7,074	9,859	98,369	47,259
2023년	12,956	170,980	7,194	11,115	96,411	46,403
2024년	12,294	169,618	9,033	9,938	100,247	51,592

① 10%
② 11%
③ 13%
④ 14%
⑤ 15%

77 다음은 2019 ~ 2024년 관광통역 안내사 자격증 취득 현황에 대한 자료이다. 이에 대한 설명으로 옳지 않은 것을 〈보기〉에서 모두 고르면?

〈관광통역 안내사 자격증 취득 현황〉

(단위 : 명)

구분	영어	일어	중국어	불어	독어	스페인어	러시아어	베트남어	태국어
2019년	150	353	370	2	2	1	5	2	3
2020년	165	270	698	2	2	2	3	−	12
2021년	235	245	1,160	3	4	3	5	4	8
2022년	380	265	2,469	3	2	4	6	14	35
2023년	345	137	1,963	7	3	4	5	5	17
2024년	460	150	1,350	6	2	3	6	5	15
합계	1,735	1,420	8,010	23	15	17	30	30	90

〈보기〉

ㄱ. 영어와 스페인어 관광통역 안내사 자격증 취득자 수는 2020년부터 2024년까지 매년 증가하였다.
ㄴ. 2024년 중국어 관광통역 안내사 자격증 취득자 수는 일어 관광통역 안내사 자격증 취득자 수의 9배이다.
ㄷ. 2021년과 2022년의 태국어 관광통역 안내사 자격증 취득자 수 대비 베트남어 관광통역 안내사 자격증 취득자 수의 비율 차이는 10%p이다.
ㄹ. 불어 관광통역 안내사 자격증 취득자 수와 독어 관광통역 안내사 자격증 취득자 수는 2020년부터 2024년까지 전년 대비 증감 추이가 같다.

① ㄱ, ㄴ
② ㄱ, ㄹ
③ ㄴ, ㄹ
④ ㄱ, ㄷ, ㄹ
⑤ ㄴ, ㄷ, ㄹ

78 다음은 주요 곡물별 수급 현황에 대한 자료이다. 이에 대한 설명으로 옳지 않은 것은?

〈주요 곡물별 수급 현황〉

(단위 : 백만 톤)

구분		2022년	2023년	2024년
소맥	생산량	695	650	750
	소비량	697	680	735
옥수수	생산량	885	865	950
	소비량	880	860	912
대두	생산량	240	245	260
	소비량	237	240	247

① 2022년부터 2024년까지 대두의 생산량과 소비량이 지속적으로 증가하였다.

② 전체적으로 2024년에 생산과 소비가 가장 활발하였다.

③ 2023년에 옥수수는 다른 곡물에 비해 전년 대비 소비량의 변화가 가장 작았다.

④ 2022년 전체 곡물 생산량과 2024년 전체 곡물 생산량의 차이는 140백만 톤이다.

⑤ 2024년 생산량 대비 소비량의 비중이 가장 낮았던 곡물은 대두이다.

79 다음은 연도별 전국 풍수해 종류별 피해액에 대한 자료이다. 이에 대한 설명으로 옳은 것은?

〈전국 풍수해 종류별 피해액〉

(단위 : 억 원)

구분	2015년	2016년	2017년	2018년	2019년	2020년	2021년	2022년	2023년	2024년
태풍	118	1,609	8	0	1,725	2,183	8,037	17	53	134
호우	9,063	435	581	2,549	1,808	5,282	384	1,555	1,400	14
대설	60	74	36	128	663	477	204	119	324	130
강풍	140	69	11	70	2	5	267	9	1	39
풍랑	57	331	0	241	70	3	0	0	0	3
전체	9,438	2,518	636	2,988	4,268	7,950	8,892	1,700	1,778	320

① 2016 ~ 2024년 동안 연도별로 발생한 전체 풍수해 피해액의 전년 대비 증감 추이는 태풍으로 인한 풍수해 피해액의 증감 추이와 같다.

② 풍랑으로 인한 풍수해 피해액은 매년 가장 적었다.

③ 2024년 호우로 인한 풍수해 피해액의 전년 대비 감소율은 97% 미만이다.

④ 전체 풍수해 피해액 중 대설로 인한 풍수해 피해액의 비중은 2022년이 2020년보다 크다.

⑤ 2015 ~ 2024년 중 태풍으로 인한 풍수해 피해액이 가장 큰 해는 2021년뿐이다.

80 다음은 분기별 모바일 뱅킹 서비스 이용 실적에 대한 자료이다. 이에 대한 설명으로 옳지 않은 것은?

〈모바일 뱅킹 서비스 이용 실적〉

(단위 : 천 건, %)

구분	2024년				2025년
	1/4분기	2/4분기	3/4분기	4/4분기	1/4분기
조회 서비스	817	849	886	1,081	1,100
자금 이체 서비스	25	16	13	14	25
합계	842(18.6)	865(2.7)	899(3.9)	1,095(21.8)	1,125(2.7)

※ (　　)는 전 분기 대비 증가율임

① 조회 서비스 이용 실적은 매 분기 계속 증가하였다.

② 2024년 2/4분기의 조회 서비스 이용 실적은 전 분기보다 3만 2천 건 증가하였다.

③ 자금 이체 서비스 이용 실적은 2024년 2/4분기에 감소하였다가 다시 증가하였다.

④ 모바일 뱅킹 서비스 이용 실적의 전 분기 대비 증가율이 가장 높은 분기는 2024년 4/4분기이다.

⑤ 2025년 1/4분기의 조회 서비스 이용 실적은 자금 이체 서비스 이용 실적의 40배 이상이다.

이 출판물의 무단복제, 복사, 전재 행위는 저작권법에 저촉됩니다.
파본은 구입처에서 교환하실 수 있습니다.

4권

제2회
BNK부산은행
직무수행능력평가

www.sdedu.co.kr

〈문항 수 및 시험시간〉

영역	문항 수	시험시간	모바일 OMR 답안채점 / 성적분석
일반금융(경제, 경영, 금융직무)	80문항	80분	
논리·사고력(언어논리, 수리논리)			
디지털 IT 기초			

BNK부산은행 직무수행능력평가

제2회 모의고사

문항 수 : 80문항
시험시간 : 80분

01 정부가 쌀을 매입하는 정책을 시행한다고 할 때, 다음 〈보기〉 중 나타날 수 있는 현상이 아닌 것을 모두 고르면?

〈보기〉

ㄱ. 쌀 가격이 하락할 것으로 예상될 때 쌀 가격 안정화를 위해 도움이 된다.
ㄴ. 소비자들은 이전보다 쌀 소비를 줄이게 된다.
ㄷ. 정부가 인센티브 제공 등 시장에 개입하여 쌀 생산량 감소를 유도해 사회적 후생은 증가한다.
ㄹ. 쌀 생산이 감소되는 부작용이 나타날 수 있다.

① ㄱ, ㄴ
② ㄱ, ㄹ
③ ㄴ, ㄷ
④ ㄴ, ㄹ
⑤ ㄷ, ㄹ

02 다음의 내용을 참고하여 계산한 원/달러 명목환율은?(단, 소수점 셋째 자리에서 버림한다)

- 미국에서 판매하는 맥도날드 버거 : 4.9달러
- 한국에서 판매하는 맥도날드 버거 : 6,600원
- 구매력 평가환율 대비 원화가치 20% 저평가

① 1,346.93원/달러
② 1,515.82원/달러
③ 1,616.31원/달러
④ 1,708.25원/달러
⑤ 1,812.52원/달러

03 다음 중 개방경제에서의 확장적 재정정책에 대한 설명으로 옳지 않은 것은?

① 변동환율제도에서는 재정정책이 국민소득의 증가를 일으키지 못한다.
② 고정환율제도에서는 재정정책이 국민소득의 증가를 일으키지 못한다.
③ 변동환율제도에서는 재정정책으로 인하여 환율이 하락한다.
④ 고정환율제도에서는 재정정책으로 인하여 소비가 증가한다.
⑤ 변동환율제도와 고정환율제도 모두 재정정책으로 인하여 경상수지가 악화된다.

04 다음 중 그린본드(Green Bond)에 대한 설명으로 옳은 것은?

① 영국의 채권시장에서 외국의 정부나 기업이 발행하는 파운드화 표시 채권
② 신용등급이 낮은 기업이 발행하는 고위험·고수익 채권
③ 지진과 홍수 등 재산상 큰 피해가 예상되는 자연재해에 대비해 발행하는 보험연계증권
④ 국내에서 발행하는 외화 표시 채권
⑤ 환경 친화적인 프로젝트에 투자할 자금을 마련하기 위해 발행하는 채권

05 다음 중 가치의 역설(Paradox of Value)에 대한 설명으로 옳은 것은?

① 다이아몬드의 한계효용은 물의 한계효용보다 크다.
② 다이아몬드는 필수재이고, 물은 사치재이다.
③ 물은 항상 다이아몬드보다 가격이 낮다.
④ 상품의 가격은 총효용에 의해 결정된다.
⑤ 총효용이 낮아지면 상품의 가격도 낮아진다.

06 다음 중 침투가격전략을 사용하기에 적절하지 않은 경우는?

① 수요탄력성이 낮을 때
② 규모의 경제가 가능할 때
③ 원가 경쟁력이 있을 때
④ 가격 민감도가 높을 때
⑤ 낮은 가격으로 잠재 경쟁자들의 진입을 막을 때

07 다음 중 오쿤의 법칙(Okun's Law)에 대한 설명으로 옳은 것은?

① 어떤 시장을 제외한 다른 모든 시장이 균형 상태에 있으면 그 시장도 균형을 이룬다는 법칙
② 실업률이 1% 늘어날 때마다 국민총생산이 2.5%의 비율로 줄어든다는 법칙
③ 소득수준이 낮을수록 전체 생계비에서 차지하는 식료품 소비의 비율이 높아진다는 법칙
④ 가난할수록 총지출에서 차지하는 주거비의 지출 비율이 점점 더 커진다는 법칙
⑤ 악화(惡貨)는 양화(良貨)를 구축한다는 법칙

08 다음은 2020년 1분기부터 2025년 2분기까지의 우리나라 분기별 국내총생산(GDP)과 국민총소득(GNI)의 전년 동기 대비 성장률 동향을 나타낸다. 이에 나타난 경제현상에 대한 해석으로 옳은 것은?(단, 기준연도는 2020년이다)

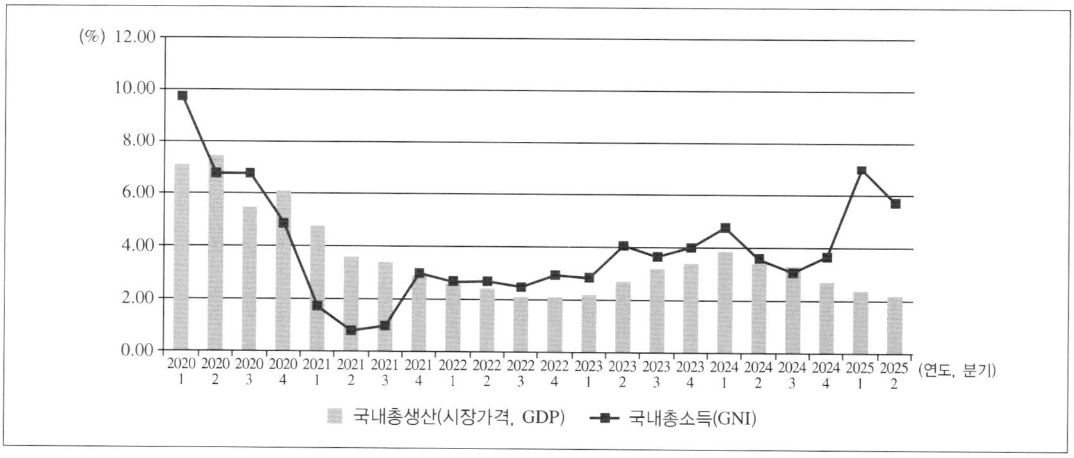

① 2020년 1분기부터 2021년 2분기까지의 소비는 증가할 것이다.
② 교역조건이 개선되는 경우에 위와 같이 GDP성장률에 비해 GNI성장률이 낮을 수 있다.
③ 교역조건이 개선되더라도 한국의 대외지급 요소소득이 대외수취 요소소득에 비해 작다면 GNI성장률이 GDP성장률에 비해 낮을 수 있다.
④ 제시된 자료만으로는 GDP성장률과 GNI성장률이 명목변수인지 실질변수인지 판단할 수 없다.
⑤ 전체 기간 동안 우리나라에서의 경제활동은 전년 동기 대비 규모가 커졌다.

09 사유재산권이란 개인이 재산을 소유하고 그것을 자유의사에 따라 관리 · 사용 · 처분할 수 있는 권리를 의미하는 것으로 자본주의체제의 근간이 된다. 이에 대한 설명으로 옳지 않은 것은?

① 사유재산제도는 개인의 소유욕을 제도적으로 보장해 사회의 생산적 자원이 보존 · 유지 · 증식되게 만든다.
② 공정하고 투명한 생산체계와 건전한 소비를 정착시켜 소비자 주권을 확대한다.
③ 사회 구성원들이 사유재산제도를 통해 부를 나눠 갖게 되면 이에 기반을 두어 다양한 가치가 만들어지고 의사결정의 권력도 분산된다.
④ 사유재산권이 인정되지 않는 공유재의 경우 아껴 쓸 유인이 없어 결국 자원이 고갈되는 '공유지의 비극'이 발생한다.
⑤ 20세기에 들어서면서 차츰 생산수단, 특히 천연자원이나 독점적인 기업시설에 대한 사유재산권을 정당하게 제한하는 경향이 생기게 되었다.

10 상품 A의 가격을 10% 인상하였더니 상품 A의 판매량이 5% 감소하였을 때, 이에 대한 설명으로 옳은 것은?

① 공급의 가격탄력성은 1이다.
② 공급의 가격탄력성은 1보다 크다.
③ 공급의 가격탄력성이 1보다 작다.
④ 수요의 가격탄력성이 1보다 크다.
⑤ 수요의 가격탄력성이 1보다 작다.

11 다음은 어느 나라 노동시장의 정보를 나타낸 표이다. 이 나라의 정부가 최저임금을 100만 원으로 설정하여 최저임금제를 실행할 경우, 〈보기〉에서 옳은 분석을 모두 고르면?

임금(만 원)	60	70	80	90	100	110
노동수요량(명)	600	500	400	300	200	100
노동공급량(명)	200	300	400	500	600	700

〈보기〉

ㄱ. 최저임금제가 실시되기 전에 시장의 균형임금은 80만 원이다.
ㄴ. 단기적으로 취업자의 평균임금이 상승할 것이다.
ㄷ. 400명의 실업자가 발생한다.
ㄹ. 임금결정에서는 수요법칙과 공급법칙이 적용되지 않는다.
ㅁ. 미숙련 노동자나 취업준비생에게 유리한 제도이다.

① ㄱ, ㄴ
② ㄷ, ㅁ
③ ㄱ, ㄴ, ㄷ
④ ㄱ, ㄹ, ㅁ
⑤ ㄴ, ㄷ, ㄹ

12 중국과 인도 근로자 한 사람의 시간당 의복과 자동차 생산량은 다음과 같다. 리카도(D. Ricardo)의 비교우위이론에 따르면, 양국은 어떤 제품을 수출하는가?(단, 주어진 조건 외 다른 조건은 고려하지 않는다)

구분	의복(벌)	자동차(대)
중국	40	30
인도	20	10

	중국	인도
①	의복	자동차
②	자동차	의복
③	의복, 자동차	수출 안 함
④	수출 안 함	의복, 자동차
⑤	두 국가 모두 교역하지 않음	

13 어떤 재화의 수요곡선은 우하향하고 공급곡선은 우상향한다. 이 재화의 공급자에 대해 재화 단위당 일정액의 세금을 부과했을 때의 효과에 대한 분석으로 옳은 것은?

① 단위당 부과하는 세금액이 커지면 자중적 손실(Deadweight Loss)은 세금액 증가와 동일하다.
② 다른 조건이 일정할 때 수요가 가격에 탄력적일수록 소비자가 부담하는 세금의 비중은 더 커진다.
③ 다른 조건이 일정할 때 수요가 가격에 탄력적일수록 세금부과에 따른 자중적 손실(Deadweight Loss)은 적다.
④ 세금부과 후에 시장가격은 세금부과액과 동일한 금액만큼 상승한다.
⑤ 과세부과에 따른 자중적 손실(Deadweight Loss)의 최소화를 기하는 것은 효율성 측면과 관련이 있다.

14 다음과 같은 조건에서 어떤 투자자가 두 주식 A 또는 B에 투자하거나, A와 B에 각각 50%씩 분산투자하는 포트폴리오 C에 투자할 계획을 갖고 있다면, A, B, C의 기대수익률을 비교한 결과로 옳은 것은?

- 올해가 좋은 해일 확률은 80%이고, 나쁜 해일 확률은 20%이다.
- 주식 A의 수익률은 좋은 해와 나쁜 해에 각각 30% 및 −10%이다.
- 주식 B의 수익률은 좋은 해와 나쁜 해에 각각 20% 및 −5%이다.

① A>B>C
② A>C>B
③ B>A>C
④ C>B>A
⑤ A=B=C

15 다음 중 실업자로 분류되는 경우는?

① 두 달 후에 있을 공무원 시험을 치기 위해 공부하고 있는 A씨
② 서류 전형에서 거듭 낙방한 후, 산속에 들어가 버섯 재배업을 시작한 B씨
③ 주중 내내 부모님의 식당일을 도와 생활비를 얻어 쓰는 C씨
④ 대학 졸업 후 부모님에 얹혀 살면서 취업의 필요성을 느끼지 않는 D씨
⑤ 다니던 직장에 만족하지 못해 사직한 후, 외국계 회사에 면접을 보러 다니는 E씨

16 다음의 내용을 참고하여 계산한 해당 대출의 금리는?

- A는 은행에서 1,800만 원을 대출기간 3년, 원금균등상환 방식으로 대출받았다.
- A가 은행에 1회 차 납부한 상환금은 590,000원이며, 매월 납부할 계획이다.

① 5.6%
② 6.0%
③ 6.3%
④ 7.1%
⑤ 7.5%

17 다음 〈보기〉 중 옳은 설명을 모두 고르면?

〈보기〉

ㄱ. 역사적 원가는 자산 및 부채 금액을 취득 또는 발생시점의 취득대가 또는 대가의 공정가치로 본다.
ㄴ. 역사적 원가는 취득 이후 자산가치가 변동할 경우 변동가치로 계속 수정하여 기록한다.
ㄷ. 공정가치는 측정일 현재 기준 자산을 매도하거나 부채를 이전할 때 받을 수 있는 금액을 의미한다.
ㄹ. 공정가치는 가격을 직접 관측하여야 하며, 별도의 가치평가방법을 사용하지 않는다.

① ㄱ, ㄴ
② ㄱ, ㄷ
③ ㄴ, ㄷ
④ ㄴ, ㄹ
⑤ ㄷ, ㄹ

18 다음에서 공통적으로 추론할 수 있는 경제현상은?

- 채무자가 채권자보다 유리하다.
- 실물자산보유자가 금융자산보유자보다 유리하다.
- 현재 현금 10만 원은 다음 달에 받게 될 현금 10만 원보다 훨씬 가치가 있다.

① 높은 실업률
② 환율의 급속한 하락
③ 물가의 급속한 상승
④ 통화량의 급속한 감소
⑤ 이자율의 급속한 상승

19 다음 상황을 의미하는 경제용어로 옳은 것은?

일본의 장기불황과 미국의 금융위기 사례에서와 같이 금리를 충분히 낮추는 확장적 통화정책을 실시해도 가계와 기업이 시중에 돈을 풀어놓지 않는 상황을 말한다. 특히 일본의 경우 1990년대 제로금리를 고수했음에도 불구하고 소위 '잃어버린 10년'이라고 불리는 장기불황을 겪었다. 불황 탈출을 위해 확장적 통화정책을 실시했지만 경제성장률은 계속 낮았다. 이후 경기 비관론이 팽배해지고 디플레이션이 심화되면서 모든 경제주체가 투자보다는 현금을 보유하려는 유동성 선호경향이 강해졌다.

① 유동성 함정
② 공개시장조작
③ 죄수의 딜레마
④ 동태적 비일관성
⑤ 구축효과

20 다음 중 거시경제의 총수요와 총공급에 대한 설명으로 옳은 것은?

① 명목임금 경직성하에서 물가수준이 하락하면 기업이윤이 줄어들어서 기업들의 재화와 서비스 공급이 감소하므로 단기총공급곡선은 왼쪽으로 이동한다.
② 폐쇄경제에서 확장적 재정정책의 구축효과는 변동환율제도에서 동일한 정책의 구축효과보다 더 크게 나타날 수 있다.
③ 케인스의 유동성 선호이론에 의하면 경제가 유동성 함정에 빠지는 경우 추가적 화폐공급이 투자적 화폐수요로 모두 흡수된다.
④ 장기균형 상태에 있던 경제에 원유가격이 일시적으로 상승하면 장기적으로 물가는 상승하고 국민소득은 감소한다.
⑤ 단기 경기변동에서 소비와 투자가 모두 경기순응적이며, 소비의 변동성은 투자의 변동성보다 크다.

21 다음 중 효율임금이론에 대한 설명으로 옳지 않은 것은?

① 낮은 임금수준은 역선택을 발생시킨다.
② 임금의 하방경직성을 설명한다.
③ 실업의 존재를 설명한다.
④ 임금수준이 높으면 근로자들의 태만이 증가한다.
⑤ 임금수준이 생산성에 영향을 미친다.

22 다음은 단순케인스모형에서 투자와 저축의 곡선을 나타낸 그래프이다. 현재 국민총생산이 Y_0에서 달성되고 있을 경우, 단순케인스모형에서 저축함수의 성격과 현재 생산물시장의 상황을 바르게 서술한 것은?

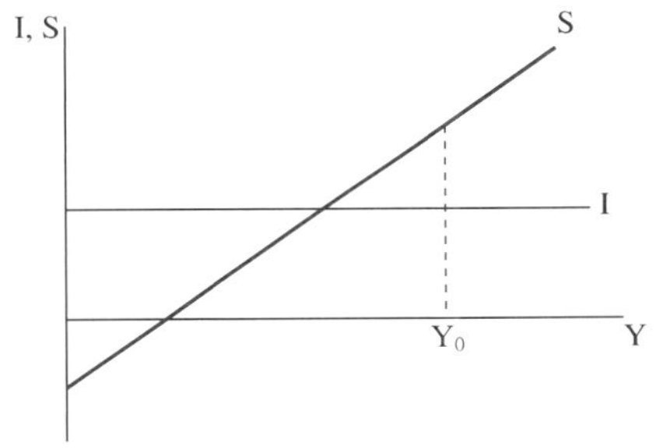

① 저축은 국민소득의 증가함수이고, 의도했던 것보다 재고가 증가한다.
② 저축은 국민소득의 증가함수이고, 의도했던 것보다 재고가 감소한다.
③ 저축은 국민소득의 증가함수이고, 의도했던 재고와 변화가 없다.
④ 저축은 이자율의 증가함수이고, 의도했던 것보다 재고가 증가한다.
⑤ 저축은 이자율의 증가함수이고, 의도했던 것보다 재고가 감소한다.

23 X재의 시장수요곡선은 $Q=120-2P$이다. 이 시장이 꾸르노(Cournot) 복점시장인 경우의 시장균형생산량과 독점시장인 경우의 시장균형생산량의 차이는 얼마인가?(단, Q는 생산량, P는 가격을 나타내고, 각 시장에 참여하는 기업들의 한계비용은 0이다)

① 20
② 30
③ 40
④ 50
⑤ 60

24 다음 중 향후 경기국면을 예측하기 위해 우리나라 통계청에서 발표하는 선행종합지수의 구성지표가 아닌 것은?

① 건설수주액
② 기계류내수출하지수
③ 코스피지수
④ 소비자기대지수
⑤ 도시가계소비지출

25 다른 조건이 일정할 때, 통화승수의 증가를 가져오는 요인을 〈보기〉에서 모두 고르면?

〈보기〉

ㄱ. 법정지급준비금 증가
ㄴ. 초과지급준비율 증가
ㄷ. 현금통화비율 하락

① ㄱ
② ㄴ
③ ㄷ
④ ㄱ, ㄴ
⑤ ㄴ, ㄷ

26 어떤 산업은 임금이 상승할 경우, 노동공급은 증가하고 노동수요는 감소하는 상태에서 균형을 이루고 있다. 이 산업에서 생산물 가격이 하락할 때, 새로운 균형 달성을 위한 임금수준과 고용량의 변화에 대한 설명으로 옳은 것은?(단, 생산물시장과 생산요소시장은 완전경쟁이고, 기업들은 이윤극대화를 추구한다)

① 임금 상승, 고용량 감소
② 임금 상승, 고용량 증가
③ 임금 하락, 고용량 감소
④ 임금 하락, 고용량 증가
⑤ 임금 및 고용량 변화 없음

27 다음은 노동의 수요 공급곡선을 나타낸 그래프이다. 최저임금이 W_1 에서 W_2 가 되었을 때, 비자발적 실업자 수는 몇 명인가?

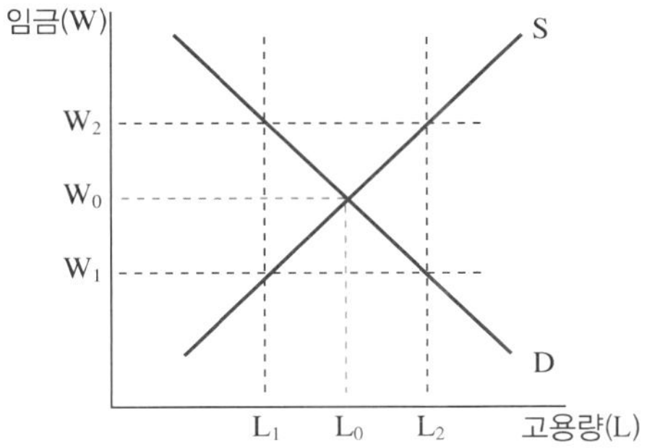

※ 노동자 인원 L_0, L_1, L_2는 차례대로 50명, 20명, 80명임

① 30명
② 60명
③ 70명
④ 100명
⑤ 120명

28 일반적으로 불황기에는 물가가 하락하고 호황기에는 물가가 상승한다. 그러나 호황기에는 물론 불황기에도 물가가 계속하여 상승하는 현상이 있다. 이 현상을 스태그플레이션이라고 하는데 이 현상을 나타내는 두 단어로 옳은 것은?

① 경기호황, 인플레이션
② 경기호황, 디플레이션
③ 경기불황, 인플레이션
④ 경기불황, 디플레이션
⑤ 경기불황, 바이플레이션

29 다음 중 한 나라의 물가와 물가를 측정하는 방식에 대한 설명으로 옳지 않은 것은?

① 화폐가치의 변화는 물가지수를 이용하여 알 수 있다.
② 소비자물가지수(CPI)는 기준 연도의 수량을 가중치로 이용한다.
③ 생산자물가지수(PPI)에는 수입재의 가격 변동이 반영된다.
④ 신축된 주택과 사무실의 가격은 GDP디플레이터 계산에 포함되지 않는다.
⑤ GDP디플레이터는 명목GDP를 실질GDP로 나눈 것에 100을 곱해 사후적으로 산출한다.

30 다음 중 케인스의 이론에 대한 설명으로 옳지 않은 것은?

① 노동시장에서 명목임금은 하방경직성을 갖는다.
② 투자는 기업가의 심리에 큰 영향을 받는다.
③ 경기침체 시에는 확대재정정책이 필요하다.
④ 공급은 스스로의 수요를 창조하므로 만성적인 수요부족은 존재하지 않는다.
⑤ 저축의 역설이라는 관점에서 '소비는 미덕, 저축은 악덕'이라고 주장한다.

31 어떤 은행의 자기자본이 30조 원일 경우 은행법에 따라 발행할 수 있는 금융채의 최대한도는?

① 60조 원
② 90조 원
③ 150조 원
④ 240조 원
⑤ 300조 원

32 다음 중 은행법에서 규정하는 불건전 영업행위에 해당하지 않는 것은?

① 실제 자금을 수취하지 아니하였음에도 입금처리하는 행위 등 은행이용자에게 부당하게 편익을 제공하는 행위

② 은행업무, 부수업무 또는 겸영업무와 관련하여 은행이용자에게 정상적인 수준을 초과하여 재산상 이익을 제공하는 행위

③ 은행업무, 부수업무 또는 겸영업무와 관련하여 취득한 정보 등을 활용하여 은행의 건전한 운영 또는 신용질서를 해치는 행위

④ 은행이 은행이용자에게 금융상품을 투명하게 설명하지 않고 약관 설명을 생략하거나 부정확하게 전달하여 불리한 계약을 체결하게 하는 행위

⑤ 예금, 대출 등 은행이 취급하는 상품을 비정상적으로 취급하여 은행이용자의 조세포탈・회계분식・부당내부거래 등 부당한 거래를 지원하는 행위

33 다음 중 기업이 임직원에게 자기회사의 주식을 일정 수량, 일정 가격으로 매수할 수 있는 권리를 부여하는 제도는?

① 사이드카(Side Car)
② 스톡옵션(Stock Option)
③ 트레이딩칼라(Trading Collar)
④ 서킷브레이커(Circuit Breaker)
⑤ 스캘핑(Scalping)

34 다음 중 회사에 대한 용어와 그 개념이 옳지 않은 것은?

① 주식회사 : 주식을 소유하고 있는 주주가 그 회사의 주인이 되는 형태이다.

② 협동조합 : 경제활동으로 지역사회에 이바지하기 위해 설립된 단체이다.

③ 합명회사 : 무한책임사원으로 이루어지는 회사로, 무한책임사원이 경영하고 사업으로부터 생기는 이익의 분배에 참여한다.

④ 합자회사 : 유한책임사원과 무한책임사원으로 이루어지는 회사로, 유한책임사원이 사업을 경영하고 집행하며, 양도 시 유한책임사원의 동의가 필요하다.

⑤ 유한회사 : 유한회사의 주인은 사원으로, 이때 사원은 출자액의 한도 내에서만 회사의 채무에 대해 변제책임을 진다.

35 다음 중 자본구조이론에 대한 설명으로 옳지 않은 것은?

① 법인세가 없는 경우 자본구조와 기업가치는 무관하다.
② 기업의 총자본 중 자기자본과 타인자본의 비율을 분석한다.
③ 법인세가 있는 경우 부채를 많이 사용할수록 기업가치가 감소한다.
④ 기업가치를 극대화시키는 자본 구성비율을 최적자본구조라고 한다.
⑤ 법인세가 있는 경우 부채비율이 높아질수록 가중평균자본비용은 감소한다.

36 다음 중 적대적 M&A에 대한 사전 방어 전략에 해당하지 않는 것은?

① 황금주
② 그린메일(Green Mail)
③ 황금낙하산
④ 포이즌 필(Poison Pill)
⑤ 포이즌 풋(Poison Put)

37 다음 중 공매도가 미치는 영향으로 옳지 않은 것은?

① 공매도에 따른 채무불이행 리스크가 발생할 수 있다.
② 매도물량이 시장에 공급됨에 따라 시장 유동성이 증대된다.
③ 하락장에서도 수익을 낼 수 있어 수익의 변동성을 조정할 수 있다.
④ 공매도를 통해 기대수익과 기대손실을 자산 가격 내에서 운용할 수 있다.
⑤ 주가가 고평가되어 있다고 생각하는 투자자의 의견도 반영할 수 있어 효율성이 증대된다.

38 다음 중 주식과 채권에 대한 설명으로 옳지 않은 것은?

① 주식의 투자위험이 채권보다 더 높다.
② 주식은 영구증권이고, 채권은 기한부증권이다.
③ 채권 값이 오르면 주식 값은 대체로 하락하는 경향이 있다.
④ 주식은 배당을 받을 권리가, 채권은 확정이자를 받을 권리가 있다.
⑤ 후순위채권은 일반 채권보다 변제 순위에서 뒤지지만 우선주나 보통주보다는 우선한다.

39 다음 중 통합적 마케팅 커뮤니케이션 전략(IMC)의 기대효과로 옳은 것은?

① IMC는 더 많은 광고주를 확보하고 유지하고 증가시키는 데 도움이 된다.
② IMC는 하나의 커뮤니케이션 방법을 일관성 있게 추진하는 마케팅 전략이다.
③ IMC의 내용 측면 마케팅 커뮤니케이션은 회사 내부의 조직 간 조정 노력을 의미한다.
④ IMC를 통해 브랜드 가치 확대, 소비자 충성도 제고 등 무형자산의 가치를 증대시킬 수 있다.
⑤ IMC의 과정 측면 마케팅 커뮤니케이션은 브랜드를 소비자에게 알리고 설득시키는 것을 의미한다.

40 다음 중 목표설정이론 및 목표관리(MBO)에 대한 설명으로 옳지 않은 것은?

① 목표를 설정하는 과정에 부하직원이 함께 참여한다.
② 조직의 목표를 구체적인 부서별 목표로 전환하게 된다.
③ 성과는 경영진이 평가하여 부하직원 개개인에게 통보한다.
④ 목표는 구체적이고 도전적으로 설정하는 것이 바람직하다.
⑤ 목표는 지시적 목표, 자기설정 목표, 참여적 목표로 구분된다.

41 다음에서 설명하는 기술은?

이 장치는 병렬성(Parallelism)이 뛰어나다는 점에서 인간의 뇌 구조와 유사하여, 인공지능이 인간의 뇌와 같이 사고할 수 있도록 하는 일종의 비(非)지도 기계학습인 딥러닝(Deep Learning)에 많이 활용되고 있다.

① CPU
② AI
③ HDD
④ GPU
⑤ SSD

42 필요한 모든 사물에 전자태그를 부착해 사물과 환경을 인식하고 네트워크를 통해 실시간 정보를 구축 · 활용하도록 하는 통신망은?

① RFID
② USN
③ VPN
④ NFC
⑤ IDS

43 다음 중 인공지능이 인간지능을 넘어서는 기점을 의미하는 용어는?

① 세렌디피티
② 싱귤래리티
③ 어모털리티
④ 리니어리티
⑤ 모라벡의 역설

44 다음 중 공장에 ICT 기술을 융합시켜 분리된 공정을 연결해 어디서든 시스템을 제어하고, 데이터를 활용해 생산성을 혁신적으로 높여주는 지능형 공장을 의미하는 용어는?

① 인터넷 원격공장
② 공장 자동화
③ CIM
④ 스마트 팩토리
⑤ FMS

45 다음 중 4차 산업혁명의 핵심인 빅데이터에 대한 설명으로 옳지 않은 것은?

① 빅데이터란 과거에 비해 규모가 크고, 주기가 짧고, 수치뿐 아니라 문자와 영상 등의 데이터를 포함하는 대규모 데이터를 말한다.
② 빅데이터는 크게 데이터의 양, 속도, 형태의 다양성으로 요약되어진다.
③ 빅데이터 기술을 활용하면 과거에 비해 빠른 시간 안에 분석하는 것이 가능하다.
④ 기존에는 비정형의 데이터를 분석했다면, 빅데이터 환경에서는 정형화된 데이터를 분석하는 데 중점을 둔다.
⑤ 과거 기술에 비해 빅데이터 기술은 예측력이 뛰어나다.

46 다음 글의 빈칸에 들어갈 용어로 옳은 것은?

> 사용자가 눈으로 보는 현실세계에서 가상 물체를 겹쳐 보여주는 기술로, 실시간으로 부가정보를 갖는 가상세계를 합쳐 하나의 영상으로 보여주므로 증강현실이라고도 한다. 이 기술을 실외에서 실현하는 것이 ________ 이다. 실제 환경에 그래픽·문자 등을 겹쳐 실시간으로 보여줌으로써 증강현실을 가능하게 하며, 증강현실에 대한 연구는 ________ 개발이 주를 이루고 있다. 현재까지 개발된 증강현실 시스템으로는 비디오방식과 광학방식 등의 HMD가 있다.

① VR(Virtual Reality)
② AR(Augmented Reality)
③ 착용 컴퓨터(Wearable Computer)
④ 팜톱 컴퓨터(Palmtop Computer)
⑤ PDA(Personal Digital Assistants)

47 다음 중 사용자들이 정해진 PC 없이도 웹상에 자료를 저장하여 어디에서나 프로그램을 실행할 수 있는 분산형 IT 인프라서비스를 뜻하는 용어는?

① 클라우드 컴퓨팅(Cloud Computing)
② 유틸리티(Utility)
③ 블로트웨어(Bloatware)
④ 블루투스(Bluetooth)
⑤ 링 네트워크(Ring Network)

48 다음 중 블록체인(Block Chain)에 대한 설명으로 옳은 것은?

① 온라인 거래정보를 체인에 저장하여 데이터를 관리하는 방식이다.
② 분산원장기술을 적용하여 데이터를 분산하여 보관하고 중앙에서 관리한다.
③ 블록체인에 참여하는 모든 사용자는 똑같은 데이터의 사본을 나눠서 보관한다.
④ 가장 마지막에 생성된 블록을 제네시스 블록이라고 한다.
⑤ 블록체인에 참여하는 개개인의 서버를 트리라고 한다.

49 다음 〈보기〉 중 메타버스에 대한 설명으로 옳은 것을 모두 고르면?

〈보기〉

ㄱ. 가상세계(Meta)와 현실세계(Universe)의 합성어이다.
ㄴ. 가상세계가 현실세계에 끌려들어온 것을 말한다.
ㄷ. 메타버스로부터 발전한 개념이 가상현실(VR)이다.
ㄹ. 메타버스로 대표적인 플랫폼 서비스로 세컨드 라이프, 제페토가 있다.
ㅁ. 메타버스 내에서의 세계는 현실보다 더 발전한 형태이다.

① ㄱ, ㄹ
② ㄴ, ㅁ
③ ㄷ, ㄹ
④ ㄱ, ㄴ, ㄹ
⑤ ㄴ, ㄷ, ㅁ

50 다음 〈보기〉 중 GAN(생성적 적대 신경망)에 대한 설명으로 옳은 것을 모두 고르면?

〈보기〉

ㄱ. 인공지능 기술을 활용하여 가짜 같은 진짜를 만들어내는 프로그램이다.
ㄴ. 인공지능 연구 중의 한 분야로, 인간이 정리해 놓은 데이터를 학습하는 지도학습 방식의 프로그램이다.
ㄷ. GAN은 결과물을 생성하는 모델과 진위여부를 식별하는 모델인 두 디지털 정보망을 활용한 프로그램이다.
ㄹ. GAN의 학습 방식을 이용하면, 대량의 데이터에 대해 인간의 관여 없이 관리할 수 있다.

① ㄱ, ㄴ
② ㄱ, ㄷ
③ ㄴ, ㄷ
④ ㄴ, ㄹ
⑤ ㄷ, ㄹ

※ 다음 빈칸에 들어갈 단어로 가장 적절한 것을 고르시오. [51~52]

51

얌전하다 : 참하다 = (　　) : 아결하다

① 반성하다
② 고결하다
③ 참수하다
④ 아름답다
⑤ 결심하다

52

음악 : 재즈 = (　　) : 간장

① 소금
② 간식
③ 메주
④ 조미료
⑤ 된장

※ 다음 문단을 논리적 순서대로 바르게 나열한 것을 고르시오. [53~55]

53

(가) 고창 갯벌은 서해안에 발달한 갯벌로서 다양한 해양 생물의 산란・서식지이며, 어업인들의 삶의 터전으로 많은 혜택을 주었다. 그러나 최근 축제식 양식과 육상에서부터 오염원 유입 등으로 인한 환경 변화로 체계적인 이용・관리 방안이 지속적으로 요구됐다.

(나) 정부는 전라북도 고창 갯벌 약 $11.8km^2$를 '습지보전법'에 의한 '습지보호지역'으로 지정하며 고시한다고 밝혔다. 우리나라에서 일곱 번째로 지정되는 고창 갯벌은 칠면초・나문재와 같은 다양한 식물이 자생하고, 천연기념물인 황조롱이와 멸종 위기종을 포함한 46종의 바닷새가 서식하는, 생물 다양성이 풍부하며 보호 가치가 큰 지역으로 나타났다.

(다) 정부는 이번 습지보호지역으로 지정된 고창 갯벌을 람사르 습지로 등록할 계획이며, 제2차 연안습지 기초조사를 실시하여 보전 가치가 높은 갯벌뿐만 아니라 훼손된 갯벌에 대한 관리도 강화해 나갈 계획이다.

(라) 습지보호지역으로 지정되면 이 지역에서 공유수면 매립, 골재 채취 등의 갯벌 훼손 행위는 금지되나, 지역 주민이 해오던 어업 활동이나 갯벌 이용 행위에는 특별한 제한이 없다.

① (가) – (나) – (다) – (라)
② (가) – (라) – (나) – (다)
③ (나) – (가) – (라) – (다)
④ (다) – (가) – (나) – (라)
⑤ (라) – (나) – (가) – (다)

54

(가) 그러나 이러한 현상에 대해 비판적인 시각도 생겨났다. 대량 생산된 복제품은 예술 작품의 유일무이(唯一無二)한 가치를 상실케 하고 예술적 전통을 훼손한다는 것이다.
(나) MP3로 대표되는 복제 기술이 어떻게 발전할 것이며 그에 따라 음악은 어떤 변화를 겪을지, 우리가 누릴 수 있는 새로운 전통은 우리 삶을 어떻게 변화시킬지 생각해 보는 것은 매우 흥미로운 일이다.
(다) 근래에는 음악을 컴퓨터 파일의 형태로 바꾸는 기술이 개발되어 작품을 나누고 섞고 변화시키는 것이 훨씬 자유로워졌다. 이에 따라 낯선 곡은 반복을 통해 친숙한 음악으로, 친숙한 곡은 디지털 조작을 통해 낯선 음악으로 변모시킬 수 있게 되었다.
(라) 그러나 복제품은 자신이 생겨난 환경에 매여 있지 않기 때문에, 새로운 환경에서 새로운 예술적 전통을 만들어 낸다. 최근 음악 환경은 IT 기술의 발달과 보급에 따라 매우 빠르게 변화하고 있다.

① (가) – (다) – (라) – (나)
② (다) – (가) – (라) – (나)
③ (다) – (라) – (가) – (나)
④ (라) – (가) – (나) – (다)
⑤ (라) – (다) – (가) – (나)

55

(가) 초연결사회란 사람, 사물, 공간 등 모든 것들이 인터넷으로 서로 연결돼, 모든 것에 대한 정보가 생성 및 수집되고 공유・활용되는 것을 말한다. 즉, 모든 사물과 공간에 새로운 생명이 부여되고 이들의 소통으로 새로운 사회가 열리고 있는 것이다.
(나) 최근 '초연결사회(Hyper Connected Society)'란 말을 주위에서 심심치 않게 들을 수 있다. 인터넷을 통해 사람 간의 연결은 물론 사람과 사물, 심지어 사물 간의 연결 등 말 그대로 '연결의 영역 초월'이 이뤄지고 있다.
(다) 나아가 초연결사회는 단지 기존의 인터넷과 모바일 발전의 맥락이 아닌 우리가 살아가는 방식 전체, 즉 사회의 관점에서 미래사회의 새로운 패러다임으로 큰 변화를 가져올 전망이다.
(라) 초연결사회에서는 인간 대 인간은 물론, 기기와 사물 같은 무생물 객체끼리도 네트워크를 바탕으로 상호 유기적인 소통이 가능해진다. 컴퓨터, 스마트폰으로 소통하던 과거와 달리 초연결 네트워크로 긴밀히 연결되어 오프라인과 온라인이 융합되고, 이를 통해 새로운 성장과 가치 창출의 기회가 증가할 것이다.

① (가) – (나) – (다) – (라)
② (가) – (나) – (라) – (다)
③ (나) – (가) – (다) – (라)
④ (나) – (가) – (라) – (다)
⑤ (다) – (나) – (가) – (라)

56 다음 글의 내용으로 가장 적절한 것은?

미국의 사회이론가이자 정치학자인 로버트 엑셀로드의 저서『협력의 진화』에서 언급된 팃포탯(Tit for Tat) 전략은 '죄수의 딜레마'를 해결할 가장 유력한 전략으로 더욱 잘 알려져 있는 듯하다.

죄수의 딜레마는 게임 이론에서 가장 유명한 사례 중 하나로, 두 명의 실험자가 참여하는 비제로섬 게임(Non Zero-sum Game)의 일종이다. 두 명의 실험자는 각각 다른 방에 들어가 심문을 받는데, 둘 중 하나가 배신하여 죄를 자백한다면 자백한 사람은 즉시 석방되는 대신 나머지 한 사람이 10년을 복역하게 된다. 다만 두 사람 모두가 배신하여 죄를 자백할 경우는 5년을 복역하며, 두 사람 모두 죄를 자백하지 않는다면 각각 6개월을 복역하게 된다.

죄수의 딜레마에서 실험자들은 개인에게 있어 이익이 최대화된다는 가정 아래 움직이기 때문에 결과적으로는 모든 참가자가 배신을 선택하는 결과가 된다. 즉, 자신의 최대 이익을 노리려던 선택이 오히려 둘 모두에게 배신하지 않는 선택보다 나쁜 결과를 불러오는 것이다.

팃포탯 전략은 1979년 엑셀로드가 죄수의 딜레마를 해결하기 위해 개최한 1・2차 리그 대회에서 우승한 프로그램의 짧고 간단한 핵심전략이다. 캐나다 토론토 대학의 심리학자인 아나톨 라포트 교수가 만든 팃포탯은 상대가 배신한다면 나도 배신을, 상대가 의리를 지킨다면 의리로 대응한다는 내용을 담고 있다. 이 단순한 전략을 통해 팃포탯은 총 200회의 거래에서 유수의 컴퓨터 프로그램을 제치고 우승을 차지할 수 있었다.

대회가 끝난 후 엑셀로드는 참가한 모든 프로그램들의 전략을 '친절한 전략'과 '비열한 전략'으로 나누었는데, 친절한 전략으로 분류된 팃포탯을 포함해 대체적으로 친절한 전략을 사용한 프로그램들이 좋은 성적을 냈다는 사실을 확인할 수 있었다. 그리고 그중에서도 팃포탯이 두 차례 모두 우승할 수 있었던 것은 비열한 전략을 사용하는 프로그램에게는 마찬가지로 비열한 전략으로 대응했기 때문임을 알게 되었다.

① 엑셀로드가 만든 팃포탯은 죄수의 딜레마에서 우승할 수 있는 가장 유력한 전략이다.

② 죄수의 딜레마에서 자신의 이득이 최대로 나타나는 경우는 죄를 자백하지 않는 것이다.

③ 엑셀로드는 리그 대회를 통해 팃포탯과 같은 대체로 비열한 전략을 사용하는 프로그램이 좋은 성적을 냈다는 사실을 알아냈다.

④ 대회에서 우승한 팃포탯 전략은 비열한 전략을 친절한 전략보다 많이 사용했다.

⑤ 팃포탯 전략이 우승한 것은 비열한 전략에 마찬가지로 비열하게 대응했기 때문이다.

57 다음 글을 읽고 추론한 내용으로 적절하지 않은 것은?

> 헤로도토스의 앤드로파기(=식인종)나 신화나 전설적 존재들인 반인반양, 켄타우루스, 미노타우로스 등은 아무래도 역사적인 구체성이 크게 결여된 편이다. 반면에 르네상스의 야만인 담론에 등장하는 야만인들은 서구의 전통 야만인관에 의해 각색되는 것은 여전하지만 이전과는 달리 현실적 구체성을 띠고 나타난다. 하지만 이때도 문명의 시각이 작동하기는 마찬가지며 야만인이 저질 인간으로 인식되는 것도 마찬가지다. 다만 이제 이런 인식은 서구 중심의 세계체제 형성과 관련을 맺는다. 르네상스 야만인 상은 서구인의 문명건설 과업과 관련하여 만들어진 것이다. '신대륙 발견'과 더불어 '문명'과 '야만'의 접촉이 빈번해지자 야만인은 더는 신화적·상징적·문화적 이해 대상이 아니다. 이제 그는 실제 경험의 대상으로서 서구인의 일상생활에까지 모습을 드러내는 존재이다.
>
> 특히 주목해야 할 점은 콜럼버스의 '신대륙 발견' 이후로 야만인 담론은 유럽인이 '발견'한 지역의 원주민들과 직접, 그리고 집단으로 만나는 실제 체험과 관련되어 있다는 사실이다. 르네상스 이전이라고 해서 이방의 원주민들을 만나지 않았을 리 없겠지만 그때에는 원주민에 관한 정보가 직접 경험에 의한 것이라기보다는 뜬소문에 근거하거나 아니면 순전히 상상의 산물인 경우가 많았다. 반면에 르네상스 시대 야만인은 그냥 원주민이 아니다. 이때 원주민은 식인종이며 바로 이 점 때문에 문명인의 교화를 받거나 정복과 절멸의 대상이 된다. 이 점은 코르테스가 정복한 아스테카 제국인 멕시코를 생각하면 쉽게 이해할 수 있다. 멕시코는 당시 거대한 제국으로써 유럽에서도 유례를 찾아보기 힘들 정도로 거대한 인구 25만의 도시를 건설한 '문명국'이었지만 코르테스를 수행하여 멕시코 정벌에 참여하고 나중에 이 경험에 관한 회고록으로 『뉴스페인 정복사』를 쓴 베르날 디아즈에 따르면 지독한 식인습관을 가진 것으로 매도된다. 멕시코 원주민들이 식인종으로 규정되고 나면 그들이 아무리 스페인 정복군이 눈이 휘둥그레질 정도로 발달된 문화를 가지고 있어도 소용이 없다. 집단으로 '식인' 야만인으로 규정됨으로써 정복의 대상이 되고 또 이로 말미암아 세계사의 흐름에 큰 변화가 오게 된다. 거대한 대륙의 주인이 바뀌는 것이다.

① 고대에 형성된 야만인 이미지들은 경험에 의한 것이기보다 허구의 산물이었다.

② 르네상스 이후 서구인의 야만인 담론은 전통적인 야만인관과 단절을 이루었다.

③ 르네상스 이후 야만인은 서구의 세계 제패 전략의 관점에서 인식되고 평가되었다.

④ 스페인 정복군에 의한 아스테카 문명의 정복은 서구 야만인 담론을 통해 합리화되었다.

⑤ 콜럼버스 신대륙 발견 이후 야만인은 문명에 의해 교화되거나 정복되어야 할 잔인한 존재로 매도되었다.

58 다음 글의 제목으로 가장 적절한 것은?

우리 고유의 발효식품이자 한식 제1의 반찬인 김치는 천 년이 넘는 역사를 함께해 온 우리 삶의 일부이다. 채소를 오래 보관하여 먹기 위한 절임 음식으로 시작된 김치는 양념을 버무리고 숙성시키는 우리만의 발효과학 식품으로 변신하였고, 김장은 우리 민족의 가장 중요한 행사 중 하나가 되었다. 다른 나라에도 소금 등에 채소를 절인 절임 음식이 존재하지만, 절임 후 양념으로 2차 발효시키는 음식으로는 우리 김치가 유일하다. 김치는 발효과정을 통해 원재료보다 영양이 한층 더 풍부하게 변신하며, 암과 노화, 비만 등의 예방과 억제에 효과적인 기능성을 보유한 슈퍼 발효 음식으로 탄생한다.
김치는 지역마다, 철마다, 또 특별한 의미를 담아 다양하게 변신하여 300가지가 넘는 종류로 탄생하는데, 기후와 지역 등에 따라서 다채로운 맛을 담은 김치들이 있으며, 주재료로 채소뿐만 아니라 수산물이나 육류를 이용한 독특한 김치도 있고, 같은 김치라도 사람에 따라 특별한 김치로 재탄생되기도 한다. 지역과 집안마다 저마다의 비법으로 담그기 때문에 유서 깊은 종가마다 비법으로 만든 특별한 김치가 전해오며, 김치를 담그고 먹는 일도 수행의 연속이라 여기는 사찰에서는 오신채를 사용하지 않은 김치가 존재한다.
우리 문화의 정수이자 자존심인 김치는 현대에 들어서는 문화와 전통이 결합한 복합 산업으로 펼쳐지고 있다. 김치에 들어가는 수많은 재료에 관련된 산업의 생산액은 3.3조 원이 넘으며, 주로 배추김치로 형성된 김치 생산은 약 2.3조 원의 시장을 형성하고 있고, 시판 김치의 경우 대기업의 시장 주도력이 증가하고 있다. 소비자 요구에 맞춘 다양한 포장 김치가 등장하고, 김치냉장고는 1.1조 원의 시장을 형성하고 있으며, 정성과 기다림을 상징하는 김치는 문화산업의 소재로 활용되며, 김치 문화는 관광 관련 산업으로 활성화되고 있다. 김치의 영양 기능성과 김치 유산균을 활용한 여러 기능성 제품이 개발되고, 부식뿐 아니라 새로운 요리의 식재료로서 김치는 39조 원의 외식산업 시장을 뒷받침하고 있다.

① 김치의 탄생
② 김치산업의 활성화 방안
③ 우리 민족의 축제, 김장
④ 지역마다 다양한 종류의 김치
⑤ 우리 민족의 전통이자 자존심, 김치

59 다음 글의 빈칸에 들어갈 내용으로 가장 적절한 것은?

상품을 만들어 파는 사람이 그 수고의 대가를 받고 이익을 누리는 것은 당연하다. 하지만 그 이익이 다른 사람의 고통을 무시하고 얻어진 경우에는 정당하지 않을 수 있다. 제3세계에 사는 많은 환자가 신약 가격을 개발국인 선진국의 수준으로 유지하는 거대 제약회사의 정책 때문에 고통 속에서 죽어가고 있다. 그 약값을 감당할 수 있는 선진국이 보기에도 이는 이익이란 명분 아래 발생하는 끔찍한 사례이다. 이러한 비난의 목소리가 높아지자 제약회사의 대규모 투자자 중 일부는 자신들의 행동이 윤리적인지 고민하기 시작했다. 사람들이 약값 때문에 약을 구할 수 없다는 것은 분명히 잘못된 일이다. 하지만 그렇다고 해서 국가가 제약회사들에게 손해를 감수하라는 요구를 할 수는 없다는 데 사태의 복잡성이 있다.
신약을 개발하는 일에는 막대한 비용과 시간이 들며, 그 안전성 검사가 법으로 정해져 있어서 추가 비용이 발생한다. 이를 상쇄하기 위해 제약회사들은 시장에서 최대한 이익을 뽑아내려 한다. 얼마나 많은 환자가 신약을 통해 고통에서 벗어나는가에 대한 관심을 이들에게 기대하긴 어렵다. 그러나 만약 제약회사들이 존재하지 않는다면 신약개발도 없을 것이다.
그렇다면 상업적 고려와 인간의 건강 사이에 존재하는 긴장을 어떻게 해소해야 할까? 제3세계의 환자를 치료하는 일은 응급사항이며, 제약회사들이 자선하리라고 기대하는 것은 비현실적이다. 그렇다면 그 대안은 명백하다. ______________________________ 물론 여기에도 문제는 있다. 이 대안이 왜 실현되기 어려운 걸까? 그 이유가 무엇인지는 우리가 자신의 주머니에 손을 넣어 거기에 필요한 돈을 꺼내는 순간 분명해질 것이다.

① 제3세계에 제공되는 신약 가격을 선진국과 같게 해야 한다.
② 제3세계 국민에게 필요한 신약을 선진국 국민이 구매하여 전달해야 한다.
③ 선진국들은 자국의 제약회사가 제3세계에 신약을 저렴하게 공급하도록 강제해야 한다.
④ 각국 정부는 거대 제약회사의 신약 가격 결정에 자율권을 주어 개발 비용을 보상받을 수 있게 해야 한다.
⑤ 거대 제약회사들이 제3세계 국민을 위한 신약 개발에 주력하도록 선진국 국민이 압력을 행사해야 한다.

※ 다음 명제가 모두 참일 때, 반드시 참인 명제를 고르시오. [60~61]

60

• 연차를 쓸 수 있으면 제주도 여행을 한다.
• 배낚시를 하면 회를 좋아한다.
• 다른 계획이 있으면 배낚시를 하지 않는다.
• 다른 계획이 없으면 연차를 쓸 수 있다.

① 제주도 여행을 하면 다른 계획이 없다.
② 연차를 쓸 수 있으면 배낚시를 한다.
③ 다른 계획이 있으면 연차를 쓸 수 없다.
④ 배낚시를 하지 않으면 제주도 여행을 하지 않는다.
⑤ 제주도 여행을 하지 않으면 배낚시를 하지 않는다.

61

• 커피를 좋아하는 사람은 홍차를 좋아한다.
• 우유를 좋아하는 사람은 홍차를 좋아하지 않는다.
• 우유를 좋아하지 않는 사람은 콜라를 좋아한다.

① 커피를 좋아하는 사람은 콜라를 좋아하지 않는다.
② 우유를 좋아하는 사람은 콜라를 좋아한다.
③ 커피를 좋아하는 사람은 콜라를 좋아한다.
④ 우유를 좋아하지 않는 사람은 홍차를 좋아한다.
⑤ 콜라를 좋아하는 사람은 커피를 좋아하지 않는다.

※ 다음 명제가 모두 참일 때, 빈칸에 들어갈 가장 적절한 명제를 고르시오. [62~63]

62

- 홍보실은 워크숍에 간다.
- ______________________
- 출장을 가지 않으면 워크숍에 간다.

① 홍보실이 아니면 워크숍에 가지 않는다.
② 출장을 가면 워크숍에 가지 않는다.
③ 출장을 가면 홍보실이 아니다.
④ 워크숍에 가지 않으면 출장을 가지 않는다.
⑤ 홍보실이 아니면 출장을 간다.

63

- 밤에 잠을 잘 못자면 낮에 피곤하다.
- ______________________
- 업무효율이 떨어지면 성과급을 받지 못한다.
- 밤에 잠을 잘 못자면 성과급을 받지 못한다.

① 업무효율이 떨어지면 밤에 잠을 잘 못 잔다.
② 낮에 피곤하면 업무효율이 떨어진다.
③ 성과급을 받으면 밤에 잠을 잘 못 잔다.
④ 밤에 잠을 잘 자면 성과급을 받는다.
⑤ 성과급을 받지 못하면 낮에 피곤하다.

64 국내 유명 감독의 영화가 이번에 개최되는 국제 영화 시상식에서 작품상, 감독상, 각본상, 편집상 총 4개 후보에 올랐다. 4명의 심사위원이 해당 영화의 수상 가능성에 대해 다음과 같이 진술하였다. 이들 중 3명의 진술은 참이고, 나머지 1명의 진술은 거짓이라고 할 때, 해당 영화가 수상할 수 있는 상의 최대 개수는?

> • A심사위원 : 편집상을 받지 못한다면 감독상도 받지 못하며, 대신 각본상을 받을 것이다.
> • B심사위원 : 작품상을 받는다면 감독상도 받을 것이다.
> • C심사위원 : 감독상을 받지 못한다면 편집상도 받지 못한다.
> • D심사위원 : 편집상과 각본상은 받지 못한다.

① 0개
② 1개
③ 2개
④ 3개
⑤ 4개

65 최씨 남매와 김씨 남매, 박씨 남매 6명은 야구 경기를 관람하기 위해 함께 야구장에 갔다. 다음 〈조건〉에 따를 때, 항상 참인 것은?

〈조건〉

> • 양 끝자리는 같은 성별이 앉지 않는다.
> • 박씨 여성은 왼쪽에서 세 번째 자리에 앉는다.
> • 김씨 남매는 서로 인접하여 앉지 않는다.
> • 박씨와 김씨는 인접하여 앉지 않는다.
> • 김씨 남성은 맨 오른쪽 끝자리에 앉는다.

〈야구장 관람석〉

① 최씨 남매는 왼쪽에서 첫 번째 자리에 앉을 수 없다.
② 최씨 남매는 서로 인접하여 앉는다.
③ 박씨 남매는 서로 인접하여 앉지 않는다.
④ 최씨 남성은 박씨 여성과 인접하여 앉는다.
⑤ 김씨 여성은 최씨 여성과 인접하여 앉지 않는다.

66 길이가 9km인 강이 있다. 강물의 속력은 3km/h이고, 배를 타고 강물을 거슬러 올라갈 때 1시간이 걸린다고 하면, 같은 배를 타고 강물을 따라 내려올 때 걸리는 시간은?

① 32분
② 36분
③ 40분
④ 44분
⑤ 48분

67 농도를 알 수 없는 설탕물 500g에 농도 3%의 설탕물 200g을 온전히 섞었더니 섞은 설탕물의 농도는 7%가 되었다. 처음 500g의 설탕물에 녹아있던 설탕은 몇 g인가?

① 40g
② 41g
③ 42g
④ 43g
⑤ 44g

68 집에서 놀이터까지 가는 경우의 수는 4가지, 놀이터에서 학교까지 가는 경우의 수는 5가지이다. 또한, 집에서 놀이터를 거치지 않고 학교까지 갈 수 있는 경우의 수는 2가지이다. 이때 학교까지 갈 수 있는 경우의 수는 모두 몇 가지인가?

① 20가지
② 22가지
③ 26가지
④ 30가지
⑤ 40가지

69 A, B 2개의 톱니가 서로 맞물려 있다. A의 톱니 수는 30개, B의 톱니 수는 20개이다. A가 4회 회전할 때, B는 몇 회 회전하는가?

① 4회
② 5회
③ 6회
④ 7회
⑤ 8회

70 아버지와 어머니의 나이 차는 4세이고 형과 동생의 나이 차는 2세이다. 또한, 아버지와 어머니의 나이의 합은 형의 나이보다 6배 많다고 한다. 형과 동생의 나이의 합이 40세라면 아버지의 나이는 몇 세인가?(단, 아버지가 어머니보다 나이가 더 많다)

① 59세
② 60세
③ 63세
④ 65세
⑤ 67세

71 B은행은 신입행원들을 대상으로 3개월 동안 의무적으로 강연을 듣게 하였다. 강연은 월요일과 수요일에 1회씩 열리고 금요일에는 격주로 1회씩 열린다고 한다. 8월 1일 월요일에 처음 강연을 들은 신입행원이 13번째 강연을 듣는 날은 언제인가?(단, 첫 주 금요일 강연은 열리지 않았다)

① 8월 31일
② 9월 2일
③ 9월 5일
④ 9월 7일
⑤ 9월 9일

72 다음과 같이 한 대각선의 길이가 6으로 같은 마름모 2개가 겹쳐져 있다. 다른 대각선 길이가 각각 4, 9일 때, 두 마름모의 넓이 차는?

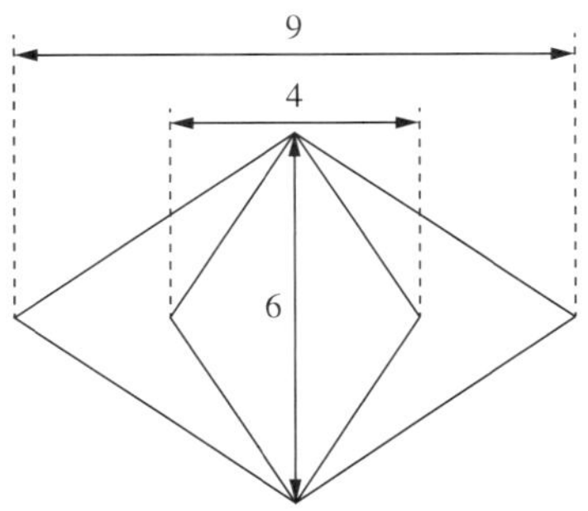

① 9
② 12
③ 15
④ 24
⑤ 27

73 다음과 같은 모양의 직각삼각형 ABC가 있다. 변 AB의 길이는 18cm이고 직각삼각형의 둘레가 72cm일 때, 직각삼각형 ABC의 넓이는?

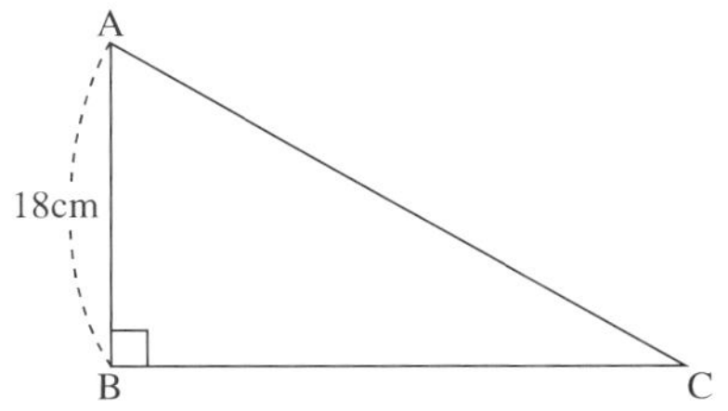

① 182cm^2
② 186cm^2
③ 210cm^2
④ 216cm^2
⑤ 256cm^2

74 x에 대한 이차방정식 $x^2+2ax+a-4=0$의 한 근이 1일 때, 다른 한 근은?

① -3
② -2
③ -1
④ 0
⑤ 1

75 $x>0$이고 $\sqrt{x}+\frac{1}{\sqrt{x}}=3$일 때, $\frac{x^2+x^{-2}+7}{x+x^{-1}+2}$의 값은?

① 5
② 6
③ 7
④ 8
⑤ 9

76 A회사 A ~ F 인턴사원들의 인턴과정이 끝났고, 다음은 인턴사원들의 최종 평가 점수를 나타낸 표이다. 최종 평가 점수의 중앙값과 최빈값은 얼마인가?

〈최종 평가 점수〉

(단위 : 점)

구분	A	B	C	D	E	F
점수	12	17	15	13	20	17

	중앙값	최빈값
①	14점	13점
②	15점	15점
③	15점	17점
④	16점	17점
⑤	16점	20점

77 다음은 I공항에 있는 가게의 11월 첫째 주 주중 매출액에 대한 자료이다. 이에 대한 설명으로 옳지 않은 것은?

〈I공항 내 가게 주중 매출액〉

(단위 : 만 원)

구분	월	화	수	목	금
K치킨	420	460	360	450	495
H한식당	505	495	500	555	580
T카페	450	460	400	450	500

① H한식당의 화요일 매출액은 T카페의 목요일 매출액보다 10% 많다.

② K치킨의 주중 평균 매출액은 470만 원보다 30만 원 이상 적다.

③ T카페의 주중 평균 매출액보다 일일 매출액이 많은 요일은 하루이다.

④ 가게 중 주중 매출액 증감 추이가 같은 곳은 K치킨과 T카페이다.

⑤ 수요일 매출액 대비 목요일 매출액 증가율이 가장 높은 곳은 K치킨이다.

78 다음은 어느 지역의 주화 공급 현황에 대한 자료이다. 이에 대한 설명으로 옳은 것을 〈보기〉에서 모두 고르면?

〈주화 공급 현황〉

구분	액면가				
	10원	50원	100원	500원	합계
공급량(십만 개)	340	215	265	180	1,000
공급기관 수(개)	170	90	150	120	530

※ (평균 주화 공급량)$=\frac{\text{(주화 종류별 공급량의 합)}}{\text{(주화 종류 수)}}$

※ (주화 공급액)=(주화 공급량)×(액면가)

〈보기〉

ㄱ. 주화 공급량이 주화 종류별로 각각 20십만 개씩 증가한다면, 이 지역의 평균 주화 공급량은 270십만 개이다.

ㄴ. 주화 종류별 공급기관당 공급량은 10원 주화가 500원 주화보다 적다.

ㄷ. 10원과 500원 주화는 각각 10%씩, 50원과 100원 주화는 각각 20%씩 공급량이 증가한다면, 이 지역의 평균 주화 공급량의 증가율은 15% 이하이다.

ㄹ. 총 주화 공급액 규모가 12% 증가해도 주화 종류별 주화 공급량의 비율은 변하지 않는다.

① ㄱ, ㄴ
② ㄱ, ㄷ
③ ㄷ, ㄹ
④ ㄱ, ㄷ, ㄹ
⑤ ㄴ, ㄷ, ㄹ

79 다음은 선박 종류별 기름 유출사고 발생 현황을 나타낸 자료이다. 이에 대한 설명으로 옳은 것은?

〈선박 종류별 기름 유출사고 발생 현황〉

(단위 : 건, kL)

구분		유조선	화물선	어선	기타	합계
2019년	사고 건수	37	53	151	96	337
	유출량	956	584	53	127	1,720
2020년	사고 건수	28	68	245	120	461
	유출량	21	51	147	151	370
2021년	사고 건수	27	61	272	123	483
	유출량	3	187	181	212	583
2022년	사고 건수	32	33	217	102	384
	유출량	38	23	105	244	410
2023년	사고 건수	60	65	150	205	480
	유출량	1,223	66	30	143	1,462

① 2020 ~ 2023년 동안 연도별 총 사고 건수와 총 유출량의 전년 대비 증감 추이는 같다.

② 연도별 총 사고 건수에 대한 유조선 사고 건수 비율은 매년 감소하고 있다.

③ 총 유출량이 가장 적은 연도에서 기타를 제외하고 사고 건수 대비 유출량이 가장 적은 선박 종류는 어선이다.

④ 기타를 제외하고 2019 ~ 2023년 동안 전체 유출량이 두 번째로 많은 선박 종류는 어선이다.

⑤ 2023년 총 사고 건수는 전년 대비 20% 미만으로 증가하였다.

80 다음은 전력사용에 대한 절약 노력 설문조사 결과이다. 이에 대한 설명으로 옳은 것은?(단, 복수응답과 무응답은 없다)

〈전력사용 절약 노력 현황〉

(단위 : %)

구분	2022년				2023년			
	노력 안 함	조금 노력함	노력함	매우 노력함	노력 안 함	조금 노력함	노력함	매우 노력함
남성	2.5	38.0	43.5	15.5	3.5	32.5	42.0	22.0
여성	3.5	35.5	45.0	16.0	4.0	35.0	41.0	20.0
10대	12.5	48.0	22.5	17.0	13.0	43.3	25.7	18.0
20대	10.5	39.5	27.0	23.0	10.0	37.5	29.0	23.5
30대	11.5	26.5	38.5	23.5	10.7	21.3	44.0	24.0
40대	11.5	25.0	42.0	21.5	9.5	24.0	44.0	22.5
50대	10.0	28.0	40.5	21.5	10.0	30.0	39.0	21.0
60대 이상	10.5	30.0	33.2	26.3	10.3	29.7	34.0	26.0

① 2023년에 '노력함'을 선택한 인원은 남성과 여성 모두 전년 대비 증가하였다.

② 2022년과 2023년 모든 연령대에서 '노력 안 함'을 선택한 비율은 50대가 가장 낮다.

③ 여성 조사인구가 매년 500명일 때, '매우 노력함'을 선택한 인원은 2023년에 전년 대비 15명 이상 늘어났다.

④ 2023년에 60대 이상에서 '조금 노력함'을 선택한 비율은 전년 대비 2% 이상의 감소율을 보인다.

⑤ '매우 노력함'을 선택한 비율은 2022년 대비 2023년에 모든 연령대에서 증가하였다.

이 출판물의 무단복제, 복사, 전재 행위는 저작권법에 저촉됩니다.
파본은 구입처에서 교환하실 수 있습니다.

5권

BNK경남 · 부산은행

정답 및 해설

온라인 모의고사 무료쿠폰

BNK경남은행 | ATQP-00000-E9B4C

BNK부산은행 | ATQQ-00000-5B3A7

[쿠폰 사용 안내]

1. **합격시대 홈페이지**(www.sdedu.co.kr/pass_sidae_new)에 접속합니다.
2. 홈페이지 우측 상단 '쿠폰 입력하고 모의고사 받자' 배너를 클릭합니다.
3. 쿠폰번호를 등록합니다.
4. 내강의실 > 모의고사 > 합격시대 모의고사 클릭 후 응시합니다.

※ 본 쿠폰은 등록 후 30일 이내에 사용 가능합니다.
※ 쿠폰 등록 및 응시는 윈도우 기반 PC에서만 가능합니다.
※ 모바일 및 macOS 운영체제에서는 서비스되지 않습니다.

시대에듀

끝까지 책임진다! 시대에듀!

QR코드를 통해 도서 출간 이후 발견된 오류나 개정법령, 변경된 시험 정보, 최신기출문제, 도서 업데이트 자료 등이 있는지 확인해 보세요! **시대에듀 합격 스마트 앱**을 통해서도 알려 드리고 있으니 구글 플레이나 앱 스토어에서 다운받아 사용하세요. 또한, 파본 도서인 경우에는 구입하신 곳에서 교환해 드립니다.

BNK경남은행 필기시험

제1회 모의고사 정답 및 해설

01	02	03	04	05	06	07	08	09	10
④	③	②	⑤	②	③	④	③	⑤	①
11	12	13	14	15	16	17	18	19	20
①	②	①	①	②	①	①	②	⑤	②
21	22	23	24	25	26	27	28	29	30
②	②	②	③	②	②	①	④	①	⑤
31	32	33	34	35	36	37	38	39	40
③	①	⑤	①	⑤	①	①	③	④	③
41	42	43	44	45	46	47	48	49	50
⑤	⑤	④	④	①	④	②	⑤	②	①
51	52	53	54	55	56	57	58	59	60
②	②	②	⑤	②	④	④	②	①	④
61	62	63	64	65	66	67	68	69	70
②	④	③	①	⑤	④	③	②	②	④
71	72	73	74	75	76	77	78	79	80
④	④	③	⑤	⑤	④	⑤	①	④	④

01

정답 ④

정의(은행법 제2조 제1항 제4호)

"장기금융업무"란 자본금・적립금 및 그 밖의 잉여금, 1년 이상의 기한부 예금 또는 사채(社債)나 그 밖의 채권을 발행하여 조달한 자금을 1년을 초과하는 기한으로 대출하는 업무를 말한다.

02

정답 ③

고객응대직원에 대한 보호 조치 의무(은행법 제52조의4 제1항)

은행은 이 법에 따른 업무를 운영할 때 고객을 직접 응대하는 직원을 고객의 폭언이나 성희롱, 폭행 등으로부터 보호하기 위하여 다음 각 호의 조치를 하여야 한다.

1. 직원이 요청하는 경우 해당 고객으로부터의 분리 및 업무담당자 교체
2. 직원에 대한 치료 및 상담 지원
3. 고객을 직접 응대하는 직원을 위한 상시적 고충처리 기구 마련. 다만, 「근로자참여 및 협력증진에 관한 법률」 제26조에 따라 고충처리위원을 두는 경우에는 고객을 직접 응대하는 직원을 위한 고충처리위원의 선임 또는 위촉
4. 그 밖에 직원의 보호를 위하여 필요한 법적 조치 등 대통령령으로 정하는 조치

03

정답 ②

유배당보험은 금리가 상승하고 주식시장이 활황일 때 유리하고, 이와 반대로 무배당보험은 금리가 하락하고 주식시장이 하락할 때 유리하다.

오답분석

① 보험회사는 보험계약자가 납부한 보험료를 채권, 펀드 등에 투자 운용해 얻은 초과수익을 보험계약자에게 지급해야 한다. 이때 보험은 배당 여부에 따라 배당금을 지급하는 대신 보험료가 상대적으로 높은 유배당보험, 배당금을 지급하지 않는 대신 보험료가 상대적으로 낮은 무배당보험으로 구분된다. 유배당보험은 이익이 발생한 후에 그 이익을 보험계약자에게 지급하는 것이라면, 무배당보험은 보험료를 인하함으로써 이익이 발생하기 전에 이익을 지급하는 셈이다.

③ 무배당보험은 보험회사에 이익이 발생해도 배당을 받지 못하고 약관에서 정한 환급금만을 보장받는다. 그러나 유배당보험은 이익을 배당금 형식으로 지급받을 수 있다.

④ 배당금은 보험회사가 얻은 수익에 따라 책정되기 때문에 보험계약자에게 돌아가는 배당금이 적은 경우가 많다. 또한 이익이 아예 없거나 경영의 부진 등으로 인해 실제로는 배당이 반드시 발생한다고 보장할 수 없다.

⑤ 1990년대 초반까지만 해도 우리나라에서 판매되는 거의 모든 보험은 유배당보험이었으나, 1992년 외국의 무배당보험이 국내에 도입되었으며, 1997년 IMF 구제금융 사태가 발발한 이후 저금리 시대가 도래하고 소비자들이 보험료가 저렴한 상품을 선호함에 따라 무배당보험이 급증했다. 또한 보험회사의 이익 구조 면에서도 이익을 고객에게 지급하지 않고 기업 내부에 보유하는 것이 유리하기 때문에 무배당보험은 성행하는 반면, 유배당보험은 자취를 감추게 되었다.

04

정답 ⑤

ㄱ. CD(Certificate of Deposit, 양도성예금증서)는 은행이 자금조달 목적으로 투자자들에게 발행한다. 이때의 금리를 CD금리라고 한다. CD의 만기는 보통 91일 이내인 단기이며, 투자자들 간 중도매매도 가능하다.

ㄴ. CP(Commercial Paper, 기업어음)의 발행주체는 은행이 아닌 기업이다. CD와 마찬가지로, 기업이 단기적 자금조달을 위해 투자자들에게 발행한다.

ㄹ. RP(Repurchase Agreement, 환매조건부채권)는 판매 후 정해진 기간이 경과하면 일정 가격에 해당 채권을 재매입할 것을 조건으로 하는 채권 매매형태이다. 대상이 되는 채권은 국

채, 지방채 등 우량채권이고, 예금자보호법을 적용받지 않는다. 또한 CD, CP 역시 예금자보호 대상은 아니다.

오답분석

ㄷ. 코픽스(KOPIX)는 시중 8개 은행이 제공한 자금조달 정보를 기초로 하여 매월 산정된다. 해당 월에 새로 조달된 자금을 대상으로 하므로 시장금리의 변동을 잘 반영한다는 특징이 있다. 그래서 코픽스는 변동금리형 주택담보대출의 기준금리로 사용된다.

05

정답 ②

제1금융권은 우리나라의 금융기관 중 예금은행을 지칭한다.

오답분석

① 통화금융정책의 사용권은 한국은행만이 가지고 있다.
③ 산업은행은 장기자금의 공급을 위해 설립된 기관이다.
④ 자금중개기능은 간접금융시장의 은행이 하는 것이며, 증권회사는 유가증권의 매매, 인수, 매출 등을 취급하며 자금을 전환시키는 직접금융시장에 속한다.
⑤ 제도권 밖의 대금업체는 제3금융권이다. 제2금융권은 은행을 제외한 금융기관으로 은행법의 적용을 받지 않으면서도 일반 상업은행과 유사한 기능을 한다.

06

정답 ③

실기주과실이란 명의개서를 하지 않은 실기주에 대해 발생한 배당금 또는 주식을 가리킨다.

07

정답 ④

달러 인덱스(U.S Dollar Index)란 미국 달러의 가치를 세계 주요 6개국의 통화인 유로(EUR), 일본의 엔(JPY), 영국의 파운드(GBP), 캐나다의 달러(CAD), 스웨덴의 크로네(SEK), 스위스의 프랑(CHF)과 비교한 지표를 말한다. 달러 인덱스가 오르면 미국 달러의 가치가 오르는 것이고, 하락하면 미국 달러의 가치가 떨어지는 것을 의미한다.

08

정답 ③

저축성예금에는 정기예금, 정기적금, 기업자유예금, 저축예금 등이 있다.
가계당좌예금은 요구불예금으로 신용사회의 조기정착을 구축하기 위한 제도이다.

09

정답 ⑤

자금이 이탈하면 주가 하락, 채권수익률 상승, 증권투자수지 악화 등의 효과가 직접적으로 나타난다. 이는 외환시장에서 달러화의 수요를 늘려 달러 대비 원화가치 하락의 원인이 된다. 그 결과 수입품 가격이 올라 수입물가가 상승한다.

10

정답 ①

오답분석

② 우대금리 정책 : 금융기관이 신용도 높은 기업에 대출할 때 적용하는 차별적 대출금리 정책이다.
③ 양적완화 정책 : 기준금리가 0%(제로)에 가까운 초저금리 상태일 때 중앙은행이 경기부양을 목적으로 시중에 통화량을 공급하는 것을 말한다.
④ 출구전략 : 경기 침체기에 경기 부양을 위해 취했던 각종 완화정책을 경제에 부작용 없이 단계적으로 거두어들이는 전략이다.
⑤ 테이퍼링 : 연방준비제도가 양적완화 정책의 규모를 점진적으로 축소시켜 나가는 출구전략의 일종이다.

11

정답 ①

공매도란 주식이나 채권을 가지고 있지 않은 상태에서 매도 주문을 내는 것으로, 주가의 하락이 예상될 때 시세차익을 노리는 방식이다. 공매도한 투자자가 예상한 대로 주가가 하락하게 되면 많은 시세차익을 낼 수 있으나, 주가가 상승하게 되면 오히려 손해를 보게 된다. 공매도는 증권시장의 유동성을 높이는 역할을 하는 반면, 시세조종과 채무불이행을 유발할 수 있어 현재 한국에서는 무차입공매도가 금지되고 있다.

12

정답 ②

이자보상배율이란 영업이익을 금융비용 즉, 이자비용으로 나눈 것으로 기업의 채무상환능력을 나타낸다. 기업이 영업이익으로 대출금에 대한 이자비용을 얼마나 감당할 수 있는지를 보여주는 지표이다.

13

정답 ①

BIB는 기존 금융회사 점포 일부에 별도로 다른 금융회사가 영업소나 부스 형태로 들어와 운영하는 소규모 점포를 뜻하는 용어이다.

오답분석

② CDD(고객정보확인) : 금융회사가 자신의 서비스가 자금세탁 등 불법행위에 이용되지 않도록 고객의 신원, 실제 당사자 여부 및 거래목적 등을 확인하는 제도이다.
③ CTR(고액현금거래보고제도) : 불법 자금 거래를 효과적으로 차단하기 위해 금융회사가 고객과 일정 기준금액 이상의 고액 현금거래를 할 경우 금융위원회 금융정보분석원에 자동으로 보고되는 제도이다.
④ EDD : CDD보다 강화된 고객확인의무제도이다.
⑤ STR(혐의거래 보고제도) : 금융기관이 고객과의 거래에서 자금세탁 등 의심스러운 사항을 발견하는 경우 이를 금융정보분석원에 보고하는 제도이다.

14

정답 ①

골든 크로스(Golden Cross)는 주가나 거래량의 단기 이동평균선이 중장기 이동평균선을 아래에서 위로 돌파해 올라가는 현상을 의미한다.

오답분석

② 데드 크로스(Dead Cross) : 골든 크로스의 반대 용어로 주식이 하향세로 전환되는 상황을 나타낼 때 쓰인다.

15

정답 ②

오답분석

① 크라우드소싱(Crowdsourcing) : 대중(Crowd)과 외부발주(Out-sourcing)의 합성어로, 생산・서비스 등 기업활동 일부 과정에 대중을 참여시키는 것이다.

③ 아웃소싱(Out-sourcing) : 기업 업무의 일부 프로세스를 경영 효과 및 효율의 극대화를 위한 방안으로 제3자에게 위탁해 처리하는 것이다.

④ 엔젤 투자(Angel Investment) : 개인들이 돈을 모아 창업하는 벤처기업에 필요한 자금을 대고 그 대가를 주식으로 받는 투자형태이다.

⑤ 리플(Ripple) : 전 세계 은행 간 실시간 자금 송금을 위한 프로토콜 겸 암호화폐이다.

16

정답 ①

외국채는 채권의 표시통화 국가에서 발행되는 채권이고, 유로채는 채권의 표시통화 국가 이외의 국가에서 발행되는 채권이다.

오답분석

② 외국채는 이자소득세를 내야 하지만, 유로채는 세금을 매기지 않는다.

③ 외국채는 감독 당국의 규제를 받지만, 유로채는 규제를 받지 않는다.

④ 외국채는 신용 평가가 필요하지만, 유로채는 필요하지 않다.

⑤ 한국에서 한국 원화로 발행된 채권은 아리랑본드이며, 한국에서 외화로 발행된 채권은 김치본드이다.

17

정답 ①

주가지수는 ELS(주가지수 결합 상품)의 기초자산 결합 대상이다. DLS는 파생상품을 기초자산으로 한 결합 상품으로, 설정한 파생상품의 값이 계약기간 동안 일정 수준 이상 변동되지 않을 경우 보상을 받는다. 파생상품이란 산업 원자재, 원자재지수, 원유, 금, 금리, 환율, 채권의 가치변동을 상품화한 것을 말한다.

18

정답 ②

여신전문금융회사는 예금업무를 취급하지 않고 여신업무만을 취급하는 금융기관이다. 여신전문금융회사가 취급하는 여신업무는 다른 금융기관이 거의 취급하지 않는 소비자금융, 리스, 벤처금융 등이며, 재원은 채권발행, 금융기관 차입금으로 주로 조달한다. 여신전문금융회사에는 리스회사, 신용카드회사, 할부금융회사, 신기술사업금융회사 등이 있다.

19

정답 ⑤

인수합병에는 우호적 인수합병과 적대적 인수합병이 있으며 회사의 경영권을 획득하거나 강화하기 위하여 불특정 다수인으로부터 주식 등을 집단으로 장외에서 매수하는 방법은 공개매수제도이다.

오답분석

① 황금낙하산 : 기업의 임원들이 경영권의 변동으로 인해 퇴사하는 경우 거액의 퇴직위로금을 지급받도록 하여 인수기업에게 부담을 작용하게 하여 방어하는 기법이다.

② 독약조항 : 기업매수자가 인수대상기업의 이사회 승인 없이 경영권을 확보하려고 할 때 엄청난 비용을 들도록 하는 전략으로 일반적으로는 상당한 저가에 신주를 발행하는 것을 허용하여 적대적 인수합병 이후 매수자에게 손실을 가하도록 하는 방어 전략이다.

③・④ 새벽의 기습과 곰의 포옹 : 인수기업이 인수대상기업에 대한 적대적 인수합병의 방법으로 새벽의 기습은 증시가 개장되자마자 인수대상기업의 주식을 대량 구입한 후 기업인수의사를 인수대상기업의 경영진에게 알리는 방법이고, 곰의 포옹은 기업을 인수하고자 하는 투자자 또는 기업사냥꾼이 경영진의 반대를 회피하기 위해 인수대상기업의 이사진에게 기업매수의사와 상당히 매력적인 매수조건을 알리는 방법이다.

20

정답 ②

통화스왑은 통화를 교환(Swap)한다는 뜻으로, 두 거래 당사자가 약정된 환율에 따라 일정한 시점에서 통화를 서로 교환하는 외환거래를 의미한다.

오답분석

① 가지급금은 회사의 자금을 대표이사 등이 개인적으로 사용한 것으로 보기 때문에, 세법에서는 가지급금을 엄격하게 규제하고 있다.

③ 낙성계약은 당사자의 합의만으로 계약이 성립하는 경우를 말한다. 반면 합의 외에 물건의 인도 또는 기타의 급부(給付)를 성립요건으로 하는 계약을 요물계약(실천계약)이라고 한다.

④ 라이선스 생산방식은 기술의존도가 높다.

⑤ 경기 침체로 일시적인 어려움을 겪는 상황은 소프트패치이다. 더블딥은 경기 침체 후에 잠시 회복기를 거친 후 다시 침체에 빠지는 이중침체 현상을 말한다.

21

정답 ②

구축 효과에 대한 설명이다.

채권가격 변화에 의한 구축 효과의 경로

정부의 국공채 발행 → 채권의 공급 증가 → 채권가격 하락 → 이자율 상승(채권가격과 이자율과는 음의 관계) → 투자 감소

22

정답 ②

자본임대료가 20, 임금이 10이고 자본 2,000단위를 사용한다고 했으므로 고정비용은 40,000임을 알 수 있다.

$K=2{,}000$이므로 $Q=L^{\frac{1}{2}} \rightarrow L=Q^2$

$C=wL+rK$(이때 $w=$임금, $L=$노동, $r=$임대료이고, 노동에 지출되는 금액 wL은 가변비용, 자본에 지출되는 금액 rK는 고정비용임)

$\therefore\ C=10L+20\times2{,}000=10Q^2+40{,}000$

23

정답 ②

제시문은 유동성 함정에 대한 설명으로, 금리가 한계금리 수준까지 낮아져 통화량을 늘려도 소비·투자 심리가 살아나지 않는 현상을 말한다.

오답분석

① 화폐 환상 : 화폐의 실질적 가치에 변화가 없는데도 명목단위가 오르면 임금이나 소득도 올랐다고 받아들이는 현상
③ 구축 효과 : 정부의 재정적자 또는 확대 재정정책으로 이자율이 상승하여 민간의 소비와 투자활동이 위축되는 효과
④ J커브 효과 : 환율의 변동과 무역수지와의 관계를 나타낸 것으로, 무역수지 개선을 위해 환율상승을 유도하면 초기에는 무역수지가 오히려 악화되다가 상당기간이 지난 후에야 개선되는 현상
⑤ 피셔 방정식 : 명목이자율을 실질이자율과 물가상승률의 합으로 나타낸 공식

24

정답 ③

할당관세는 물자수급을 원활하게 하기 위해 특정 물품을 적극적으로 수입하거나, 반대로 수입을 억제하고자 할 때 사용된다.

25

정답 ②

완전경쟁시장에서는 모든 판매자와 구매자가 가격 수용자이고, 모든 재화는 완전히 동질적이다. 또한 기업의 진입과 퇴출이 자유로우며, 재화에 대한 정보가 완전하기 때문에 일물일가의 법칙이 성립한다.

26

정답 ②

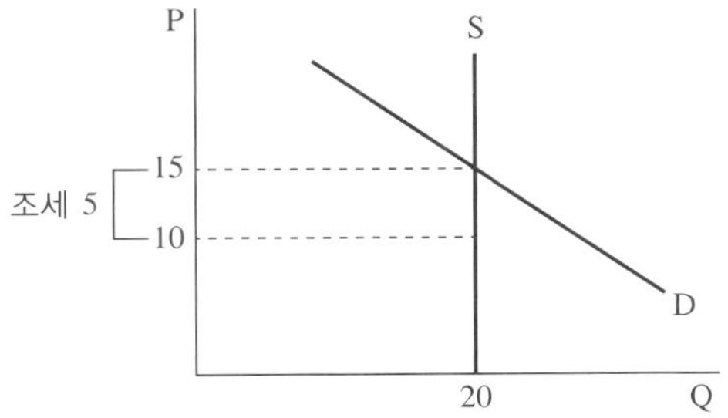

정부의 물품세 부과 시, 조세부담의 귀착은 수요와 공급의 탄력성의 크기에 의해 결정된다. 즉, 탄력성과 조세부담의 크기는 반비례하는 성질이 있다. 특히 수요와 공급 중 어느 한 쪽이 완전비탄력적일 경우, 완전비탄력적인 쪽이 조세를 100% 부담하게 된다. 제시된 상황에서는 공급곡선의 기울기가 수직이므로, 공급탄력성이 0(완전비탄력)인 상황이다. 따라서 단위당 5만큼의 조세를 생산자가 전부 부담하게 되고, 소비자에게는 조세가 전가되지 않는다. 생산자잉여는 현재 $15\times20=300$인 사각형 면적이지만, 5만큼의 조세부과로 인하여 $10\times20=200$으로 감소하게 된다.

오답분석

①·③ 조세가 100% 생산자에게 귀착되므로, 소비자가 느끼는 조세부담은 없다. 즉, 소비자 가격의 변화는 없다.
④ 정부의 조세수입 면적은 $5\times20=100$의 사각형에 해당한다.
⑤ 수요와 공급 중 어느 한 쪽이 완전비탄력적이면 초과부담이 발생하지 않는다.

27

정답 ①

인플레이션은 실질화폐가치를 하락하게 만드는데, 정부의 부채는 화폐의 명목가치를 기준으로 산정되므로 인플레이션은 정부의 부채 부담을 더욱 작게 한다.

28

정답 ④

ㄴ. 투자의 이자율 탄력성이 높으면 통화량 증가로 이자율이 하락할 때 민간투자가 큰 폭으로 증가한다. 따라서 투자의 이자율 탄력성이 높을수록 통화정책의 효과가 커진다.
ㄷ. 한계소비성향이 높을수록 투자 승수 값이 커져 소득이 더 크게 증가하여 통화정책의 효과가 커진다.

오답분석

ㄱ. 화폐수요의 이자율 탄력성이 높으면 통화량이 증가할 때 이자율이 적게 하락하고, 그에 따라 민간투자가 별로 증가하지 않는다. 따라서 화폐수요의 이자율 탄력성이 높을수록 통화정책의 효과가 작아진다.

29

정답 ①

공급이 감소하면 가격이 상승할 뿐만 아니라 거래량도 감소하므로 소비자잉여가 감소한다. 그러나 수요가 증가하여 가격이 상승한 경우에는 거래량도 늘어나므로 소비자잉여가 증가할 가능성이 크다. 소비자잉여는 공급의 가격탄력성과는 직접적인 관계가 없으나 수요가 탄력적이면 소비자가 지불할 용의가 있는 금액이 낮으므로 소비자잉여는 작아진다. 최고가격제를 실시하거나 단위당 일정액의 보조금을 지급하면 소비자잉여가 증가할 수 있으나 자원배분은 보다 더 비효율적이 된다. 따라서 소비자잉여를 늘리는 정책을 실시한다고 해서 반드시 자원배분의 효율성이 높아지는 것은 아니다.

30

정답 ⑤

쿠즈네츠(Kuznets) 곡선은 사이먼 쿠즈네츠가 1950년대 내놓은 역(逆) 유(U)자형 곡선으로, 소득 불평등 정도를 설명하는 그래프를 뜻한다. 쿠즈네츠는 산업화 과정에 있는 국가의 불평등 정도는 처음에 증가하다가 산업화가 일정 수준을 지나면 다시 감소한다고 주장했다. 쿠즈네츠는 이 연구로 1971년 노벨 경제학상을 받았다. 하지만 최근 『21세기 자본』의 저자 토마 피케티는 불평등이 감소한 이유로 산업화 진전이 아니라 대공황과 2차 세계대전에 따른 결과라고 주장했으며, 『왜 우리는 불평등해졌는가』를 쓴 브랑코 밀라노비치 뉴욕 시립대 교수는 최근 선진국에서는 세계화의 결과로 불평등이 다시 악화했다며 쿠즈네츠 곡선이 한 번 순환으로 끝나는 것이 아니라 불평등이 다시 상승하는 '파동' 형태를 가진다고 분석했다.

31

정답 ③

순현가법에서는 내용연수 동안 발생할 모든 현금흐름을 통해 현가를 비교한다.

오답분석

① 순현가는 현금유입의 현가를 현금유출의 현가로 나눈 것이다.
② 순현가법은 개별 투자안들 간 상호관계를 고려할 수 없는 한계가 있다.
④ 최대한 큰 할인율이 아니라 적절한 할인율로 할인한다.
⑤ 투자의 결과 발생하는 현금유입이 투자안의 내부수익률로 재투자될 수 있다고 가정하는 것은 내부수익률법이다.

32

정답 ①

오답분석

② 스캔런 플랜 : 생산의 판매가치에 대한 인건비 비율이 사전에 정한 표준 이하의 경우 종업원에게 보너스를 주는 제도이다.
③ 메리크식 복률성과급 : 표준생산량을 83% 이하, 83 ~ 100% 그리고 100% 이상으로 나누어 상이한 임금률을 적용하는 방식이다.
④ 테일러식 차별성과급 : 근로자의 하루 표준 작업량을 시간연구 및 동작연구에 의해 과학적으로 설정하고 이를 기준으로 하여 고·저 두 종류의 임금률을 적용하는 제도이다.
⑤ 러커 플랜 : 조직이 창출한 부가가치 생산액을 구성원 인건비를 기준으로 배분하는 제도이다.

33

정답 ⑤

글로벌 경쟁이 심화될수록 해당 사업에 경쟁력이 낮아지며, 다각화 전략보다 집중화 현상이 심해진다.

다각화(Diversification)
한 기업이 다른 여러 산업에 참여하는 것으로, 두 가지로 구분된다.
- 관련다각화 : 제품이나 판매지역 측면에서 관련된 산업에 집중
- 비관련다각화 : 서로 연관되지 않은 사업에 참여하여 영위하는 전략(한국식 재벌기업형태)

34

정답 ①

델파이 기법은 예측하려는 현상에 대해 관련 있는 전문가나 담당자들로 위원회를 구성하고, 개별적 질의를 통해 의견을 수집하여 종합·분석·정리하고 의견이 일치될 때까지 개별적 질의 과정을 되풀이하는 예측기법이다.

35

정답 ⑤

마이클 포터(Michael E. Porter)는 원가우위전략과 차별화전략을 동시에 추구하는 것을 이도저도 아닌 어정쩡한 상황이라고 언급하였으며, 둘 중 한 가지를 선택하여 추구하는 것이 효과적이라고 주장했다.

36

정답 ①

ㄱ. 변혁적 리더십은 거래적 리더십에 대한 비판으로 현상 탈피, 변화 지향성, 내재적 보상의 강조, 장기적 관점이 특징이다.
ㄷ. 카리스마 리더십은 부하에게 높은 자신감을 보이며 매력적인 비전을 제시한다.

오답분석

ㄴ. 거래적 리더십은 전통적 리더십 이론으로 현상 유지, 안정 지향성, 즉각적이고 가시적인 보상체계, 단기적 관점이 특징이다.
ㄹ. 슈퍼 리더는 부하들이 역량을 최대한 발휘하여 셀프 리더가 될 수 있도록 환경을 조성해 주고 동기부여를 할 줄 아는 리더이다.

37

정답 ①

신제품 수용자 유형
- 혁신자(Innovators) : 신제품 도입 초기에 제품을 수용하는 소비자로, 모험적이며 새로운 경험 추구한다.
- 조기 수용자(Early Adopters) : 혁신자 다음으로 수용하는 소비자로, 의견선도자 역할을 한다.
- 조기 다수자(Early Majority) : 대부분의 일반 소비자로, 신중한 편이다.
- 후기 다수자(Late Majority) : 대부분의 일반 소비자로, 신제품 수용에 의심이 많다.
- 최후 수용자(Laggards) : 변화를 싫어하고 전통을 중시한다.

38
정답 ③

매트릭스 조직

조직의 구성원이 원래 속해 있던 종적계열과 함께 횡적계열이나 프로젝트 팀의 일원으로 속해 동시에 임무를 수행하는 조직형태로, 결국 한 구성원이 동시에 두 개의 팀에 속하게 된다. 특징은 계층원리와 명령일원화 원리의 불적용, 라인·스태프 구조의 불일치, 프로젝트 임무 완수 후 원래 속한 조직업무로의 복귀 등이 있다.

- 장점 : 지식공유가 일어나는 속도가 빠르므로 프로젝트를 통해 얻은 지식과 경험을 다른 프로젝트에 활용하기 쉽고, 프로젝트 또는 제품별 조직과 기능식 조직 간에 상호 견제가 이루어지므로 관리의 일관성을 꾀할 수 있으며 인적자원 관리도 유연하게 할 수 있다. 또한 시장의 요구에 즉각적으로 대응할 수 있으며 경영진에게도 빠르게 정보를 전달할 수 있다.
- 단점 : 조직의 특성상 구성원은 자신의 위치에 대해 불안감을 가질 수 있고, 이것이 조직에 대한 몰입도나 충성심 저하의 원인이 될 수 있다. 관리비용의 증가 문제 역시 발생할 수 있다.

39
정답 ④

e-비즈니스 기업은 비용절감 등을 통해 더 낮은 가격으로 우수한 품질의 상품 및 서비스를 제공할 수 있다는 장점이 있다.

40
정답 ③

마코브 체인이란 미래의 조건부 확률분포가 현재 상태에 의해서 결정되는 마코브 특성을 이용하는 것으로, 현재의 안정적인 인력상황, 조직환경 등을 측정하여 미래에 예상되는 인력공급, 직무이동확률 등을 예측하는 방법이다.

오답분석

② 기능목록 분석 : 근로자가 보유하고 있는 기능, 경험, 교육수준 등을 정리 및 분석하는 방법
④ 대체도 : 조직 내 특정 직무에 대한 공석을 가정하여 대체할 수 있는 인력에 대한 연령, 성과 등을 표시하는 방법
⑤ 외부공급 예측 : 경제활동인구, 실업률 등의 외부정보를 활용해 인력공급을 예측하는 방법

41
정답 ⑤

마이데이터는 개인이 자신의 정보를 관리하여 자신의 생활에 능동적으로 활용하는 것으로, 개인의 모든 금융 정보도 포함된다.

42
정답 ⑤

- 3V : 일반적으로 빅데이터의 특징을 3V로 요약한다.
  - 데이터의 크기(Volume) : 빅데이터의 물리적 크기는 폭발적으로 증가한다(초대용량).
  - 데이터의 속도(Velocity) : 빅데이터는 실시간으로 생성되며 빠른 속도로 변화·유통된다.
  - 데이터의 다양성(Variety) : 빅데이터는 정형, 반(半)정형, 비(非)정형 등 포맷·형식이 다양하다.
- 4V : 위의 3V에 '가치(Value)' 또는 '정확성(Veracity)'을 더해 4V로 요약하기도 한다.
  - 가치(Value) : 빅데이터는 새로운 가치를 창출한다.
  - 정확성(Veracity) : 빅데이터는 데이터의 원천과 형태의 다양성에도 불구하고 신뢰성을 보장한다.
- 5V : 위의 3V에 '가치(Value)'와 '정확성(Veracity)'을 더해 5V로 요약하기도 한다.
- 6V : 5V에 '가변성(Variability)'을 더해 6V로 요약하기도 한다.
  - 가변성(Variability) : 빅데이터는 맥락에 따라 의미가 달라진다.

43
정답 ④

XR(eXtended Reality, 확장현실)은 VR, AR, MR 등을 아우르는 확장된 개념으로, 가상과 현실이 매우 밀접하게 연결되어 있고, 현실 공간에 배치된 가상의 물체를 손으로 만질 수 있는 등 극도의 몰입감을 느낄 수 있는 환경 혹은 그러한 기술을 뜻한다.

오답분석

① VR(Virtual Reality, 가상현실) : 어떤 특정한 상황·환경을 컴퓨터로 만들어 이용자가 실제 주변 상황·환경과 상호작용하고 있는 것처럼 느끼게 하는 인간과 컴퓨터 사이의 인터페이스이다. 즉, VR은 실존하지 않지만 컴퓨터 기술로 이용자의 시각·촉각·청각을 자극해 실제로 있는 것처럼 느끼게 하는 가상의 현실을 말한다.
② AR(Augmented Reality, 증강현실) : 머리에 착용하는 방식의 컴퓨터 디스플레이 장치는 인간이 보는 현실 환경에 컴퓨터 그래픽 등을 겹쳐 실시간으로 시각화함으로써 AR을 구현한다. AR이 실제의 이미지·배경에 3차원의 가상 이미지를 겹쳐서 하나의 영상으로 보여주는 것이라면 VR은 자신(객체)과 환경·배경 모두 허구의 이미지를 사용하는 것이다.
③ MR(Mixed Reality, 혼합현실) : VR과 AR이 전적으로 시각에 의존한다면, MR은 시각, 청각, 후각, 촉각 등 인간의 감각을 접목할 수 있다. VR과 AR의 장점을 융합함으로써 한 단계 더 진보한 기술로 평가받는다.
⑤ SR(Substitutional Reality, 대체현실) : SR은 VR, AR, MR과 달리 하드웨어가 필요 없으며, 스마트 기기에 광범위하고 자유롭게 적용될 수 있다. SR은 가상현실과 인지 뇌과학이 융합된 한 단계 업그레이드된 기술이라는 점에서 VR의 연장선상에 있는 기술로 볼 수 있다.

44

정답 ④

오픈뱅킹은 하나의 애플리케이션만으로 여러 은행의 계좌를 관리할 수 있도록 제공하는 서비스이다.

오답분석

① 섭테크 : 금융감독(Supervision)과 기술(Technology)의 합성어로, 최신기술을 활용하여 금융감독 업무를 효율적으로 수행하기 위한 기법이다.
② 레그테크 : 레귤레이션(Regulation)과 기술(Technology)의 합성어로, 최신기술을 활용하여 기업들이 금융규제를 쉽고 효율적으로 수행하기 위한 기법이다.
③ 뱅크런 : 경제상황 악화로 금융시장에 위기감이 조성되면서 은행의 예금 지급 불능 상태를 우려한 고객들이 대규모로 예금을 인출하는 사태를 말한다.
⑤ 테크핀 : 중국 알리바바의 마윈 회장이 고안한 개념으로 IT 기술을 기반으로 새로운 금융 서비스를 제공하는 것을 일컫는다. 금융사가 IT 서비스를 제공하는 핀테크와는 차이가 있다.

45

정답 ①

랜섬웨어는 가장 대표적인 정보 침해 사례 중 하나이다. 몸값을 뜻하는 랜섬(Ransom)과 소프트웨어(Software)가 합쳐진 말로 시스템을 잠그거나 데이터를 암호화하여 사용할 수 없도록 만든 후, 이를 인질로 금전을 요구하는 악성 프로그램을 말한다. 따라서 주기적인 백신 업데이트 및 최신 버전의 윈도우와 보안패치를 설치하는 것이 예방에 도움이 된다.

46

정답 ④

키오스크(Kiosk)는 터치스크린과 사운드, 그래픽, 통신 카드 등 첨단 멀티미디어 기기를 활용하여 음성서비스, 동영상 구현 등 이용자에게 효율적인 정보를 제공하는 무인 종합정보안내시스템으로, 이를 활용한 마케팅을 지칭하기도 한다.

47

정답 ②

딥페이크(Deepfake)는 'Deep Learning'과 'Fake'의 합성어로, 인공지능 기술인 딥러닝의 적대관계생성신경망(GAN)을 기반으로 한 이미지 합성 기술을 말한다. 사람의 얼굴, 목소리, 행동 등을 실제처럼 보이도록 만든 합성 콘텐츠 자체를 의미하기도 한다. 최근 딥페이크를 악용한 범죄로 인해 피해자들이 생겨나면서 사회적인 문제가 되고 있다.

오답분석

① GIS : 지리정보를 디지털화시켜 분석과 가공을 할 수 있는 기술이다.
③ 혼합현실 : 증강현실(AR)과 가상현실(VR)의 장점을 이용한 기술로, 현실세계와 가상의 정보를 결합한 것이다.
④ 메타버스 : 3차원에서 실제 생활과 법적으로 인정되는 활동인 직업, 금융, 학습 등이 연결된 가상세계를 의미한다.
⑤ 디지털트윈 : 현실세계의 사물 등을 가상세계에 구현한 기술이다.

48

정답 ⑤

스마트 그리드(Smart Grid)란 기존의 전력망에 IT, 통신 네트워크를 결합한 차세대 에너지 신기술이다. 전기자동차에 전기를 충전하는 기본 인프라로 태양광・풍력 등 신재생에너지를 안정적으로 이용할 수 있도록 한다.

49

정답 ②

FIDO(Fast IDentity Online)는 빠른 온라인 인증을 뜻하며, 지문 등의 생체인식을 통해 기존의 ID와 비밀번호를 입력하지 않아도 인증을 할 수 있는 기술이다.

오답분석

① RPA(Robotic Process Automation) : 로봇 프로세스 자동화로 업무에서 반복적으로 하는 것을 로봇 소프트웨어를 활용하여 자동화하는 기술이다.
③ 오픈API(OPEN Application Programming Interface) : 인터넷을 사용하는 자가 직접 응용 프로그램, 서비스 등을 개발할 수 있도록 공개되어 있는 API이다.
④ Mashup : 웹서비스 업체가 다양한 콘텐츠를 조합하여 새로운 서비스를 만드는 것이다.
⑤ OCR(Optical Character Reader) : 광학식 문자 판독장치로 빛을 이용해 종이 등에 인쇄되거나 사람이 손으로 쓴 문자, 기호 등을 읽을 수 있는 기술이다.

50

정답 ①

데이터 과학(Data Science)은 정형화 또는 비정형화된 다양한 데이터를 수집하여, 이를 분석하고 처리해 의미 있는 결과를 도출해 내는 이론과 기술을 통칭하는 학문이다.

오답분석

② 데이터 마이닝(Data Mining) : 미래의 의사결정에서 최선의 결정을 할 수 있도록 많은 양의 데이터 속에서 데이터 사이의 연관성을 찾아내는 기술을 말한다.
③ 데이터 랭글링(Data Wrangling) : 데이터의 분석시간을 감축시키기 위해 어떠한 처리도 되지 않은 미가공 데이터를 일정한 요건에 맞춰 변환시키는 기술을 말한다.
④ 기계 학습(Machine Learning) : 인간이 학습하는 방식과 같이 컴퓨터도 학습할 수 있도록 하는 기술을 말한다.
⑤ 빅데이터(Big Data) : 짧은 주기 속에 막대한 양이 생성되며, 그 형태도 다양한 데이터 자체를 말한다.

51

정답 ②

제시문은 가격을 결정하는 요인과 이를 통해 일반적으로 할 수 있는 예상을 언급하고 있다. 또한 현실적인 여러 요인으로 인해 '거품 현상'이 나타나기도 하며, 거품 현상이란 구체적으로 무엇인지를 설명하는 글이다. 따라서 (가) 수요와 공급에 의해 결정되는 가격 – (마) 상품의 가격에 대한 일반적인 예상 – (다) 현실적인 가격 결정 요인 – (나) 이로 인해 예상치 못하게 나타나는 거품 현상 – (라) 거품 현상에 대한 구체적인 설명 순으로 나열하는 것이 적절하다.

52

정답 ②

제시문은 최대수요입지론에 의해 업체가 입지를 선택하는 방법을 설명하는 글로, 최초로 입지를 선택하는 업체와 그다음으로 입지를 선택하는 업체가 입지를 선정하는 기준과 변인이 생기는 경우 두 업체의 입지를 선정하는 기준을 설명하고 있다. 따라서 (나) 최대수요입지론에서 입지를 선정할 때 고려하는 요인 – (가) 최초로 입지를 선정하는 업체의 입지 선정법 – (다) 다음으로 입지를 선정하는 업체의 입지 선정법 – (라) 다른 변인이 생기는 경우 두 경쟁자의 입지 선정법 순으로 나열하는 것이 적절하다.

53

정답 ②

제시문은 조각보가 무엇인지 설명하며, 이를 클레와 몬드리안의 작품을 비교하는 것은 잘못되었다고 하고, 조각보의 독특한 예술성에 대해 설명하는 글이다. 따라서 (나) 조각보의 정의, 클레와 몬드리안의 비교가 잘못된 이유 – (가) 조각보는 클레와 몬드리안보다 100여 년 이상 앞서 제작된 작품이며 독특한 예술성을 지니고 있음 – (다) 조각보가 아름답게 느껴지는 이유는 일상 속에서 삶과 예술을 함께 담았기 때문임 순으로 나열하는 것이 적절하다.

54

정답 ⑤

제시문은 사회 윤리의 중요성과 특징, 향후 발전 방법에 대하여 설명하는 글이다. 따라서 (가) 현대 사회에서 대두되는 사회 윤리의 중요성 – (다) 개인의 윤리와 다른 사회 윤리의 특징 – (마) 개인 윤리와 사회 윤리의 차이점 – (라) 개인과 사회의 차이와 특성 – (나) 현대 사회의 특성에 맞는 사회 윤리의 정의 순으로 나열하는 것이 적절하다.

55

정답 ②

제시문은 민주주의의 특성과 과거 전제주의와의 차이점, 입헌군주제와 전제주의의 차이점, 입헌군주제의 특성과 입헌군주제를 폐기하려는 움직임에 대하여 차례대로 설명하고 있다. 제시된 문단의 마지막에서 민주주의에 대해 '여태까지 성립된 정치체제 중에서 가장 나은 체제라는 평가를 받고 있다.'고 하였으므로 민주주의에 대하여 설명하고 있는 (가)가 이어지는 것이 적절하다. 따라서 (가) 민주주의의 특성과 전제주의와의 차이점 – (라) 민주주의의 탄생국이면서 동시에 입헌군주제인 영국 – (나) 입헌군주제 국왕의 특징 – (다) 입헌군주제를 폐기하려는 영국 내 공화파 순으로 나열하는 것이 적절하다.

56

정답 ④

제시문은 '원님재판'이라 불리는 죄형전단주의의 정의와 한계, 그와 대립되는 죄형법정주의의 정의와 탄생 그리고 파생원칙에 대하여 설명하고 있다. 제시된 문단에서는 '원님재판'이라는 용어의 원류에 대해 설명하고 있으므로 이어지는 문단으로는 원님재판의 한계에 대해 설명하고 있는 (다)가 오는 것이 적절하다. 따라서 (다) 원님재판의 한계와 죄형법정주의 – (가) 죄형법정주의의 정의 – (라) 죄형법정주의의 탄생 – (나) 죄형법정주의의 정립에 따른 파생원칙의 등장 순으로 나열하는 것이 적절하다.

57

정답 ④

제시문에 따르면 신약 개발의 전문가가 되기 위해서는 해당 분야에서 오랫동안 연구한 경험이 필요하므로 석사나 박사 학위를 취득하는 것이 유리하다고 하였다. 그러나 석사나 박사 학위가 신약 개발 전문가가 되는 데 도움을 준다는 것일 뿐이므로 반드시 필요한 필수 조건인지는 알 수 없다. 따라서 ④는 제시문을 통해 추론할 수 없다.

오답분석

① 제약 연구원은 약을 만드는 모든 단계에 참여한다고 하였으므로 일반적으로 약을 만드는 과정에 포함되는 약품 허가 요청 단계에도 제약 연구원이 참여하는 것을 알 수 있다.
② 오늘날 제약 분야가 성장함에 따라 도전 의식, 호기심, 탐구심 등도 제약 연구원에게 필요한 능력이 되었다고 하였으므로 과거에 비해 요구되는 능력이 많아졌음을 알 수 있다.
③ 약학 전공자 이외에도 생명 공학・화학 공학・유전 공학 전공자들도 제약 연구원으로 활발하게 참여하고 있다고 하였다.
⑤ 일반적으로 제약 연구원이 되기 위해서는 약학을 전공해야 한다고 생각하기 쉽다고 하였으므로 제약 연구원에 대한 정보가 부족한 사람이라면 약학을 전공해야만 제약 연구원이 될 수 있다고 생각할 수 있다.

58

정답 ②

제시문은 제4차 산업혁명으로 인한 노동 수요 감소로 인해 나타날 수 있는 문제점으로 대공황에 대한 위험을 설명하면서도, 긍정적인 시각으로 노동 수요 감소를 통해 인간적인 삶 향유가 이루어질 수 있다고 말한다. 따라서 제4차 산업혁명의 밝은 미래와 어두운 미래를 나타내는 ②가 제목으로 가장 적절하다.

59

정답 ①

빈칸 앞 내용은 왼손보다 오른손을 선호하는 이유에 대한 가설을 제시하고, 이러한 가설이 근본적인 설명을 하지 못한다고 말한다. 그러면서 빈칸 뒷부분에서 글쓴이는 왼손이 아닌 '오른손만을 선호'하는 이유에 대한 자신의 생각을 드러내고 있다. 즉, 앞의 가설대로 단순한 기능 분담이라면 먹는 일에 왼손을 사용하는 사회도 존재해야 하는데, 그렇지 않기 때문에 반박하고 있음을 추론해 볼 수 있으므로 빈칸에는 사람들이 오른손만 선호하고 왼손을 선호하지 않는다는 주장이 나타나야 한다. 따라서 빈칸에 들어갈 내용으로는 ①이 가장 적절하다.

60

정답 ④

제시문에 따르면 최근 수면장애 환자의 급격한 증가를 통해 한국인의 수면의 질이 낮아지고 있음을 알 수 있다. 현재 한국인의 짧은 수면시간도 문제지만, 수면의 질 저하도 심각한 문제가 되고 있다.

오답분석

① 다른 국가에 비해 근무 시간이 많아 수면시간이 짧은 것일 뿐, 수면시간이 근무 시간보다 짧은지는 알 수 없다.
② 40·50대 중·장년층 수면장애 환자는 전체의 36.6%로 가장 큰 비중을 차지한다.
③ 수면장애 환자는 여성이 42만 7,000명으로 29만 1,000명의 남성보다 1.5배 정도 더 많다.
⑤ 폐경기 여성의 경우 여성호르몬인 에스트로겐이 줄어들면서 아세틸콜린 신경전달 물질의 분비가 저하됨에 따라 여러 형태의 불면증이 동반된다. 즉, 에스트로겐의 증가가 아닌 감소가 불면증에 영향을 미친다.

61

정답 ②

영희가 집에서 할머니를 기다린 10분을 제외하면, 학교에서 병원까지 총 이동시간은 1시간 40분이다.

1시간 40분은 $1+\frac{40}{60}=1+\frac{2}{3}=\frac{5}{3}$ 시간이고, 집과 병원 사이의 거리를 $x$km라고 하면 다음 식이 성립한다.

$\frac{2x}{4}+\frac{x}{3}=\frac{5}{3}$

$\rightarrow \frac{5}{6}x=\frac{5}{3}$

$\therefore x=2$

따라서 병원에서 집까지의 거리는 2km이다.

62

정답 ④

- 비가 왔을 때 책을 살 확률 : $\frac{1}{5}\times\frac{1}{3}=\frac{1}{15}$
- 비가 오지 않았을 때 책을 살 확률 : $\left(1-\frac{1}{5}\right)\times\frac{2}{7}=\frac{8}{35}$

따라서 손님이 들어왔다가 책을 살 확률은 $\frac{1}{15}+\frac{8}{35}=\frac{31}{105}$이다.

63

정답 ③

농도 4%의 소금물의 양을 xg이라고 하면, 농도 10%의 소금물의 양은 $(600-x)$g이므로 다음 식이 성립한다.

$\frac{4}{100}x+\frac{10}{100}(600-x)=\frac{8}{100}\times 600$

$\rightarrow 4x+10(600-x)=4,800$

$\rightarrow 6x=1,200$

$\therefore x=200$

따라서 처음 컵에 들어있던 농도 4%의 소금물의 양은 200g이다.

64

정답 ①

A회사는 10분에 5개의 인형을 만드므로 1시간에 30개의 인형을 만든다. 그러므로 40시간에 인형은 1,200개를 만들고, 인형 뽑는 기계는 40대를 만든다. 기계 하나당 적어도 40개의 인형이 들어가야 하므로 최대 30대의 인형이 들어있는 인형 뽑는 기계를 만들 수 있다.

65

정답 ⑤

- 남학생 5명 중 2명을 선택하는 경우의 수 : ${}_5C_2=10$가지
- 여학생 3명 중 2명을 선택하는 경우의 수 : ${}_3C_2=3$가지
- 이 4명을 한 줄로 세우는 경우의 수 : 4!

${}_5C_2\times{}_3C_2\times 4!=10\times 3\times 24=720$

따라서 구하고자 하는 경우의 수는 720가지이다.

66

정답 ④

제시된 이등변삼각형의 꼭지각에서 마주보는 변을 향해 수선의 발을 내렸을 때 밑변은 수직이등분된다. 그러므로 다음과 같이 빗변의 길이가 b인 직각삼각형을 그릴 수 있다.

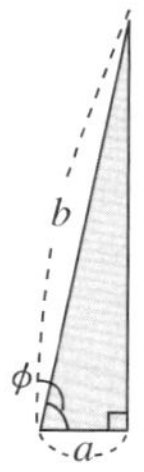

$\cos\phi=\frac{a}{b}$이므로 $b=\frac{a}{\cos\phi}$이다.

이등변삼각형은 두 빗변의 길이가 같고, 밑변은 수직이등분되었으므로 이등변삼각형의 둘레는 a와 b를 더한 값의 2배이다.

따라서 제시된 이등변삼각형의 둘레는

$2\times(a+b)=2\times\left(a+\frac{a}{\cos\phi}\right)=2a\left(1+\frac{1}{\cos\phi}\right)$이다.

67

정답 ③

문제에 제시된 조건들로 방정식을 세우면 다음과 같다.

$a+b+c=18$ ⋯ ㉠

$a=2\times(b+c)$ ⋯ ㉡

$c=3b$ ⋯ ㉢

㉢을 ㉡에 대입하여 a를 b로 나타내면

$a=2\times(b+c) \rightarrow a=2\times(b+3b) \rightarrow a=2\times 4b \rightarrow a=8b$

㉠를 b에 관한 식으로 정리하면

$a+b+c=18 \rightarrow 8b+b+3b=18 \rightarrow 12b=18 \rightarrow b=\frac{18}{12}=\frac{3}{2}$

따라서 $a=8b=8\times\frac{3}{2}=12$, $c=3b=3\times\frac{3}{2}=\frac{9}{2}$이므로 세 유리수 중 가장 큰 수는 $a=12$이다.

68

정답 ②

• 2023년 대구 지역의 인구 : 982천 명
• 2024년 대구 지역의 인구 : 994천 명

따라서 전년 대비 2024년 대구 지역의 인구 증가율은 $\frac{994-982}{982}\times100 ≒ 1.2\%$이다.

69

정답 ②

ㄴ. 전년 대비 2023년 대형 자동차 판매량의 감소율은 $\frac{150-200}{200}\times100=-25\%$로 판매량은 전년 대비 30% 미만으로 감소하였다.
ㄷ. 2022 ~ 2024년 동안 SUV 자동차의 총판매량은 300+400+200=900천 대이고, 대형 자동차의 총판매량은 200+150+100=450천 대이다. 따라서 2022 ~ 2024년 동안 SUV 자동차의 총판매량은 대형 자동차 총판매량의 $\frac{900}{450}=2$배이다.

오답분석

ㄱ. 2022 ~ 2024년 동안 판매량이 지속적으로 감소하는 차종은 '대형' 1종류이다.
ㄹ. 2023년 대비 2024년에 판매량이 증가한 차종은 '준중형'과 '중형'이다. 증가율을 비교하면 준중형은 $\frac{180-150}{150}\times100=20\%$, 중형은 $\frac{250-200}{200}\times100=25\%$로 중형 자동차가 더 높은 증가율을 나타낸다.

70

정답 ④

특수학교뿐 아니라 초등학교와 고등학교도 정규직 영양사보다 비정규직 영양사가 더 적다.

오답분석

① 급식인력은 4개의 학교 중 초등학교가 34,184명으로 가장 많다.
② 초등학교, 중학교, 고등학교의 영양사와 조리사는 천 단위의 수인 데 반해 조리보조원은 만 단위이고 특수학교도 조리보조원이 211명으로 가장 많으므로, 조리보조원이 차지하는 비율이 가장 높다는 것을 알 수 있다.
③ 중학교 정규직 영양사는 626명이고 고등학교 비정규직 영양사는 603명이므로, 중학교 정규직 영양사가 고등학교 비정규직 영양사보다 626−603=23명 더 많다.
⑤ 영양사 정규직 비율은 중학교가 $\frac{626}{1,427}\times100 ≒ 43.87\%$, 특수학교가 $\frac{107}{113}\times100 ≒ 94.69\%$로, 특수학교가 중학교보다 2배 이상 높다.

71

정답 ④

제시된 명제를 정리하면 다음과 같다.

• 테니스 ○ → 가족 여행 ×
• 가족 여행 ○ → 독서 ○
• 독서 ○ → 쇼핑 ×
• 쇼핑 ○ → 그림 그리기 ○
• 그림 그리기 ○ → 테니스 ○

따라서 '쇼핑 ○ → 그림 그리기 ○ → 테니스 ○ → 가족 여행 ×'이므로 ④는 반드시 참이다.

72

정답 ④

제시된 명제를 정리하면 다음과 같다.
'도보 이용'을 p, '자가용 이용'을 q, '자전거 이용'을 r, '버스 이용'을 s라고 할 때, $p \rightarrow \sim q$, $r \rightarrow q$, $\sim r \rightarrow s$이며, 두 번째 명제의 대우인 $\sim q \rightarrow \sim r$이 성립함에 따라 $p \rightarrow \sim q \rightarrow \sim r \rightarrow s$가 성립한다. 따라서 명제 '도보로 걷는 사람은 버스를 탄다.'는 반드시 참이 된다.

73

정답 ③

a를 'A가 외근을 나감', b를 'B가 외근을 나감', c를 'C가 외근을 나감', d를 'D가 외근을 나감', e를 'E가 외근을 나감'이라고 할 때, 네 번째 명제와 다섯 번째 명제의 대우인 $b \rightarrow c$, $c \rightarrow d$에 따라 $a \rightarrow b \rightarrow c \rightarrow d \rightarrow e$가 성립한다. 따라서 'A가 외근을 나가면 E도 외근을 나간다.'는 항상 참이 된다.

74

정답 ⑤

다섯 번째 조건에 의해 나타날 수 있는 경우는 다음과 같다.

구분	1순위	2순위	3순위
경우 1	A	B	C
경우 2	B	A	C
경우 3	A	C	B
경우 4	B	C	A

• 두 번째 명제 : (경우 1)+(경우 3)=11
• 세 번째 명제 : (경우 1)+(경우 2)+(경우 4)=14
• 네 번째 명제 : (경우 4)=6

따라서 C에 3순위를 부여한 사람의 수는 경우 1과 경우 2를 더한 값을 구하면 되므로, 14−6=8명이다.

75

정답 ⑤

돼지 인형과 토끼 인형의 크기를 비교할 수 없으므로 크기가 큰 순서대로 나열하면 '돼지 – 토끼 – 곰 – 기린 – 공룡' 또는 '토끼 – 돼지 – 곰 – 기린 – 공룡'이 된다. 이때 가장 큰 크기의 인형을 정확히 알 수 없으므로 진영이가 좋아하는 인형 역시 알 수 없다.

76

정답 ④

D는 102동 또는 104동에 살며, A와 B가 서로 인접한 동에 살고 있으므로 E는 101동 또는 105동에 산다. 이를 통해 101동부터 (A, B, C, D, E), (B, A, C, D, E), (E, D, C, A, B), (E, D, C, B, A)의 네 가지 경우를 추론할 수 있다. 따라서 'A가 102동에 산다면 E는 105동에 산다.'는 반드시 참이 된다.

77

정답 ⑤

8인이 앉을 수 있는 원탁의 각 자리에 임의로 다음 그림과 같이 번호를 붙여보자.

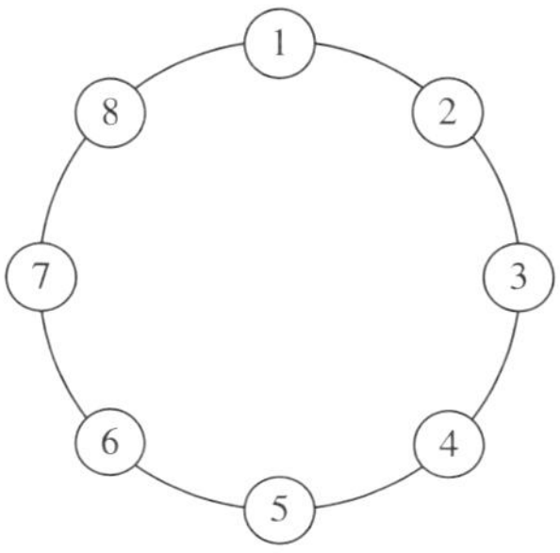

원탁은 회전하여도 배치가 바뀌지 않으므로, 1에 B대리가 앉는다고 가정하면, 두 번째 조건에 따라 5번과 8번에는 대리가 앉을 수 없고, 세 번째 조건에 따라 2번에는 D과장이 앉게 된다. 네 번째 조건에 따라 F팀장은 대리 직급과 마주 보고 앉아야 하나, 5번과 8번에는 대리 직급이 앉을 수 없으므로 맞은 편 자리인 4번에 앉지 못한다. 또한 6번은 대리 직급이 아닌 D과장과 마주보고 있으므로 앉을 수 없으며, 다섯 번째 조건에 따라 3번에도 앉을 수 없으므로 F팀장은 남은 7번 자리에 앉는다. 네 번째 조건에 따라 3번에는 무조건 대리가 앉게 되므로, 3번과 6번에는 A대리 또는 C대리가 앉아야 하므로 마지막 조건에 따라 8번은 E과장이 앉는다. 마지막으로 여섯 번째 조건에 따라, A대리는 왼쪽 자리가 비어있는 3번에 앉고, G팀장은 그 왼쪽인 4번에 앉게 된다. 그러면 H부장은 남은 자리인 5번에 앉으므로 H부장의 오른쪽에 앉은 사람은 G팀장이다.

78

정답 ①

제시된 조건에 따라 직원 A ~ H가 앉을 수 있는 경우는 'A – B – D – E – C – F – H – G'이다. 여기서 D와 E의 자리를 서로 바꿔도 모든 조건이 성립하고, 'A – G – H'와 'D – E – C'의 자리를 바꿔도 모든 조건이 성립한다. 따라서 총 경우의 수는 2×2=4가지이다.

79

정답 ④

우선 지원자 4의 진술이 거짓이면 지원자 5의 진술도 거짓이고, 지원자 4의 진술이 참이면 지원자 5의 진술도 참이다.
즉, 1명의 진술만 거짓이므로 지원자 4, 5의 진술은 참이다. 이에 따라 나머지 지원자들의 진술을 확인해 보면 다음과 같다.

- 지원자 1의 진술이 거짓인 경우
  지원자 3은 A부서에 선발이 되었고, 지원자 2는 B 또는 C부서에 선발되었다. 이때, 지원자 3의 진술에 따라 지원자 4가 B부서, 지원자 2가 C부서에 선발되었다.
  ∴ A부서 : 지원자 3, B부서 : 지원자 4, C부서 : 지원자 2, D부서 : 지원자 5
- 지원자 2의 진술이 거짓인 경우
  지원자 2는 A부서에 선발이 되었고, 지원자 3은 B 또는 C부서에 선발되었다. 이때, 지원자 3의 진술에 따라 지원자 4가 B부서, 지원자 3이 C부서에 선발되었다.
  ∴ A부서 : 지원자 2, B부서 : 지원자 4, C부서 : 지원자 3, D부서 : 지원자 5
- 지원자 3의 진술이 거짓인 경우
  지원자 4는 C부서에 선발이 되었고, 지원자 2는 A부서, 지원자 3은 D부서에 선발되는데, 이때 지원자 4의 진술과 모순이 발생하므로 지원자 3의 진술은 거짓이 아니다.

따라서 지원자 1과 지원자 2 중 1명의 진술이 거짓이며, 항상 참인 것은 ④이다.

80

정답 ④

다섯 번째 정보에 따르면 E대리는 참석한다.
네 번째 정보의 대우는 'E대리가 참석하면 D대리는 참석하지 않는다' 이므로 D대리는 참석하지 않는다.
첫 번째 정보에 따라 D대리가 참석하지 않으므로 C주임이 참석한다.
세 번째 정보에 따라 C주임이 참석하면 A사원도 참석한다.
두 번째 정보는 나머지 정보들과 논리적 동치 관계가 없으므로 판단의 근거로 활용할 수 없다.
그러므로 반드시 참석하는 직원은 A사원, C주임, E대리이며, 반드시 참석하지 않는 직원은 D대리이다. B사원과 F과장의 참석 여부는 분명하지 않다. 따라서 최대 인원이 참석하는 경우는 B사원과 F과장이 참석한다고 가정하여 A사원, B사원, C주임, E대리, F과장 5명이 참석하는 경우이다.

BNK경남은행 필기시험

제2회 모의고사 정답 및 해설

01	02	03	04	05	06	07	08	09	10
①	⑤	④	①	③	④	②	④	②	⑤
11	12	13	14	15	16	17	18	19	20
④	④	②	④	②	①	①	①	④	①
21	22	23	24	25	26	27	28	29	30
③	①	①	④	④	③	②	⑤	③	④
31	32	33	34	35	36	37	38	39	40
③	①	③	⑤	①	②	④	①	④	②
41	42	43	44	45	46	47	48	49	50
②	④	②	①	③	④	④	③	②	⑤
51	52	53	54	55	56	57	58	59	60
③	③	④	③	④	③	④	⑤	④	③
61	62	63	64	65	66	67	68	69	70
①	②	①	②	⑤	③	④	④	③	④
71	72	73	74	75	76	77	78	79	80
⑤	②	②	②	③	②	①	②	③	⑤

01 정답 ①

은행법 제6조에 따라 보험사업자는 은행으로 보지 아니한다.

오답분석

② 법인이 아니면 은행업을 경영할 수 없다(은행법 제4조).
③ 은행은 금융위원회의 인가를 받아 은행업을 경영할 때, 은행법 제8조(은행업의 인가) 제2항 제1호에 따른 자본금(1천억 원 이상, 지방은행의 경우 250억 원 이상)을 유지하여야 한다(은행법 제9조).
④ 은행업을 경영하려는 자는 금융위원회의 인가를 받아야 한다(은행법 제8조 제1항).
⑤ 보험사업자와 상호저축은행업무 또는 신탁업무만을 경영하는 회사는 은행으로 보지 아니한다(은행법 제6조).

02 정답 ⑤

지방은행의 경우 동일인이 발행주식 총수의 100분의 15(15%)를 초과하여 주식을 보유하는 경우 대주주로 인정된다(은행법 제2조 제1항 제10호 가목).

정의(은행법 제2조 제1항 제10호)

"대주주(大株主)"란 다음 각 목의 어느 하나에 해당하는 자를 말한다.

가. 은행의 주주 1인을 포함한 동일인이 은행의 의결권 있는 발행주식 총수의 100분의 10[전국을 영업구역으로 하지 아니하는 은행(지방은행)의 경우에는 100분의 15]을 초과하여 주식을 보유하는 경우의 그 주주 1인
나. 은행의 주주 1인을 포함한 동일인이 은행(지방은행은 제외)의 의결권 있는 발행주식 총수(의결권을 행사할 수 없는 주식은 제외)의 100분의 4를 초과하여 주식을 보유하는 경우로서 그 동일인이 최대주주이거나 대통령령으로 정하는 바에 따라 임원을 임면(任免)하는 등의 방법으로 그 은행의 주요 경영사항에 대하여 사실상 영향력을 행사하고 있는 자인 경우의 그 주주 1인

03 정답 ④

ㄴ. 장외시장은 거래소를 통하지 않고 시장 참가자들이 직접 거래하는 시장을, 장내시장은 한국거래소처럼 가격 이외의 모든 거래 요소가 표준화된 시장을 말한다. 보험회사의 파생상품은 장내시장 거래보다는 장외시장 거래 비율이 높다.
ㄷ. 보험회사가 파생상품을 거래하는 주된 목적은 금리, 환율, 주가 등의 시장위험을 회피하는 데 있다. 따라서 금융시장의 불확실성이 확대될수록 보험회사가 위험을 관리하기 위해 파생상품 거래량이 증가할 수 있다.

오답분석

ㄱ. 파생상품은 주식・채권 등의 전통적인 금융상품을 기초자산으로 하여 이러한 기초자산의 가치 변동에 따라 가치(가격)가 결정되는 금융상품으로서, 그 가치가 기초자산의 가치 변동으로부터 파생되어 결정되기 때문에 '파생(Derivatives)'이라는 명칭이 붙었다.
ㄹ. 통화스왑은 환위험・금리위험을 관리할 수 있는 1년 이상의 통화계약을 말한다. 통화선도는 원금 교환 없이 환율을 사전에 고정시킴으로써 환위험 관리에 유용한 1년 미만의 장외계약을 가리킨다. 또한 금리스왑은 은행이 발행한 CD(양도성예금증서)를 기초자산으로 하여 고정금리와 시장금리를 교환하는 장외계약을 뜻한다. 한편, 보험회사의 장내파생상품 거래에는 국채를 기초자산으로 하는 금리선물, 주가지수를 기초자산으로 하는 주식선물, 외국통화를 기초자산으로 하는 통화선물 등이 있다.

04

정답 ①

블록딜은 주식을 대량으로 보유한 매도자가 대량으로 구매할 매수자에게 장외 시간에 그 주식을 넘기는 거래를 말한다.

05

정답 ③

양적완화는 기준금리가 너무 낮아서 금리 인하로 인한 효과가 더 이상 없다고 판단될 때, 중앙은행이 시중에 돈을 풀어서 시장에 유동성을 공급하는 정책이다. 한 나라의 양적완화는 다른 나라에도 영향을 미칠 수 있다.

오답분석

① 출구전략 : 경기침체기에 취했던 완화정책을 서서히 거두어들이는 전략이다.
② 테이퍼링(Tapering) : '점점 가늘어지다.'라는 뜻의 Taper에서 유래되었으며, 양적완화 정책을 축소시켜 나가는 일종의 출구전략이다.
④ 오퍼레이션 트위스트 : 장기국채는 사들이고, 단기국채는 파는 방식으로 금리를 조절하는 공개시장조작방식이다.
⑤ 부동자금 : 투기적 이익을 얻기 위해 시장에 유동하고 있는 대기성 자금으로 현금통화, 요구불예금, 저축성예금, 머니마켓펀드, 종합자산관리계좌 등으로 구성되어 있다.

06

정답 ④

환매조건부채권에는 은행이나 증권회사 등의 금융기관이 수신 금융상품의 하나로 고객에게 직접 판매하는 상품도 있다.

07

정답 ②

배드뱅크(Bad Bank)는 금융기관의 방만한 운영으로 발생한 부실자산이나 채권만을 사들여 별도로 관리하면서 전문적으로 처리하는 구조조정 전문기관이다.

08

정답 ④

오답분석

① CD 금리 : CD(양도성예금증서)가 발행되어 유통시장에서 거래될 때 적용되는 금리로, 코픽스 금리와 함께 은행들이 대출금리를 결정하는 기준금리이다.
② 콜 금리 : 금융기관 사이의 단기자금 과부족을 조정해 주는 콜시장에서 형성되는 금리를 말한다.
③ 쿠폰 금리 : 채권에서 지급하기로 약정된 금리로 고정금리와 변동금리가 있다. 지급되는 금리는 채권과 별도증서인 쿠폰(이자표)에 표시되어 쿠폰 금리라 불린다.
⑤ COFIX 금리 : 우리나라의 8개 시중은행들이 자금을 조달받는 여러 수신상품에 대해서 각각의 수신상품에 대한 자금조달비용을 가중평균한 값이다.

09

정답 ②

채권시장안정펀드는 채권시장의 경색으로 자금난을 겪는 기업에 유동성을 지원하고, 국고채와 회사채의 과도한 스프레드(금리) 차이를 해소하기 위해 조성하는 펀드이다. 2020년 코로나19 사태로 금융시장의 불안감이 확대됨에 따라 정부는 채권시장안정펀드를 조성하였다.

오답분석

① 통화채권펀드 : 증권회사가 통화안정증권 또는 보유회사채를 투자신탁회사에 맡기고, 투자신탁회사에서 발행하는 수익증권을 인수하여 이를 투자자에게 판매하는 형태의 펀드이다.
③ 모태펀드 : 개별 기업에 직접 투자하는 대신 펀드(투자조합)에 출자하여 간접적으로 투자하는 방식의 펀드로, 국내에서는 정부가 중소・벤처기업을 육성하기 위해 벤처캐피털에 출자하는 방식의 펀드를 말한다.
④ IP펀드 : NPE(특허 괴물)로부터 기업을 보호하는 동시에 기업 특허를 투자대상으로 삼아 수익을 창출하는 펀드이다.
⑤ SOC펀드 : 기관이나 개인투자자로부터 모은 돈으로 도로, 항만, 터널 등의 국가 기간시설을 건설한 뒤, 도로통행료와 항만 사용료 등의 수입을 투자자들에게 배당하는 펀드이다.

10

정답 ⑤

소수의 부유층에 과도한 세금을 물어 저소득층 복지재원에 활용하는 것은 세금을 내는 사람과 혜택을 받는 사람이 지나치게 괴리되어 있으므로, 각 납세자가 공공서비스로부터 받은 편익에 비례하도록 조세부담을 분배하는 것이 공평하다고 보는 편익원칙이 훼손되었다.

오답분석

① 근거과세원칙 : 납세의무자가 세법에 의하여 장부를 비치・기장하고 있는 때에는 당해 국세의 과세표준의 조사와 결정은 그 비치・기장한 장부와 이에 관계되는 증빙자료에 의하여야 한다는 원칙이다.
② 능력원칙 : 납세자의 담세능력에 따라 부담이 분배되는 것이 공평하다고 보는 원칙이다.
③ 소급과세금지원칙 : 세법의 해석 또는 국세행정의 관행이 일반적으로 납세자에게 받아들여진 후에는 그 해석 또는 관행에 의한 행위 또는 계산은 정당한 것으로 보며, 새로운 해석 또는 관행에 의하여 소급하여 과세되지 아니한다는 원칙이다.
④ 신의성실원칙 : 납세자가 그 의무를 이행함에 있어서는 신의에 쫓아 성실히 하여야 하며, 세무공무원이 그 직무를 수행함에 있어서도 또한 같다는 원칙이다.

11

정답 ④

제시된 설명은 선물환거래의 특징이다.

통화선물거래

선물거래소를 통해 달러, 엔 등 특정 통화를 장래 일정 시점에 미리 정해진 환율로 매매하거나 매도하는 것을 약속하는 거래를 말한다. 통화선물거래는 환율변동을 헤지하기 위해 현 시점에서 매매계약을 체결하고 장래의 일정 시점에서 거래가 이행된다는 점에서는 선물환계약과 유사하지만 계약조건이 표준화되어 있다는 점에서 차이가 있다. 또한 통화선물거래는 선물거래소가 중간에서 거래 증거금을 받기 때문에 결제불이행 위험이 없는 반면, 당사자끼리 직접 거래가 이루어지는 선물환거래는 결제 불이행 위험이 있다. 다만 선물환거래는 통화의 종류, 거래량, 환율 만기 등을 협의해서 자유롭게 정할 수 있는 장점이 있다.

12

정답 ④

부가가치세율을 인상하게 되면 실질소득이 줄어들어 소비가 감소하게 된다. 침체된 경기를 활성화시키기 위해서는 기준금리를 인하하거나 추가경정예산을 편성하여 적자재정을 확대시켜야 한다.

13

정답 ②

중앙은행이 기준금리를 인하하게 되면 시중은행들도 뒤따라 시중금리를 내리게 된다. 시중금리가 내려가면 저축이 감소하고 대출은 증가하기 때문에 통화량은 증가한다.

14

정답 ④

핫머니는 국제 금융 시장에서 유리한 금융 시장을 찾아 투기적으로 유동하는 단기 자금으로, 사회적, 정치적 이슈나 환율 변동, 국제정세의 급격한 변화에 맞춰 금리 차익을 노리며 이동하여 국가의 경제균형을 파괴하는 결과를 낳기도 한다. 핫머니는 장기간 이동이 아니라 국제금융시장에서의 단기적 이동을 말한다.

15

정답 ②

헤지펀드는 단기이익을 목적으로 국제시장에 투자하는 개인모집 투자신탁이다.

16

정답 ①

자산의 수익률 간에 완전 정의 상관관계가 존재할 경우에만 두 자산에 분산투자하여도 위험감소 효과가 없다.

17

정답 ①

투자목표를 설정할 때는 투자자의 성별이 아니라 투자자의 나이를 고려하여야 한다.

18

정답 ①

어음관리계좌는 고객이 맡긴 예금을 어음이나 채권에 투자하여 그 수익을 고객에게 돌려주는 실적배당 금융상품이다.

CMA

- 입출금이 자유롭다.
- 단기금융상품에 투자하여 운용되는 만큼 하루를 맡겨도 이자가 지급된다.
- 공과금자동납부, 급여이체, 인터넷뱅킹 등 은행업무가 가능하다.
- 상품에 따라 주식을 청약할 수 있는 자격도 주어진다.

19

정답 ④

금융투자상품은 현재 또는 장래의 특정 시점에 금전, 그 밖의 재산적 가치가 있는 것을 지급하기로 약속하는 상품으로 금전 등의 지급시점이 현재이면 증권, 지급시점이 장래의 특정 시점이면 파생상품으로 구분한다.

오답분석

①·③ 금융투자상품은 장래에 이익을 얻거나 손실을 회피할 수 있도록 해주는 금융상품이다.

② 금융투자상품 중 원금초과손실 가능성이 있으면 파생상품, 없으면 증권으로 구분된다.

⑤ 금융상품 중 원금손실 가능성이 있으면 금융투자상품, 없으면 비금융투자상품이다.

20

정답 ①

변동금리에 대한 설명이다. 연동금리란 시장 실세금리에 연동된 것으로, 매일 또는 매월 금리가 고시되고 이 금리를 일정 기간 확정·부여한다.

21

정답 ③

피셔 방정식에 따르면 명목금리(명목이자율)는 실질금리(실질이자율)와 예상물가상승률의 합으로 표현된다. 따라서 물가상승률을 매개로 명목금리와 실질금리는 상호 의존적인 관계를 가지며, 명목금리가 고정적이라고 가정할 때 물가가 상승하면 실질금리는 일시적으로 하락할 수 있다.

오답분석

ㄱ. 실물투자에 영향을 미치는 것은 명목금리보다 실질금리이다.

ㄷ. (실질금리)=(명목금리)−(예상물가상승률)

ㅁ. 총수요가 감소하여 물가와 명목금리가 하락하면 실질금리도 하락한다.

22

정답 ①

ㄱ. 보통수요함수는 가격 변화 시 발생하는 대체효과와 소득효과를 포함한 가격효과를 반영하는 반면, 보상수요함수는 가격효과 중 대체효과만 반영된다. 즉, 보통수요함수는 가격의 변화로 인한 수요 변화와 실질소득의 변화로 인한 수요 변화를 모두 반영하는 반면, 보상수요함수는 가격 변화에 따른 수요 변화만 반영하며 소득으로 인한 수요 변화는 제외된다.

ㄴ. 보통수요곡선은 가격 하락에 따른 수요량의 변동 폭이 보상수요곡선보다 더 크므로 소비자 잉여를 과장할 수 있다. 보상수요곡선이 보통수요곡선보다 더 비탄력적이 되어 소비자 잉여가 더 줄어드는 것은 보상수요곡선은 소득효과를 제거한 것이므로 소비자가 가격 변화에 대한 반응의 크기가 더 줄어드는 것으로 나타나기 때문이다.

오답분석

ㄷ. 보상수요함수의 기울기가 보통수요함수보다 가파른 것은 소득효과가 재화의 소비량을 확대하는 방향으로 작용하기 때문이며, 이는 해당 재화가 정상재임을 의미한다.

ㄹ. 소득효과가 없다면 보상수요함수와 보통수요함수는 같아지게 될 것이며, 소득효과가 음(−)의 방향으로 작용하는 열등재의 경우 보통수요함수의 기울기가 보상수요함수보다 더 가파르게 된다.

23

정답 ①

솔로우 모형은 규모에 대한 보수불변 생산함수를 가정하며, 시간이 흐름에 따라 노동량이 증가하며 기술이 진보하는 것을 고려한 성장모형이다. 솔로우 모형은 장기 균형상태에서 더 이상 성장이 발생하지 않으며, 자본의 한계생산체감에 의해 일정한 값을 갖게 되는 수렴현상이 발생한다고 설명한다.

24

정답 ④

역선택은 정보가 없는 쪽에서 볼 때 관찰할 수 없는 속성이 바람직하지 않게 작용하는 경향이다. 이 현상이 나타나는 전형적 시장이 중고차 시장이다. 중고차 판매자는 차량 결점을 잘 알지만 구매자는 잘 모르는 경우가 많기 때문이다. 구매자가 양질의 중고차 판매자와 거래하고 싶으나 정보 부족으로 불량한 판매자를 거래 상대방으로 선택(역선택)하는 경우가 생기는 것이다. 보험 가입도 가입자가 보험회사보다 더 많은 정보를 갖고 있기 때문에 보험회사로선 건강한 사람보다 그렇지 않은 사람과 거래하는 역선택이 발생하기 쉽다.

25

정답 ④

완전가격차별이란 각 단위의 재화에 대하여 소비자들이 지불할 용의가 있는 최대금액을 설정하는 것을 말한다. 따라서 1단위의 재화를 추가로 판매할 때 독점기업이 수취하는 가격이 소비자가 지불할 용의가 있는 가격과 일치하므로 소비자잉여가 전부 독점기업의 이윤으로 귀속되어 소비자잉여는 0이 된다. 하지만 이 경우 독점으로 인한 후생손실은 발생하지 않기 때문에 사회 전체의 총잉여는 완전경쟁일 때와 동일하다. 따라서 완전가격차별은 사회후생을 증가시킨다.

26

정답 ③

인플레이션이 발생하면 저축된 화폐의 실질적인 가치가 점차 감소하기 때문에 기회비용이 발생하게 된다.

오답분석

① 완만하고 예측이 가능한 인플레이션은 사람들이 생필품 등 물건의 가격이 상승하기 전에 사들이게 하므로 소비증대 효과가 일어날 수 있다.

② 인플레이션은 수입을 촉진시키고 수출을 저해하여 무역수지와 국제수지를 악화시킨다.

④ 다수의 근로자로부터 기업가에게로 소득을 재분배하는 효과를 가져와 부의 양극화를 심화시킨다.

⑤ 인플레이션을 통해 채무자가 빌린 금액의 액수는 고정된 데 비해 화폐의 가치는 점차 감소하므로 인플레이션은 채무자에게는 이익을, 채권자에게는 손해를 준다.

27

정답 ②

제시문에서 설명하는 제도는 리니언시이다. 우리나라는 1997년 담합 행위 방지 대책으로 가장 먼저 자진 신고하는 기업에 과징금을 면제하거나 감면해 주는 리니언시(Leniency) 제도를 도입하였다. 게임이론에 나오는 '죄수의 딜레마'를 현실 경제에 적용한 대표적인 사례이다.

28

정답 ⑤

도덕적 해이와 역선택은 모두 소비자와 공급자 간의 정보 차이에 의해 일어나는 현상으로, 도덕적 해이는 거래 이후에 발생하는 반면, 역선택은 거래가 이루어지기 전에 발생한다는 특징이 있다.

오답분석

① 도덕적 해이는 감추어진 행동이 문제가 되는 상황에서 정보를 가진 측이 정보를 가지지 못한 측의 이익에 반하는 행동을 취하는 경향을 말한다. 도덕적 해이는 대리인이 사용자를 위해 어떤 임무를 수행할 때 발생하는 문제로, 대리인의 부적절하거나 비도적인 행위에 따른 위험을 지칭한다.

② 도덕적 해이를 예방하기 위해 보험회사에서는 실손보험계약에 공제조항을 적용해 손실 일부를 계약자에게 부담시키거나, 위험관리가 잘 이루어지고 있는 위험집단에 할인을 적용하는 등의 방법을 실시한다.

③ 역선택은 자기에게 유리하게 하려고 상대편에게 불리한 것을 고르게 하는 행위를 뜻하며, 공급자와 수요자가 갖고 있는 정보가 각각 다르다는 비대칭성 때문에 발생한다.

④ 보험 부문에서 역선택은 자신의 직업이 위험직업군에 속하는 사람, 건강에 자신이 없는 사람 등의 리스크가 높은 계약자가 보험금을 노리고 고의적으로 보험상품에 가입하는 것을 뜻한다. 위험도가 낮은 보험가입자는 보험시장에서 사라지고 사고율이 높은 보험가입자만 보험시장에 남게 되며, 결과적으로 보

험회사는 보험금을 지급할 확률이 높은 사람들과 계약하는 경우가 많아져 손실을 입게 된다.

정보의 비대칭성
거래의 당사자 가운데 한쪽이 다른 쪽보다 제품이나 서비스의 특성 등에 대한 정보를 더 많이 가진 상태를 이르는 말이다. 정보의 비대칭성은 효율적인 자원 배분을 불가능하게 하며, 도덕적 해이와 역선택 등의 문제를 초래한다. 역선택이 거래 이전에 발생하는 문제라면, 도덕적 해이는 거래가 발생한 후 정보를 더 많이 보유한 사람이 바람직하지 않은 행위를 하는 것이다.

29
정답 ③

GDP는 한 나라에서 일정 기간에 생산된 모든 최종 재화와 서비스의 시장가치이다. GDP는 총생산, 총소득, 총지출의 세 측면에서 파악할 수 있는데 총지출의 경우 소비(C), 투자(I), 정부지출(G), 순수출(NX, 수출－수입)로 구성된다.
ㄱ은 정부지출의 증가, ㄴ은 해외유입 관광객의 소비 증가, ㄹ은 한국에서 생산된 중간재의 수출로 인한 순수출 증가로 인해 GDP는 증가한다. 그러나 ㄷ의 주택가격 상승은 GDP가 증가하는 데에 직접적인 영향을 미치지 않는다.
따라서 보기에서 GDP가 증가하는 경우는 총 3개이다.

30
정답 ④

임금 상승 시 여가소비가 감소하는 것은 여가가 정상재이면서 대체효과가 소득 효과보다 크거나 여가가 열등재일 경우이다.

31
정답 ③

공정성이론에 따르면 공정성 유형은 크게 절차적 공정성, 상호작용적 공정성, 분배적 공정성으로 나누어진다.
- 절차적 공정성 : 과정통제, 접근성, 반응속도, 유연성, 적정성
- 상호작용적 공정성 : 정직성, 노력, 감정이입
- 분배적 공정성 : 형평성, 공평성

따라서 형평성은 절차적 공정성이 아닌 분배적 공정성에 해당한다.

32
정답 ①

연속생산은 동일제품을 대량생산하기 때문에 규모의 경제가 적용되어 여러 가지 제품을 소량생산하는 단속생산에 비해 단위당 생산원가가 낮다.

오답분석
② 연속생산의 경우, 표준화된 상품을 대량으로 생산함에 따라 운반에 따른 자동화 비율이 매우 높고, 속도가 빨라 운반비용이 적게 소요된다.
③·④ 제품의 수요가 다양하거나 제품의 수명이 짧은 경우 단속생산 방식이 적합하다.
⑤ 연속생산은 작업자의 숙련도와 관계없이 작업에 참여가 가능하다.

33
정답 ③

- ODM(Original Development Manufacturing) : '제조자 개발생산', '제조자 설계생산', '생산자 주도 방식'이라고 하며, 주문자가 만들어준 설계도에 따라 생산하는 단순 하청생산 방식인 OEM과 달리 제조업체가 주도적으로 제품을 생산한다.
- SCM(Supply Chain Management) : 부품 공급업체와 생산업체 그리고 고객에 이르기까지 거래 관계에 있는 기업들이 IT를 이용해 실시간으로 정보를 공유하고, 이를 통해 시장 및 수요자의 요구에 기민하게 대응할 수 있도록 지원한다.

오답분석
- OEM(Original Equipment Manufacturing) : '주문자 위탁생산', '주문자 상표 부착 생산'이라고 하며, 주문자가 요구하는 제품과 상표명으로 완제품을 생산하는 것을 말한다. 즉, 유통망을 구축하고 있는 주문자가 생산력을 가진 제조업체에 상품의 제조만을 위탁하여 완성된 상품을 주문자의 브랜드로 판매하는 방식이다.
- CRM(Customer Relationship Management) : '고객관계관리'라고 하며, 현재 고객과 잠재 고객에 대한 정보를 정리·분석하여 마케팅 정보로 변환함으로써 고객의 구매 관련 행동을 지수화하고, 이를 토대로 마케팅 프로그램을 개발·실현·수정하는 고객 중심의 경영 기법을 말한다.
- PRM(Partner Relationship Management) : '파트너관계관리'라고 하며, CRM의 한 영역으로 주 관리 대상을 대리점이나 총판 등 파트너 부문에 초점을 맞추는 것이 특징이다.

34
정답 ⑤

오답분석
① 데이터베이스관리시스템은 데이터의 중복성을 최소화하면서 조직에서의 다양한 정보요구를 충족시킬 수 있도록 상호 관련된 데이터를 모아놓은 데이터의 통합된 집합체이다.
② 전문가시스템은 특정 전문 분야에서 전문가의 축적된 경험과 전문지식을 시스템화하여 의사결정을 지원하거나 자동화하는 정보시스템이다.
③ 전사적 자원관리시스템은 구매, 생산, 판매, 회계, 인사 등 기업의 모든 인적·물적 자원을 효율적으로 관리하여 기업의 경쟁력을 강화시켜주는 통합정보시스템이다.
④ 의사결정지원시스템은 경영관리자의 의사결정을 도와주는 시스템이다.

35

정답 ①

동기부여의 내용이론

• 매슬로의 욕구단계설 : 매슬로의 주장은 인간의 다양하고도 복잡한 욕구가 사람의 행동을 이끄는 주된 원동력이라는 것이다.

• 알더퍼의 ERG 이론 : 알더퍼는 인간욕구의 단계성을 인정하는 것은 매슬로와 같지만 존재욕구, 관계욕구, 성장욕구를 구분함으로써 하위단계에서 상위단계로의 진행과 상위단계 욕구가 만족되지 않을 경우 하위단계 욕구가 더 커진다는 이론을 제시했다.

• 허즈버그의 2요인 이론 : 허즈버그는 개인에게 만족감을 주는 요인과 불만족을 주는 요인이 전혀 다를 수 있다는 이론을 제시했다. 그에 따르면 동기요인(성취감, 상사로부터의 인정, 성장과 발전 등)은 직무동기를 유발하고 만족도를 증진시키나, 위생요인(회사의 정책, 관리규정, 임금, 관리행위, 작업조건 등)은 직무불만족을 유발한다.

• 맥클랜드의 성취동기이론 : 맥클랜드는 개인의 성격을 크게 3가지 욕구의 구성체로 간주하고, 그중 성취욕구가 높은 사람이 강한 수준의 동기를 갖고 직무를 수행한다는 이론을 제시했다.

36

정답 ②

시계열분석은 과거의 수요를 분석하여 시간에 따른 수요의 패턴을 파악하고, 이의 연장선상에서 미래의 수요를 예측하는 방법으로 정량적 예측기법에 해당한다.

오답분석

① 델파이법 : 설계된 절차의 앞부분에서 어떤 일치된 의견으로부터 얻어지는 정보와 의견의 피드백을 중간에 삽입하여 연속적으로 질문을 적용하는 기법을 말한다.

③ 전문가패널법 : 전문가들이 의견을 자유롭게 교환하여 일치된 예측결과를 얻는 기법을 말한다.

④ 자료유추법 : 유사한 기존 제품의 과거자료를 기초로 하여 예측하는 방법을 말한다.

⑤ 패널동의법 : 개인보다는 집단의 의견이 더 나은 예측을 한다는 가정으로 경영자, 판매원, 소비자 등으로 패널을 구성하여 예측치를 구하는 방법을 말한다.

37

정답 ④

직무기술서는 직무요건을 중심으로 직무수행과 관련된 과업 및 직무행동을 기술한 양식이다.

구분	직무기술서	직무명세서
개념	직무요건을 중심으로 직무수행과 관련된 과업 및 직무행동을 기술한 양식	인적요건을 중심으로 특정 직무를 수행하기 위해 요구되는 지식, 기능, 육체적 정신적 능력 등을 기술한 양식
포함내용	• 직무 명칭, 직무코드, 소속 직군, 직렬 • 직급(직무등급), 직무의 책임과 권한 • 직무를 이루고 있는 구체적 과업의 종류 및 내용 등	• 요구되는 교육 수준 • 요구되는 지식, 기능, 기술, 경험 • 요구되는 정신적, 육체적 능력 • 인정 및 적성, 가치, 태도 등
작성요건	명확성, 단순성, 완전성, 일관성	

38

정답 ①

포트폴리오의 분산은 각 구성자산과 포트폴리오 간의 공분산을 각 자산의 투자비율로 가중평균하여 계산한다.

자본예산기법

자본예산이란 투자효과가 장기적으로 나타나는 투자의 총괄적인 계획으로서 투자대상에 대한 각종 현금흐름을 예측하고 투자안의 경제성분석을 통해 최적 투자결정을 내리는 것을 말한다.

자본예산의 기법에는 회수기간법, 회계적이익률법, 수익성지수법, 순현가법, 내부수익률법 등이 주로 활용된다.

• 회수기간법 : 투자시점에서 발생한 비용을 회수하는 데 걸리는 기간을 기준으로 투자안을 선택하는 자본예산기법이다.
  - 상호독립적 투자안 : 회수기간<목표회수기간 → 채택
  - 상호배타적 투자안 : 회수기간이 가장 짧은 투자안 채택

• 회계적이익률법 : 투자를 원인으로 나타나는 장부상의 연평균 순이익을 연평균 투자액으로 나누어 회계적 이익률을 계산하고 이를 이용하여 투자안을 평가하는 방법이다.
  - 상호독립적 투자안 : 투자안의 ARR>목표ARR → 채택
  - 상호배타적 투자안 : ARR이 가장 큰 투자안 채택

• 순현가법 : 투자로 인하여 발생할 미래의 모든 현금흐름을 적절한 할인율로 할인한 현가로 나타내어서 투자결정에 이용하는 방법이다.
  - 상호독립적 투자안 : NPV>0 → 채택
  - 상호배타적 투자안 : NPV가 가장 큰 투자안 채택

• 내부수익률법 : 미래 현금유입의 현가와 현금유출의 현가를 같게 만드는 할인율인 내부수익률을 기준으로 투자안을 평가하는 방법이다.
  - 상호독립적 투자안 : IRR>자본비용 → 채택
  - 상호배타적 투자안 : IRR이 가장 큰 투자안 채택

39
정답 ④

기업가 정신이란 기업의 본질인 이윤 추구와 사회적 책임의 수행을 위해 기업가가 마땅히 갖추어야 할 자세나 정신을 말한다. 미국의 경제학자 슘페터(Joseph A. Schumpeter)는 기업 이윤의 원천을 기업가의 혁신, 즉 기업가 정신을 통한 기업 이윤 추구에 있다고 보았다. 따라서 기업가는 혁신, 창조적 파괴, 새로운 결합, 남다른 발상, 남다른 눈을 지니고 있어야 하며, 새로운 생산 기술과 창조적 파괴를 통하여 혁신을 일으킬 줄 아는 사람이어야 한다고 주장하였다. 아울러 혁신의 요소로 새로운 시장의 개척, 새로운 생산 방식의 도입, 새로운 제품의 개발, 새로운 원료 공급원의 개발 내지 확보, 새로운 산업 조직의 창출 등을 강조하였다.

40
정답 ②

오답분석

① 횡축은 상대적 시장점유율, 종축은 시장성장률이다.
③ 별 영역은 시장성장률이 높고, 상대적 시장점유율도 높다.
④ 자금젖소 영역은 시장점유율이 높아 자금투자보다 자금산출이 많다.
⑤ 개 영역은 시장성장률과 상대적 시장점유율이 낮은 쇠퇴기에 접어든 경우이다.

41
정답 ②

에어드랍(Airdrop)이란 '공중에서 투하한다.'는 뜻으로, 가상화폐 시장에서 특정 가상화폐를 소유한 사람에게 코인을 무료로 지급하는 것을 의미하며, 주로 신규 코인을 상장시킬 때 이벤트나 마케팅의 한 요소로 사용한다.

42
정답 ④

인슈어테크(Insur-Tech)는 보험(Insurance)과 기술(Technology)의 합성어로 인공지능, 사물인터넷 등의 IT 기술을 적용한 혁신적인 보험 서비스를 의미한다. 보험 상품을 검색하는 고객에게 맞춤형 상품을 추천하고, 보험 상담을 요청하는 고객에게는 로봇이 응대하는 등 다양하게 활용될 수 있다.

43
정답 ②

빅테크(Big Tech)의 원래 의미는 대형 정보기술 기업을 뜻하는 말이지만, 국내 금융산업에서는 네이버와 카카오 등 온라인 플랫폼 제공 사업을 핵심으로 하다가 금융시장에 진출한 업체를 지칭한다.

오답분석

① 핀테크(Fin Tech) : '금융(Finance)'과 '기술(Technology)'이 결합한 서비스 또는 그런 서비스를 하는 회사를 가리키는 말로, 금융서비스 및 산업의 변화를 칭하는 말이다.
③ 빅블러(Big Blur) : 경계 융화가 일어나는 현상을 의미하는 말로, 변화의 속도가 빨라지면서 기존에 존재하던 것들의 경계가 뒤섞이는 현상을 말한다.
④ 베조노믹스(Bezonomics) : 세계 최대 인터넷 쇼핑몰인 아마존의 혁신적인 사업 모델로 아마존의 창업주인 제프 베조스의 실천적 경영이론이다.
⑤ 유니콘 기업 : 기업 가치가 10억 달러 이상인 스타트업 기업을 전설 속의 동물인 유니콘에 비유하여 지칭하는 말이다.

44
정답 ①

블록체인 기술의 블록에는 일정 시간 동안의 거래 내역이 담겨있다. 온라인에서 거래 내용이 담긴 블록이 형성되고, 이 블록은 모든 거래 참여자에게 전달된다.

45
정답 ③

로보어드바이저는 인간의 개입을 최소화하고, 개인투자성향에 따라 포트폴리오를 만들어 투자자에게 제공한다. 때문에 저렴한 수수료로 수익을 낼 수 있다.

46
정답 ④

운영체제의 기능에는 프로세스 관리, 메모리 관리, 기억장치 관리, 파일 관리, 입출력 관리, 리소스 관리 등이 있다.

47
정답 ④

데이터 통신은 고도의 에러 제어 기능으로 신뢰성이 높고, 응용 범위가 넓다. 또한, 시간과 횟수에 관계없이 같은 내용을 여러 번 반복하여 전송할 수 있다.

48
정답 ③

챗GPT를 개발한 미국 오픈AI가 2024년 2월 15일 공개한 영상제작 AI시스템인 AI 소라(Sora)는 기존의 이미지를 활용하거나 텍스트로 간단히 명령어를 입력하면 고화질 영상을 제작해 준다. 또한 '소라'는 일본어로 '하늘'이라는 뜻하며, 오픈AI는 '무한한 잠재력을 의미한다.'고 밝혔다.

오답분석

① AI 동맹 : 메타와 IBM을 비롯해 50개 이상 인공지능 관련 기업과 기관이 결성한 연합체로 2023년 12월 5일 출범했다.
② AI 워싱(Washing) : '워싱'은 눈가림하다는 비유로, 인공지능과 무관하거나 관련성이 적지만 AI 소프트웨어를 사용한 제품이나 서비스인 것처럼 홍보하는 행위를 말한다.
④ AI 얼라이언스(Alliance) : 인공지능(AI) 분야의 개방성 향상과 업계 간 협력 촉진을 위한 국제단체로 2023년 12월 출범했으며, 누구나 AI 기술을 활용할 수 있는 개방형 AI 생태계를 구축하고 보안을 강화해 신뢰할 수 있는 AI기술을 만드는 것을 목표로 한다.
⑤ AI 챗봇(Chatbot) : 인공지능 챗봇으로 사람이 사용한 언어 자료를 인공 지능을 통해 스스로 학습하여 채팅하는 소프트웨어 프로그램을 말한다.

49

정답 ②

클라우드를 가능하게 해주는 핵심 기술은 가상화와 분산처리이다. 가상화는 실질적으로 정보를 처리하는 서버가 한 대지만 여러 개의 작은 서버로 분할해 동시에 여러 작업을 가능하게 만드는 기술이다. 이를 이용하면 서버의 효용률을 높일 수 있다. 분산처리는 여러 대의 컴퓨터에 작업을 나누어 처리하고 그 결과를 통신망을 통해 다시 모으는 방식이다. 분산 시스템은 다수의 컴퓨터로 구성되어 있는 시스템을 마치 한 대의 컴퓨터 시스템인 것처럼 작동시켜 규모가 큰 작업도 빠르게 처리할 수 있다.

50

정답 ⑤

제시문은 오픈뱅킹에 대한 설명이다. 오픈뱅킹은 OS나 웹브라우저에 관계없이 사용할 수 있는 인터넷뱅킹 서비스이다.

오픈뱅킹(Open Banking)

오픈뱅킹은 은행이 보유한 결제 기능과 고객 데이터를 타 은행과 핀테크 기업 등 제3자에게 공유하여 이용하도록 허용하는 제도이다. 기존의 인터넷뱅킹 서비스는 윈도우 OS에서 익스플로어가 있어야 했고, 여러 보안 프로그램이 설치되어 있어야 가능했다. 그러나 태블릿PC나 스마트폰의 발전으로 금융환경 변화의 필요성이 대두되었고, 신생 핀테크 기업이 성장하면서 은행의 위기감이 커졌다. 이에 따라 금융 서비스를 한 곳에 집중할 수 있는 오픈뱅킹 서비스가 개발되었다.

51

정답 ③

제시문은 입시 준비를 잘하기 위해 체력이 중요하고 체력을 위해 좋은 영양상태가 필요하지만 우리나라 청소년들은 그렇지 못함을 설명하는 글이다. 따라서 (나) 입시 준비를 잘하기 위해서는 체력이 관건임 – (가) 좋은 체력을 위해서는 규칙적인 생활관리와 알맞은 영양공급이 필수적이며 특히 청소년기에는 좋은 영양상태를 유지하는 것이 중요함 – (다) 그러나 우리나라 학생들의 식습관을 살펴보면 충분한 영양섭취가 이루어지지 못하고 있음 순으로 나열하는 것이 적절하다.

52

정답 ③

제시문은 풀기 어려운 문제에 둘러싸인 기업적・개인적 상황을 제시하고, 위기의 시대임을 언급하고 있다. 그리고 그 위기를 이겨내는 자가 성공하는 자가 될 수 있음을 말하며, 위기를 이겨내기 위해서 지혜가 필요하다고 설명하는 글이다. 따라서 (나) 풀기 어려운 문제에 둘러싸인 현재의 상황 – (라) 위험과 기회라는 이중의미를 가지는 '위기' – (다) 위기를 이겨내는 것이 필요 – (가) 위기를 이겨내기 위한 지혜와 지혜를 행동으로 옮길 때 얻을 수 있는 성공이라는 결과 순으로 나열하는 것이 적절하다.

53

정답 ④

제시문은 동양과 서양에서 서로 다른 의미를 부여하고 있는 달에 대해 설명하는 글이다. 따라서 (나) 동양에서 나타나는 해와 달의 의미 – (라) 동양과 상반되는 서양에서의 해와 달의 의미 – (다) 최근까지 지속되고 있는 달에 대한 서양의 부정적 의미 – (가) 동양에서의 변화된 달의 이미지 순으로 나열하는 것이 적절하다.

54

정답 ③

제시문은 효율적 제품 생산을 위한 한 방법인 제품별 배치 방법의 장단점에 대해 설명하는 글이다. 따라서 (다) 효율적 제품 생산을 위해 필요한 생산 설비의 효율적 배치 – (라) 효율적 배치의 한 방법인 제품별 배치 방식 – (가) 제품별 배치 방식의 장점 – (나) 제품별 배치 방식의 단점 순으로 나열하는 것이 적절하다.

55

정답 ④

제시문은 황사의 정의와 위험성 그리고 대응책에 대해 설명하는 글이다. 따라서 '황사를 단순한 모래바람으로 치부할 수는 없다.'는 문단 뒤에는 (다) 중국의 전역을 거쳐 대기 물질을 모두 흡수하고 한국으로 넘어오는 황사 – (나) 매연과 화학물질 등 유해물질이 포함된 황사 – (가) 황사의 장점과 방지의 강조 – (라) 황사의 개인적・국가적 대응책 순으로 나열하는 것이 적절하다.

56

정답 ③

제시문은 IC카드의 개발 및 원리에 대해 설명하는 글이다. 제시된 문단에서 자석 접촉 시 데이터가 손상되는 마그네틱 카드의 단점과 이를 보완한 것이 IC카드라고 설명하였다. 따라서 (나) 데이터 손상의 방지 및 여러 기능의 추가가 가능한 IC 카드 – (가) EEPROM이나 플래시메모리를 내장한 IC카드 – (다) 메모리 외에 프로세서 기능이 추가된 IC카드 순으로 나열하는 것이 적절하다.

57

정답 ④

첫 번째와 두 번째 문단에서 EU가 철제 다리 덫 사용을 금지하는 나라의 모피만 수입하기로 결정한 내용과 동물실험을 거친 화장품의 판매조치 금지 법령이 WTO의 영향을 받아 실행되지 못한 예가 제시되고 있다. 따라서 ④의 추론은 적절하다.

58

정답 ⑤

쇼펜하우어는 표상의 세계 안에서의 이성의 역할, 즉 시간과 공간, 인과율을 통해서 세계를 파악하는 주인의 역할을 함에도 불구하고 이 이성이 다시 의지에 종속됨으로써 제한적이며 표면적일 수밖에 없다는 한계를 지적하고 있다. 따라서 중심 내용으로 ⑤가 가장 적절하다.

오답분석

① 세계의 본질은 의지의 세계라는 내용은 쇼펜하우어 주장의 핵심 내용이라는 점에서는 옳지만, 제시문의 주요 내용은 주관 또는 이성 인식으로 만들어내는 표상의 세계는 결국 한계를 가질 수밖에 없다는 것이다.
② 제시문에서는 표상 세계의 한계를 지적했을 뿐, 표상 세계의 극복과 그 해결 방안에 대한 내용은 없다.
③ 제시문에서 의지의 세계와 표상 세계는 의지가 표상을 지배하는 종속관계라는 차이를 파악할 수는 있으나, 중심 내용으로는 적절하지 않다.
④ 쇼펜하우어가 주관 또는 이성을 표상의 세계를 이끌어 가는 능력으로 주장하고 있다는 점에서 타당하나 제시문의 중심 내용은 아니다.

59

정답 ④

빈칸 앞의 내용은 예술작품에 담겨있는 작가의 의도를 강조하며, 독자가 예술작품을 해석하고 이해하는 활동은 예술적 가치, 즉 작가의 의도가 담긴 작품에서 파생된 2차적인 활동일 뿐이라고 설명하고 있다. 따라서 독자의 작품 해석에 있어 작가의 의도와 작품을 왜곡하지 않아야 한다는 내용의 ④가 빈칸에 들어갈 내용으로 가장 적절하다.

오답분석

①·② 두 번째 문단에 따르면 예술은 독자의 해석으로 완성되는 것이 아니며, 작품을 해석해 줄 독자가 없어도 예술은 그 자체로 가치가 있다.
③ 작품에 포함된 작가의 권위를 인정해야 한다는 것일 뿐, 작가의 권위와 작품 해석의 다양성은 서로 관련이 없다.
⑤ 작품 해석에 있어 작품 제작 당시의 시대적·문화적 배경을 고려해야 한다는 내용은 없다.

60

정답 ③

네 번째 문단에 따르면 공급자가 소수 기업에 의해 지배되는 경우, 즉 독과점에 해당하는 경우나 공급자가 공급하는 상품이 업계에서 중요한 부품인 경우와 같이 공급자의 힘이 커지면 산업 매력도는 떨어지게 된다.

61

정답 ①

철수가 탄 배의 속력을 xm/s라 하면 A에서 B로 갈 때 속력은 $(x+1)$m/s, B에서 A로 갈 때 속력은 $(x-1)$m/s이다.
1시간 6분 40초는 $(1\times60\times60)+(6\times60)+40=4,000$초이고, 3km=3,000m이므로 다음 식이 성립한다.

$\frac{3,000}{x+1}+\frac{3,000}{x-1}=4,000$

$\rightarrow 6,000x=4,000(x+1)(x-1)$

$\rightarrow 3x=2(x^2-1)$

$\rightarrow 2x^2-3x-2=0$

$\rightarrow (2x+1)(x-2)=0$

$\therefore x=2$

따라서 철수가 탄 배의 속력은 2m/s이다.

62

정답 ②

B만 합격한다는 것은 A와 C는 불합격한다는 뜻이다.

$\therefore \left(1-\frac{1}{3}\right)\times\frac{1}{4}\times\left(1-\frac{1}{5}\right)=\frac{2}{15}$

따라서 구하고자 하는 확률은 $\frac{2}{15}$이다.

63

정답 ①

처음 퍼낸 소금물의 양을 xg이라고 하면 200g의 소금물에서 xg을 퍼낸 후의 소금의 양은 $\frac{8}{100}(200-x)$g이므로 소금의 양에 대한 다음 식이 성립한다.

$\frac{8}{100}\times(200-x)+50=\frac{24}{100}\times250$

$\rightarrow 8\times(200-x)+5,000=6,000$

$\rightarrow 200-x=125$

$\therefore x=75$

따라서 처음 퍼낸 소금물의 양은 75g이다.

64

정답 ②

전체 일의 양을 1이라고 하면 A, B가 각각 1시간 동안 일할 수 있는 일의 양은 각각 $\frac{1}{2}$, $\frac{1}{3}$이다.
A 혼자 일하는 시간을 x시간, B 혼자 일하는 시간을 y시간이라고 하면 다음 식이 성립한다.

$x+y=\frac{9}{4}$ … ㉠

$\frac{1}{2}x+\frac{1}{3}y=1$ … ㉡

㉠과 ㉡을 연립하면 $x=\frac{3}{2}$, $y=\frac{3}{4}$이다.

따라서 A 혼자 일한 시간은 1시간 30분이다.

65

정답 ⑤

A와 G를 제외한 5명 중 C, D, E가 이웃하여 서는 경우의 수는 $3!\times3!=36$가지이고, A와 G는 자리를 바꿀 수 있다.
따라서 구하고자 하는 경우의 수는 $3!\times3!\times2=72$가지이다.

66

정답 ③

삼각형의 두 변의 길이가 각각 a, b이고 그 두 변의 끼인각을 $c°$라고 하면 삼각형의 면적을 구하는 공식은 $\frac{1}{2}\times a\times b\times \sin c°$이다.
따라서 두 변의 길이가 각각 6, 16이고 그 두 변의 끼인각이 30°인 삼각형의 면적은 $\frac{1}{2}\times6\times16\times\sin30°=\frac{1}{2}\times6\times16\times\frac{1}{2}=24$이다.

67

정답 ④

a, b가 이 순서로 등차수열을 이루므로 $2a=1+b$가 성립한다.
$b=2a-1$ ⋯ ㉠
a, $\sqrt{3}$, b가 이 순서로 등비수열을 이루므로 다음 식이 성립한다.
$(\sqrt{3})^2=ab$ ⋯ ㉡
㉠을 ㉡에 대입하면
$3=a(2a-1)$
→ $2a^2-a-3=0$
→ $(2a-3)(a+1)=0$
∴ $a=\frac{3}{2}$ 또는 $a=-1$
a는 정수이므로 $a=-1$이고, 이를 ㉠에 대입하면 $b=-3$이다.
따라서 $a^2+b^2=10$이다.

68

정답 ④

2024년 15세 미만 인구를 x, 65세 이상 인구를 y, 15 ~ 64세 인구를 a라 하면, 15세 미만 인구 대비 65세 이상 인구 비율은 $\frac{y}{x}\times100$이므로 다음 식이 성립한다.

- 2024년 유소년부양비 : $\frac{x}{a}\times100=19.5$

→ $a=\frac{x}{19.5}\times100$ ⋯ ㉠

- (2024년 노년부양비) : $\frac{y}{a}\times100=17.3$

→ $a=\frac{y}{17.3}\times100$ ⋯ ㉡

㉠과 ㉡을 연립하면 $\frac{x}{19.5}=\frac{y}{17.3}$ → $\frac{y}{x}=\frac{17.3}{19.5}$이다.
따라서 15세 미만 인구 대비 65세 이상 인구의 비율은 $\frac{17.3}{19.5}\times100$ ≒ 88.7%이다.

69

정답 ③

전년 대비 업체 수가 가장 많이 증가한 해는 103개소가 증가한 2023년이며, 생산금액이 가장 많이 늘어난 해는 402,017백만 원이 증가한 2024년이다.

오답분석

① 조사기간 동안 업체 수는 해마다 증가했으며, 품목 수도 꾸준히 증가했다.
② 업체 수의 증감률 전체 총합은 27.27%이며, 이를 7로 나누면 약 3.9%이다.
④ 2021 ~ 2024년 전년 대비 운영인원의 증감률 변화 추이와 품목 수의 증감률 변화 추이는 '증가 – 증가 – 증가 – 감소'로 같다.
⑤ 전체 계산을 하면 정확하겠지만 시간이 없을 때는 각 항목의 격차를 어림잡아 계산해야 한다. 품목 수의 증감률은 업체 수에 비해 한 해(2024년)만 뒤쳐져 있으며 그 외에는 모두 앞서고 있으므로 옳다.

70

정답 ④

구단별 유효슈팅 대비 골의 비율을 구하면 다음과 같다.

(단위 : 개, %)

구분	유효슈팅	골	유효슈팅 대비 골 비율
울산	48	16	33.3
전북	69	18	26.1
상주	32	11	34.4
포항	33	9	27.3
대구	39	13	33.3
서울	27	5	18.5
성남	31	6	19.4

따라서 상주가 34.4%로 가장 높다.

오답분석

① 슈팅과 유효슈팅, 골 개수 상위 3개 구단은 '전북, 대구, 울산'으로 동일하다.
② 경기당 평균 슈팅 개수가 가장 많은 구단은 18.7개로 전북이고, 가장 적은 구단은 6.8개로 서울이므로 그 차이는 $18.7-6.8=11.9$개이다. 평균 유효슈팅 개수가 가장 많은 구단도 11.5개로 전북이고 가장 적은 구단은 3.0개로 서울이다. 이들의 차이는 $11.5-3.0=8.5$개이므로 경기당 평균 슈팅 개수 차이가 더 크다.
③ 골의 개수가 적은 하위 두 팀은 5개인 서울과 6개인 성남으로 골 개수의 합은 $5+6=11$개이다. 이는 전체 골의 개수인 $16+18+11+9+13+5+6=78$개의 약 $\frac{11}{78}\times100$ ≒ 14.1%이므로 15% 이하이다.
⑤ 슈팅 대비 골의 비율은 전북이 $\frac{18}{112}\times100$ ≒ 16.1%, 성남이 $\frac{6}{69}\times100$ ≒ 8.7%로 그 차이는 $16.1-8.7=7.4$%p로 10%p 미만이다.

71

정답 ⑤

측정 결과를 토대로 정리하면 A별의 밝기 등급은 3등급 이하이며, C별의 경우 A, B, E별보다 어둡고 D별보다는 밝으므로 C별의 밝기 등급은 4등급이다. 따라서 A별의 밝기 등급은 3등급이며, D별은 5등급, 나머지 E별과 B별은 각각 1등급, 2등급이 된다. 별의 밝기 등급에 따라 순서대로 나열하면 'E－B－A－C－D' 순이 된다.

72

정답 ②

어떤 꽃은 향기롭고, 향기로운 꽃은 주위에 나비가 많고, 나비가 많은 꽃은 아카시아이다. 따라서 '어떤 꽃은 아카시아이다.'는 항상 참이다.

73

정답 ②

제시된 명제를 통해 '세경이는 전자공학과 패션디자인을 모두 전공하며, 원영이는 사회학만 전공한다.'를 유추할 수 있다. 따라서 항상 참인 것은 ②이다.

74

정답 ②

제시된 조건대로 원탁에 인원을 배치할 경우 A를 기준으로 오른쪽으로 돌았을 때 'A → D → F → B → C → E'와 'A → D → F → C → B → E' 두 가지 경우가 생긴다. 두 경우에서 A와 D는 늘 붙어 있으므로 ②의 'A와 D는 붙어 있다.'는 항상 옳다.

75

정답 ③

세 번째 조건에 따라 D는 6명 중 두 번째로 키가 크므로 1팀에 배치되는 것을 알 수 있다. 또한 두 번째 조건에 따라 B는 2팀에 배치되므로 한 팀에 배치되어야 하는 E와 F는 아무도 배치되지 않은 3팀에 배치되는 것을 알 수 있다. 마지막으로 네 번째 조건에 따라 B보다 키가 큰 A는 2팀에 배치되므로 결국 A, B, C, D, E, F는 다음과 같이 배치된다.

1팀	2팀	3팀
C>D	A>B	E, F

따라서 키가 가장 큰 사람은 C이다.

76

정답 ②

여섯 번째 조건에 의해 E는 1층에서 살고, C가 살 수 있는 층에 따른 A ~ D의 위치는 다음과 같다.

- C가 1층에 살 때
  첫 번째 조건에 의해 C와 E가 같은 층에 살 수 있으며, 다섯 번째 조건에 의해 D는 2층에 산다. 세 번째, 네 번째 조건에 의해 A는 4층에 살고, B는 3층 또는 5층에 산다. 이때 빈 층은 홀수 번째 층이므로 두 번째 조건을 만족한다.
- C가 2층에 살 때
  다섯 번째 조건에 의해 D는 3층에 살고, 세 번째, 네 번째 조건에 의해 A는 4층에 산다. B는 두 번째 조건에 의해 5층에 살 수 없고, 첫 번째 조건에 의해 B는 1층 또는 3층에 산다.
- C가 3층에 살 때
  다섯 번째 조건에 의해 D는 4층에 살고, 세 번째, 네 번째 조건에 의해 A는 2층에 산다. B는 두 번째 조건에 의해 5층에 살 수 없고, 첫 번째 조건에 의해 B는 1층 또는 3층에 산다.
- C가 4층에 살 때
  일곱 번째 조건에 의해 D는 5층에 살 수 없으므로 불가능하다.

따라서 B가 5층에 산다면 C는 1층에 살기 때문에 E와 함께 산다.

오답분석

① A가 2층에 산다면 B는 E와 1층에 같이 살 수 있다.
③ C가 2층에 산다면 B와 E는 1층에 같이 살 수 있다.
④ D가 4층에 산다면 B와 C는 3층에 같이 살 수 있다.
⑤ E가 1층에 혼자 산다면 C가 2층에 살 때, 3층에 B와 D가 같이 살 수 있다.

77

정답 ①

첫 번째 조건과 두 번째 조건을 고려하면 E－B－A 또는 E－A－B 순서임을 알 수 있다. 여기서 세 번째 조건을 고려하면 D과장이 A사원보다 앞에 있는 경우는 E－D－B－A, E－D－A－B, D－E－B－A, D－E－A－B이다.

네 번째 조건을 고려하면 E부장과 B사원 사이에 2명이 있어야 하므로 가능한 순서는 5가지 경우는 E－D－C－B－A, E－C－D－B－A, E－D－A－B－C, C－E－D－A－B, D－E－C－A－B이다.

마지막으로 다섯 번째 조건을 고려하면 C대리와 A사원 사이에 2명이 있는 경우는 E－C－D－B－A와 C－E－D－A－B이다.

따라서 C대리는 첫 번째 또는 두 번째로 검진을 받을 수 있다.

78

정답 ②

세 번째, 네 번째, 다섯 번째 조건에 의해 8등(꼴찌)이 될 수 있는 사람은 A 또는 C인데, C는 7등인 D와 연속해서 들어오지 않았으므로 8등은 A이다. 또한 두 번째 조건에 의해 B는 4등이고, 네 번째 조건에 의해 E는 5등이다. 마지막으로 첫 번째 조건에 의해 C는 6등이 될 수 없으므로 1, 2, 3등 중에 하나이다.

오답분석

① C는 1, 2, 3등 중 하나이다.
③ E가 C보다 늦게 들어왔다.
④ B가 E보다 일찍 들어왔다.
⑤ D가 E보다 늦게 들어왔다.

79

정답 ③

먼저 A사원의 진술이 거짓이라면 A사원과 D사원 2명이 3층에서 근무하게 되고, 반대로 D사원의 진술이 거짓이라면 3층에는 아무도 근무하지 않게 되므로 조건에 어긋난다. 그러므로 A사원과 D사원은 진실을 말하고 있음을 알 수 있다. 또한 C사원의 진술이 거짓이라면 아무도 홍보부에 속하지 않으므로 C사원도 진실을 말하고 있음을 알 수 있다. 결국 거짓말을 하고 있는 사람은 B사원이며, A ~ D사원의 소속 부서와 부서 위치를 정리하면 다음과 같다.

구분	소속 부서	부서 위치
A사원	영업부	4층
B사원	총무부	6층
C사원	홍보부	5층
D사원	기획부	3층

따라서 기획부는 3층에 위치한다.

80

정답 ⑤

크기에 따른 용지별 5개월 동안 사용한 양의 평균을 구하면 다음과 같다.

- A2 용지 : $\frac{2+1+3+2+2}{5}=2$박스
- B4 용지 : $\frac{3+2+2+4+2}{5}=2.6$박스
- A4 용지 : $\frac{12+10+20+15+13}{5}=14$박스

B4는 평균이 2.6박스이므로 3박스 이상 주문하고, A2와 A4는 각각 2박스, 14박스 이상의 수량을 주문한다. 세 번째 정보에 따라 주문량은 크기의 반대로 'A2 < B4 < A4'순으로 많다. 마지막 정보에서 총 20박스에 맞춰 수량을 나누면 다음과 같다.

구분	A4 용지	B4 용지	A2 용지
경우 1	14박스	3박스	3박스
경우 2	14박스	4박스	2박스
경우 3	15박스	3박스	2박스

경우 1은 B4 용지와 A2 용지의 주문량이 같아 정보에 맞지 않고, 경우 2와 경우 3은 정보에 부합하므로 P사원은 2가지 방법으로 용지를 주문할 수 있다.

ㄴ. 경우 3에서 A4 용지는 15박스 구매도 가능하다.

ㄷ. 경우 3에서 A4 용지를 15박스 구매하면, B4 용지는 A2 용지보다 1박스 더 구매한다.

오답분석

ㄱ. P사원이 용지를 구입할 수 있는 방법은 위 해설에 따를 때 경우 2와 경우 3 총 2가지이다.

제1회 모의고사 정답 및 해설

01	02	03	04	05	06	07	08	09	10
⑤	②	①	⑤	④	②	③	③	⑤	①
11	12	13	14	15	16	17	18	19	20
④	③	③	③	④	①	②	①	⑤	①
21	22	23	24	25	26	27	28	29	30
②	③	④	④	⑤	⑤	⑤	③	②	④
31	32	33	34	35	36	37	38	39	40
②	①	③	④	③	②	⑤	⑤	④	⑤
41	42	43	44	45	46	47	48	49	50
②	②	②	④	①	①	②	①	②	①
51	52	53	54	55	56	57	58	59	60
④	①	②	④	③	④	②	④	③	④
61	62	63	64	65	66	67	68	69	70
③	③	④	③	③	④	④	③	⑤	②
71	72	73	74	75	76	77	78	79	80
②	③	③	②	②	②	②	③	④	③

01

정답 ⑤

원화가치가 과소평가된 경우 수출이 증가하고 수입이 감소한다.

오답분석

① · ② · ③ 원화가치가 과대평가된 경우 수입이 증가하고, 수출이 감소하며 소비자들의 수입품 선호도가 국산품보다 높아지게 된다.

④ 원화가치가 과소평가된 경우 외환시장에서 달러를 원화로 바꾸려는 수요가 늘어나 환율 하락압력으로 작용한다.

02

정답 ②

ㄱ. 유동비율은 유동자산을 유동부채로 나눈 값으로 부채비율보다 유동비율이 높을수록 건전하다고 할 수 있다.

ㄷ. 부채비율은 부채를 자본으로 나눈 값으로 재무건전성을 파악하는 데 가장 중요한 정보이다.

오답분석

ㄴ. 자기자본이익률은 수익성 관점에서의 재무제표 분석 정보에 해당한다.

ㄹ. 총자산증가율은 성장성 관점에서의 재무제표 분석 정보에 해당한다.

03

정답 ①

암묵적임금 계약이론(Implicit Contract)은 실질임금의 경직성에 대한 이론으로 단기적 경기 침체 시 고용량은 민감하게 반응하는 반면 실질임금은 변동하지 않는 현상을 의미한다. 이는 노동자들이 비록 평균보다 약간 낮은 임금이 지급되더라도 확실한 임금을 지급받는 데 동의하는 위험기피적인 성향을 가지고 있고, 기업가들은 노동자들의 소득 변동을 보호하기 위해 일정한 실질임금을 지급하는 데 동의하는 위험중립적인 성향을 가졌다는 전제하에 성립한다. 이렇듯 근로자와 고용주 사이에 경기 변동에 상관없이 안정적 실질임금을 지급하기로 하는 계약은 표면적으로 임금계약이지만, 암묵적으로는 일종의 보험 상품을 제공하는 계약의 성격을 가진다. 하지만 현실적으로는 노동자가 임금의 불안정성보다 고용의 불안정성을 회피할 가능성이 더욱 크기 때문에 소득 변동에 대한 보험을 제공하는 경우에 고용량 변동도 경기 변동에 대해 안정적으로 유지되어야 한다는 비판도 있다.

04

정답 ⑤

예금보험제도는 동일한 종류의 위험을 대비하지만 위험의 정도가 다르기 때문에 금융사들이 내는 예금보험료는 금융회사별로 다르다. 즉, 신용도가 낮은 금융사일수록 요율이 높아진다.

예금보험제도는 예금, 적금, 개인이 가입한 보험 등이 예금보호 대상이며 주식, 펀드와 같은 투자형 상품은 보호 대상이 아니다. 또한 은행, 보험사, 저축은행, 증권사 등은 예금보험제도에 가입해 있지만 새마을금고나 신용협동조합, 지역농협과 수협 등은 예금보험에 가입해 있지 않고 자체 기금으로 예금을 보호한다.

징수된 보험료는 예금보험기금에 적립되고 금융기관에 보험사고가 생겼을 때 예금자 1인당 최대 5천만 원까지 보전해 주도록 되어 있다. 보호 금액은 동일한 금융기관 내에서 1인이 보호받을 수 있는 총금액이므로 금융기관을 분할하여 가입 시 각각 보호받을 수 있다.

예금보험은 예금자를 보호하기 위해 법에 의해 운영되는 공적보험이기 때문에 금융기관이 납부한 예금보험료만으로 예금을 대신 지급할 재원이 부족할 경우에는 예금보험공사가 직접 채권(예금보험기금채권)을 발행하는 방법을 통해 재원을 조성하게 된다.

이 제도는 금융기관이 파산하더라도 사후적인 예금의 지급보증을 통해 대량예금인출(Bank Run)에 따른 금융기관의 연쇄도산을 방지함으로써 사전적으로 금융제도의 안정성을 제고하는 데 그 목적이 있다.

따라서 예금보호제도에 대해 옳은 말을 하는 사람은 성일, 수현, 재한이다.

05

정답 ④

오답분석

① 10분위분배율 $= \frac{\text{최하위 40\% 소득계층의 소득}}{\text{최상위 20\% 소득계층의 소득}}$

$= \frac{12\%}{(100-52)\%} = \frac{1}{4}$

② 지니계수는 A 면적을 삼각형 OCP 면적(A+B)으로 나눈 값이다.

즉, $\frac{\text{A 면적}}{\triangle\text{OCP면적}} = \frac{A}{A+B}$ 의 값이 지니계수이다.

③ 중산층 붕괴 시 A의 면적은 증가하고, B의 면적은 감소한다.

⑤ 미국의 서브프라임모기지 사태는 로렌츠곡선을 대각선에서 멀리 이동시킨다.

06

정답 ②

기회비용이란 어떤 행위를 선택함으로써 포기해야 하는 여러 행위 중 가장 가치가 높게 평가되는 행위의 가치를 의미한다. 따라서 도담이가 주식에 투자함으로써 포기해야 하는 연간 기회비용은 이자율 5% 예금에 대한 이자수익 150만 원이다.

07

정답 ③

케인스가 주장한 절약의 역설은 개인이 소비를 줄이고 저축을 늘리는 경우 저축한 돈이 투자로 이어지지 않기 때문에 사회 전체적으로 볼 때 오히려 소득의 감소를 초래할 수 있다는 이론이다. 즉, 저축을 위해 줄어든 소비로 인해 생산된 상품은 재고로 남게 되고 이는 총수요 감소로 이어져 국민소득이 줄어들 수 있다.

08

정답 ③

A는 비경제활동인구를 나타내며 일할 능력은 있지만 일할 의사가 없거나 아예 일할 능력이 없는 사람들을 의미한다. 가정주부, 학생, 취업준비생, 고령자, 심신장애자, 실망노동자 등이 비경제활동인구에 해당한다.

B는 취업자를 나타내며 수입을 목적으로 1주일에 1시간 이상 일을 하는 사람, 가족이 경영하는 사업체에서 일하는 사람, 일시적으로 휴직하는 사람 등이 취업자에 해당한다.

09

정답 ⑤

제시된 사례에서 타이어와 에어컨은 자동차를 생산하기 위한 중간재로, GDP 계산에 포함되지 않는다. 따라서 GDP는 자동차 10대의 판매가격인 3억 원이다.

여기에서 당해 생산된 자동차는 당해 판매되어야 당해의 GDP로 계산되며, 당해 재고는 당해 생산된 제품에 한해 당해 GDP에 계산된다.

10

정답 ①

제시문은 래퍼 커브(Laffer Curve)에 대한 설명이다.

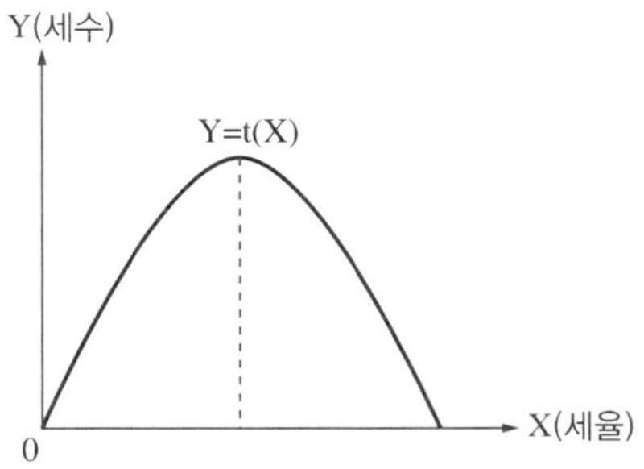

11

정답 ④

기펜재는 가격이 하락함에 따라 대체효과의 크기는 증가하고 소득효과는 감소하지만, 감소하는 소득효과의 크기가 증가하는 대체효과를 압도하여 그 합인 가격효과가 감소해 수요법칙에 위배되는 재화이다. 그러므로 기펜재의 가격소비곡선은 좌상향한다.

12

정답 ③

오답분석

① CMA(Cash Management Account) : 고객이 맡긴 예금을 어음이나 채권에 투자하여 그 수익을 고객에게 돌려주는 실적배당 금융상품이다.

② 사모펀드(Private Equity Fund) : 투자자로부터 모은 자금을 주식·채권 등에 운용하는 펀드이다.

④ ETF(Exchange Traded Funds) : 상장지수펀드로 특정 지수를 모방한 포트폴리오를 구성하여 산출된 가격을 상장시킴으로써 주식처럼 자유롭게 거래되도록 설계된 지수상품이다.

⑤ 헤지펀드(Hedge Fund) : 주식, 채권, 파생상품, 실물자산 등 다양한 상품에 투자해 목표 수익을 달성하는 것을 목적으로 하는 펀드이다.

13

정답 ③

환매조건부채권은 예금자 보호 대상에 해당되지 않지만, 판매기관 및 보증기관의 지급보증과 우량채권의 담보력 등으로 안정성이 높은 편이다.

14

정답 ③

혼잡한 무료 도로는 소비가 경합적이나 배제가 불가능한 재화에 해당하고, 혼잡하지 않은 유료 도로는 소비가 비경합적이나 배제가 가능한 재화에 해당한다.

15

정답 ④

전략적 자산분배는 먼저 투자자의 투자목적과 투자제약조건을 파악(ㄷ)하여 이에 적합한 자산집단을 선택(ㄱ)하고, 선택된 자산집단의 기대수익, 원금, 상관관계를 추정(ㄴ)한 후 효율적인 최적자산의 구성(ㄹ)이 이루어진다.

16

정답 ①

전략적 자산배분은 장기적이므로 정적이며, 전술적 자산배분은 자본시장조건에 따라 동적이라는 특징을 지닌다. 전술적 자산배분전략은 투자자위험허용도를 불변이라 가정한다.

17

정답 ②

케인스의 유동성선호이론에 따르면 거래적·예비적 잔고는 소득의 증가함수이고, 투기적 잔고는 이자율의 감소함수이다. 그러므로 소득이 증가하고 이자율이 하락하는 경우에는 화폐수요가 증가한다.

18

정답 ①

우상향하는 총공급곡선이 왼쪽으로 이동하는 경우는 부정적인 공급충격이 발생하는 경우이다. 따라서 임금이 상승하는 경우 기업의 입장에서는 부정적인 공급충격이므로 총공급곡선이 왼쪽으로 이동하게 된다.

오답분석

②·③·④ 총수요곡선을 오른쪽으로 이동시키는 요인에 해당한다.
⑤ 총공급곡선을 오른쪽으로 이동시키는 요인에 해당한다.

19

정답 ⑤

햄버거 전문점에서 햄버거를 생산하기 위해서는 생산요소 구입에 따른 비용이 발생한다. 이 경우 평균비용은 총비용을 산출량으로 나누어 계산하고, 한계비용은 산출량을 한 단위 증가시킬 때 총비용의 증가분으로 계산하다. 햄버거 전문점에서 생산하는 햄버거 수량에 따른 비용을 보면 생산량이 0일 때도 2,500원의 비용이 발생하므로 고정비용은 2,500원이다. 햄버거 1개를 생산하기 위한 평균비용은 4,000원이고, 이와 같은 방법을 사용하면 햄버거 2개 → 3,000원, 3개 → 3,000원, 4개 → 3,250원, 5개 → 3,600원이다. 또한 1개의 햄버거 한계비용은 1,500원이고, 이와 같은 방법을 사용하면 햄버거 2개째 → 2,000원, 3개째 → 3,000원, 4개째 → 4,000원, 5개째 → 5,000원이다. 햄버거 3개를 생산하는 경우 평균비용은 3,000원이고, 3개째 햄버거의 한계비용도 3,000원으로 평균비용과 한계비용은 같다.

20

정답 ①

등량곡선과 등비용선으로 알 수 있는 것은 비용제약하에서 산출량이 극대화되는 지점 또는 주어진 생산량을 최소의 비용으로 생산할 수 있는 지점이다.

21

정답 ②

통신비(X재)가 항상 소득의 $\frac{1}{5}$이면, $P_X \cdot X = \frac{1}{5}M$이 성립한다.

즉, X재의 수요함수는 $X = \frac{0.2M}{P_X}$(M : 상승)이므로 X재 수요곡선이 직각쌍곡선이다. 수요곡선이 직각쌍곡선이면 수요의 가격탄력성은 항상 1이고, X재 수요의 소득탄력성도 1이다. 따라서 X재는 기펜재가 아니라 정상재이다.

22

정답 ③

무차별곡선이론에서는 기수적 효용이 아니라 서수적 효용을 가정한다.

23

정답 ④

생산가능곡선(PPC; Production Possibility Curve)이란 두 재화 생산의 등량곡선이 접하는 무수히 많은 점들을 연결한 계약곡선을 재화공간으로 옮겨놓은 것으로, 생산가능곡선상의 모든 점들에서 생산이 파레토 효율적으로 이루어진다. 즉, 경제 내의 모든 생산요소를 가장 효율적으로 투입했을 때 최대로 생산가능한 재화의 조합을 나타내는 곡선을 생산가능곡선이라고 한다. 일반적으로 생산가능곡선은 우하향하고 원점에 대해 오목한 형태인데, 그 이유는 X재 생산의 기회비용이 체증하기 때문이다.

24

정답 ④

독점적 경쟁기업의 경우 장기에는 장기균형산출량이 시설규모의 최적 산출량에 미달한다. 즉, 독점적 경쟁기업은 독점의 경우와 마찬가지로 장기에는 초과설비를 보유하게 된다는 것이다.

25

정답 ⑤

효율임금이론(Efficiency Wage Theory)

- 효율임금(Efficiency Wage)은 근로자의 생산성을 높이기 위해 기업 스스로 균형임금보다 높은 임금을 지불하는 것이다. 효율임금에 따르면 기업이 균형임금보다 높은 임금을 지불하면 효율이 높아지기 때문에 노동의 초과공급이 있는 경우에도 높은 임금을 유지하는 것이 기업에 이익이라는 것이다.
- 임금을 높게 유지하면 태업을 들켜 해고될 때의 기회비용이 높게 유지되므로 노동자들이 태업을 하지 않고 열심히 일하게 되어 생산성이 높게 유지된다.
- 임금을 높게 유지하면 노동자들의 사기가 유지되고, 그에 따라 생산성도 제고된다.
- 효율임금이론은 새케인스학파의 이론에 매우 중요한 위치를 차지하고 있는 것으로, 임금의 경직성을 설명하고 있다.

26
정답 ⑤

변동환율제도에서는 중앙은행이 외환시장에 개입하여 환율을 유지할 필요가 없고, 외환시장의 수급 상황이 국내 통화량에 영향을 미치지 않으므로 독자적인 통화정책의 운용이 가능하다.

27
정답 ⑤

사전적으로 보험금을 지급받을 가능성이 높은 사람만 보험에 가입하려고 하는 것은 역선택의 한 사례이다.

28
정답 ③

화폐의 가치척도 기능이란 재화 및 용역의 상대적인 가치관계를 공통적인 화폐 단위로 표시하여 교환의 편의성을 제공하는 화폐의 기능을 말한다.

29
정답 ②

소득증가 비율보다 X재 구입량의 증가율이 더 작으므로 X재는 필수재이다.

30
정답 ④

비교우위론은 애덤 스미스의 절대우위론의 한계를 극복하기 위해 리카도가 주장한 이론으로 한 나라가 두 상품 모두 절대우위에 있고, 상대국이 두 상품 모두 절대열위에 있어도 교역을 통해 상호이익을 얻을 수 있다고 본다. 반면, 한 국가가 매우 희소하거나 없는 물품을 보유하고 있는 경우 우위를 갖는 것은 절대우위론에 대한 설명이다.

31
정답 ②

금융위원회는 은행이 자본금 감소 승인 신청을 할 경우 신청일부터 30일 이내에 승인 여부를 결정해야 한다.

자본금 감소의 승인(은행법 제10조)

① 은행이 주식 수 감소 등 대통령령으로 정하는 자본금의 감소에 해당하는 행위를 하려는 경우에는 금융위원회의 승인을 받아야 한다.

② 제1항에 따른 승인을 받으려는 자는 다음 각 호의 요건을 모두 갖추어 신청하여야 한다.

1. 자본금 감소가 관계 법령에 위반되지 아니할 것
2. 재무구조의 개선 목적 등 자본금 감소의 불가피성이 인정될 것
3. 예금자 등 은행이용자의 권익을 침해하지 아니할 것

③ 금융위원회는 제2항에 따른 신청이 있는 때에는 신청일부터 30일 이내에 승인여부를 결정하여야 한다.

④ 제2항에 따른 요건 등에 관하여 필요한 세부 사항은 대통령령으로 정한다.

⑤ 금융위원회가 제1항에 따른 승인을 하는 경우에는 제8조(은행업의 인가) 제4항 및 제5항을 준용한다.

32
정답 ①

은행법 제38조 제6호에 따라 해당 은행의 임직원에 대한 대출은 금지업무이지만, 금융위원회가 정하는 소액대출은 제외한다.

금지업무(은행법 제38조)

은행은 다음 각 호의 어느 하나에 해당하는 업무를 하여서는 아니 된다.

1. 다음 각 목의 증권에 대한 투자의 총 합계액이 은행의 자기자본의 100분의 100의 범위에서 대통령령으로 정하는 비율에 해당하는 금액을 초과하는 투자. 이 경우 금융위원회는 필요한 경우 같은 투자한도의 범위에서 다음 각 목의 증권에 대한 투자한도를 따로 정할 수 있다.
   가. 「자본시장과 금융투자업에 관한 법률」 제4조 제3항에 따른 채무증권으로서 상환기간이 3년을 초과하는 것. 다만, 국채 및 한국은행 통화안정증권, 「금융산업의 구조개선에 관한 법률」 제11조 제6항 제2호에 따른 채권은 제외한다.
   나. 지분증권. 다만, 「금융산업의 구조개선에 관한 법률」 제11조 제6항 제1호에 따른 주식은 제외한다.
   다. 「자본시장과 금융투자업에 관한 법률」 제4조 제7항에 따른 파생결합증권 중 대통령령으로 정하는 것
   라. 그 밖에 「자본시장과 금융투자업에 관한 법률」 제4조 제2항 각 호의 증권 중 대통령령으로 정하는 증권
2. 대통령령으로 정하는 업무용 부동산이 아닌 부동산(저당권 등 담보권의 실행으로 취득한 부동산은 제외한다)의 소유
3. 자기자본의 100분의 100의 범위에서 대통령령으로 정하는 비율에 해당하는 금액을 초과하는 업무용 부동산의 소유
4. 직접·간접을 불문하고 해당 은행의 주식을 담보로 하는 대출
5. 직접·간접을 불문하고 해당 은행의 주식을 사게 하기 위한 대출
6. 해당 은행의 임직원에 대한 대출(금융위원회가 정하는 소액대출은 제외한다)

33
정답 ③

앨더퍼(Alderfer)의 ERG 이론은 매슬로의 욕구단계 이론을 발전시킨 이론이다. 이 이론은 상위욕구가 개인의 행동과 태도에 영향을 미치기 전에 하위욕구가 먼저 충족되어야 한다는 매슬로 이론의 가정을 배제한 것이 특징이다.

34
정답 ④

홉스테드의 문화차원이론은 어느 사회의 문화가 그 사회 구성원의 가치관에 미치는 영향, 그 가치관과 행동의 연관성을 요인분석으로 구조를 통하여 설명하는 이론이다. 이는 4가지 차원으로 개인주의 – 집단주의(Individualism – Collectivism), 불확실성 회피성(Uncertainty Avoidance), 권력의 거리(Power Distance), 남성성 – 여성성(Masculinity – Femininity)을 제시하였다.

35

정답 ③

수요예측기법은 수치를 이용한 계산방법 적용 여부에 따라 정성적 기법과 정량적 기법으로 구분할 수 있다. 정성적 기법은 개인의 주관이나 판단 또는 여러 사람의 의견에 의하여 수요를 예측하는 방법으로, 델파이 기법, 역사적 유추법, 시장조사법, 라이프사이클 유추법 등이 있다. 정량적 기법은 수치로 측정된 통계자료에 기초하여 계량적으로 예측하는 방법으로, 사건에 대하여 시간의 흐름에 따라 기록한 시계열 데이터를 바탕으로 분석하는 시계열 분석 방법이 해당한다.

오답분석

① 델파이 기법 : 여러 전문가의 의견을 되풀이해 모으고 교환하며 발전시켜 미래를 예측하는 방법이다.
② 역사적 유추법 : 수요 변화에 대한 과거 유사한 제품의 패턴을 바탕으로 유추하는 방법이다.
④ 시장조사법 : 시장에 대해 조사하려는 내용의 가설을 세운 뒤 소비자 의견을 조사하여 가설을 검증하는 방법이다.
⑤ 라이프사이클 유추법 : 제품의 라이프사이클을 분석하여 수요를 예측하는 방법이다.

36

정답 ②

오답분석

① 지주회사(Holding Company) : 다른 회사의 주식을 소유함으로써 사업활동을 지배하는 것을 주된 사업으로 하는 회사이다.
③ 컨글로머리트(Conglomerate) : 복합기업, 다종기업이라고도 하며, 서로 업종이 다른 이종기업 간의 결합에 의한 기업형태이다.
④ 트러스트(Trust) : 동일산업 부문에서의 자본의 결합을 축으로 한 독점적 기업결합이다.
⑤ 콘체른(Konzern) : 법률적으로 독립하고 있는 몇 개의 기업이 출자 등의 자본적 연휴를 기초로 하는 지배·종속 관계에 의해 형성되는 기업결합이다.

37

정답 ⑤

자재소요계획(MRP; Material Requirement Planning)은 생산 일정 계획의 완제품 생산일정(MPS)과 자재명세서(BOM), 재고기록철(IR)에 대한 정보를 근거로 MRP를 수립하여 재고 관리를 모색한다.

오답분석

① 필요할 때마다 요청해서 생산하는 방식은 풀 생산방식(Pull System)이다.
② 부품별 계획 주문 발주시기는 MRP의 결과물이다.
③ MRP는 종속수요를 갖는 부품들의 생산수량과 생산시기를 결정하는 방법이다.
④ MRP는 푸시 생산방식(Push System)이다.

38

정답 ⑤

증권회사의 상품인 유가증권과 부동산 매매회사가 정상적 영업과정에서 판매를 목적으로 취득한 토지·건물 등은 재고자산으로 구분한다.

오답분석

① 매입운임은 매입원가에 포함한다.
② 재고자산을 순실현가능가치로 감액한 평가손실과 모든 감모손실은 감액이나 감모가 발생한 기간에 비용으로 인식한다.
③·④ 선입선출법의 경우에는 계속기록법을 적용하든 실지재고조사법을 적용하든, 기말재고자산, 매출원가, 매출총이익 모두 동일한 결과가 나온다.

39

정답 ④

- (매출액)−(매출원가)=(매출총이익) → 10−6.5=3.5억 원
- (매출총이익)−(판관비)=(영업이익) → 3.5−0.5=3억 원
- (영업이익)+(영업외이익)−(영업외비용)=(경상이익) → 3+1−0.4=3.6억 원

∴ (당기순이익)=(경상이익)+(특별이익)−(특별손실)−(법인세비용) → 3.6+0.4−0.6−0.2=3.2억 원

40

정답 ⑤

계속기업의 가정이란 보고기업이 예측 가능한 미래에 영업을 계속하여 영위할 것이라는 가정이다. 따라서 기업이 경영활동을 청산 또는 중단할 의도가 있다면, 계속기업의 가정이 아닌 청산가치 등을 사용하여 재무제표를 작성해야 한다.

오답분석

① 재무제표는 원칙적으로 적어도 1년에 한 번씩은 작성해야 한다.
② 현금흐름표 등 현금흐름에 대한 정보는 현금주의에 기반한다.
③ 역사적원가는 측정일의 조건을 반영하지 않고, 현행가치는 측정일의 조건을 반영한다. 이때 현행가치는 다시 현행원가, 공정가치, 사용가치(이행가치)로 구분된다.
④ 재무제표는 재무상태표, 포괄손익계산서, 자본변동표, 현금흐름표, 주석으로 구성되며 법에서 이익잉여금처분계산서 등의 작성을 요구하는 경우 주석으로 공시한다.

41

정답 ②

디지털 포렌식(Digital Forensic)은 디지털 증거를 수집·보존·처리하는 과학적·기술적인 기법으로, 각종 디지털 데이터 및 통화기록, 이메일 접속기록 등의 정보를 수집·분석하여 범행과 관련된 증거를 확보한다.

오답분석

① 딥페이크(Deep Fake) : 딥러닝(Deep Learning)과 가짜(Fake)의 혼성어로, 인공지능을 기반으로 한 이미지 합성 기술이다.
③ 리버스 엔지니어링(Reverse Engineering) : 소프트웨어 공학의 한 분야로, 이미 만들어진 시스템을 역으로 추적하여 처음의 문서나 설계기법 등의 자료를 얻어내는 일이다.

④ 디지털 노마드(Digital Nomad) : 일과 주거에 있어 유목민(Nomad)처럼 자유롭게 이동하면서도 창조적인 사고방식을 갖춘 사람을 말한다.
⑤ 안티 포렌식(Anti Forensics) : 디지털 정보를 분석하지 못하도록 삭제하는 기술이다.

42

정답 ②

딥러닝(Deep Learning)은 스스로 학습하는 능력이 있는 컴퓨터로 많은 데이터를 스스로 분류하여 상하 관계를 파악한다. 즉, 인간이 가르치지 않아도 방대한 데이터를 기반으로 스스로 학습하고, 이를 바탕으로 미래를 예측한다.

43

정답 ②

미국의 네트워크장비업체 3COM의 설립자인 밥 메칼프가 주장한 메칼프의 법칙에 따르면 인터넷 통신망이 지니는 가치는 사용자 수의 제곱에 비례한다.

오답분석

① 무어의 법칙(Moore's Law)에 대한 설명이다.
③ 가치사슬을 지배하는 법칙에 대한 설명이다.
④ 90대 9대 1 법칙에 대한 설명이다.
⑤ 닐슨의 법칙(Nielsen Law)에 대한 설명이다.

44

정답 ④

오답분석

ㄷ. 통계패키지(SAS), 데이터 마이닝, 관계형 데이터베이스 등은 기존 환경에서의 대표적인 소프트웨어 분석 방법이며, 빅데이터 환경의 소프트웨어 분석 방법에는 텍스트 마이닝, 온라인 버즈 분석, 감성 분석 등이 있다.

45

정답 ①

오답분석

② 안티 앨리어싱(Anti–aliasing) : 화소의 배열에 따라 직선이 우둘투둘하게 되는 것을 교정하여 더 나은 영상을 얻는 기법이다.
③ 모핑(Morphing) : 영화나 광고에서 영상을 자유자재로 천천히 변화시키는 기법이다.
④ 와핑(Warping) : 이미지를 왜곡하여 유사 형태로 변형하는 기법이다.
⑤ 리터칭(Retouching) : 수정이란 뜻으로 사진원판, 사진인화 등의 결점을 보정하고 보다 훌륭한 제판 인쇄가 될 수 있도록 마무리하는 것이다.

46

정답 ①

오답분석

② 신뢰성(Reliability) : 정확하고 일관된 결과를 얻기 위해 요구된 기능을 수행하는 정도이다.
③ 사용 용이성(Usability) : 쉽게 배울 수 있고, 사용할 수 있는 정도이다.
④ 유연성(Flexibility) : 새로운 기능의 추가나 다른 환경에 적응하기 쉽게 수정될 수 있는 정도이다.
⑤ 가용성(Availability) : 컴퓨터 시스템 등이 이용자의 입장에서 보아 어느 정도 사용할 수 있는가 하는 것을 표시하는 것이다.

47

정답 ②

오답분석

① 유지보수성(Maintainability) : 변경 및 오류 사항의 교정에 대한 노력을 최소화하는 정도이다.
③ 효율성(Efficiency) : 요구되는 기능을 수행하기 위해 필요한 자원의 소요 정도이다.
④ 무결성(Integrity) : 허용되지 않은 사용이나 자료의 변경을 제어하는 정도이다.
⑤ 이식성(Portability) : 다른 하드웨어 환경에서도 운용 가능하도록 쉽게 수정하여 이식할 수 있는 정도이다.

48

정답 ①

오답분석

ㄴ. 비계획적으로 축적한 대용량의 데이터를 대상으로 한다.
ㄷ. 데이터 마이닝에는 선형 회귀분석이나 로지스틱 회귀분석, 판별분석, 주성분 분석 등의 고전적인 통계분석 방식을 적용할 수 없다.

49

정답 ②

유비쿼터스(Ubiquitous)에 대한 설명이다. 유비쿼터스는 사용자를 중심으로 네트워크나 컴퓨터를 의식하지 않고 장소에 상관없이 자유롭게 네트워크에 접속할 수 있는 정보통신 환경을 말한다.

50

정답 ①

블로그젝트(Blogject)란 블로그(Blog)와 물체(Object)의 합성어로, 사람뿐만 아니라 모든 사물이 온라인상에서 블로그와 같은 소셜미디어를 통해 데이터를 확산시키는 것을 말한다.

오답분석

② 올블로그(Allbolg) : 모든 블로그 이용자들의 연결을 목적으로 만들어진 사이트의 명칭이다.
③ 링크블로그(Link Blog) : 다른 사이트로의 링크의 게시가 목적인 블로그를 말한다.
④ 메타블로그(Meta Blog) : 전체 블로그의 연결을 위해 만들어진 사이트로, 특정 블로그에 글이 올라오면 메타 블로그 역시

해당 글이 올라오기 때문에, 특정 블로그에 방문하지 않더라도 메타 블로그를 통해 해당 글을 볼 수 있다.
⑤ 스플로그(Splog) : 이득을 취하기 위한 목적으로 사람들을 유인하는 블로그를 말한다.

51

정답 ④

제시된 단어는 재료와 결과물의 관계이다.
'떡'을 만드는 재료는 '쌀'이며, '빵'을 만드는 재료는 '밀가루'이다.

52

정답 ①

제시된 단어는 반의 관계이다.
'보강'은 '보태거나 채워서 본디보다 더 튼튼하게 함'을 뜻하는 말로 '상반되는 것이 서로 영향을 주어 효과가 없어지는 일'을 뜻하는 '상쇄'와 반의 관계이다. 한편 '감쇄'의 경우 단순히 줄어 없어진다는 의미로, 보태어진 것에 영향을 받는 '보강', '상쇄'와는 다르다.

53

정답 ②

채집음식이란 재배한 식물이 아닌 야생에서 자란 음식 재료를 활용하여 만든 음식을 의미한다.

오답분석

① 로가닉의 희소성은 루왁 커피를 사례로 봄으로써 까다로운 채집과정과 인공의 힘으로 불가능한 생산 과정을 거치면서 나타남을 알 수 있다.
③ 로가닉은 '천연상태의 날 것'을 유지한다는 점에서 기존의 오가닉과 차이를 가짐을 알 수 있다.
④ 소비자들이 로가닉 제품의 스토리텔링에 만족한다면 높은 가격은 더 이상 매출 상승의 장애 요인이 되지 않을 것으로 보고 있다.
⑤ '로가닉 조리법'을 활용한 외식 프랜차이즈 브랜드가 꾸준히 인기를 끌고 있음을 확인할 수 있다.

54

정답 ④

제시문은 글쓴이가 글을 쓸 때 전략이 있어야 함을 밝히며 구체적인 예를 들어 설명하고, 이에 따라 독자 역시 글을 읽을 때 글쓴이의 의도를 파악해야 함을 그 구체적인 예를 들어 설명하는 글이다. 따라서 (나) 글쓴이가 글을 쓰는 목적에 따라 달라지는 글쓰기 전략 – (다) 글을 쓰는 목적에 따른 글쓰기 전략의 예 – (라) 독자가 글을 읽는 방법 – (가) 독자가 글을 읽는 방법에 대한 구체적인 예시 순으로 나열하는 것이 적절하다.

55

정답 ③

제시문은 종교 해방을 위해 나타난 계몽주의의 발현 배경과 계몽주의가 추구한 방향에 대해 설명하고 그 결과 나타난 긍정적 요소와 부정적 요소를 설명하는 글이다. 따라서 (라) 인간의 종교와 이를 극복하게 한 계몽주의 – (가) 계몽주의의 추구 방향 – (다) 계몽주의의 결과로 나타난 효과 – (나) 계몽주의의 결과로 나타난 역효과 순으로 나열하는 것이 적절하다.

56

정답 ④

제시문은 예전과는 달라진 덕후에 대한 사회적 시선과 그와 관련된 소비 산업에 대해 이야기하고 있다. 따라서 (다) 덕후의 어원과 더 이상 숨기지 않아도 되는 존재로의 변화 – (가) 달라진 사회 시선과 일본의 오타쿠와 다른 독자적 존재로서 진화해가는 한국 덕후 – (나) 진화된 덕후들을 공략하기 위해 발달하고 있는 산업 순으로 나열하는 것이 적절하다.

57

정답 ②

갑과 을의 수치가 같다면 양분비율이나 백분율의 비율이 같기 때문에 ㄷ은 올바른 판단이다.

오답분석

ㄱ. 방법 A와 B는 정도의 차이가 있지만, 모두 병에 대한 믿음의 정도를 갑과 을에 전부 분배하는 것이다. 따라서 어떤 방법을 쓰든, 갑과 을에 대한 믿음의 정도의 합은 항상 1로 같다.
ㄴ. '갑이 범인'과 '을이 범인'에 대한 믿음의 정도의 차이는 방법 A를 이용한 결과가 방법 B를 이용한 결과의 최대치를 놓고 보아도 결과는 달라지지 않는다. 첫 번째 방법은 양분을 하는 것이므로 평균치에 가까워지는 반면, 두 번째 방법은 기존 비율에 비례하게 배분하는 것이므로 비율의 차이는 커지게 된다.

58

정답 ④

제시문은 서양의 자연관은 인간이 자연보다 우월한 자연지배관이며, 동양의 자연관은 인간과 자연을 동일선상에 놓거나 조화를 중요시한다고 설명하고 있다. 따라서 '서양의 자연관과 동양의 자연관의 차이'가 중심 내용으로 가장 적절하다.

59

정답 ③

기분조정 이론은 현재 시점에만 초점을 맞추고 있는 기분관리 이론을 보완한 이론으로, 기분조정 이론을 검증하기 위한 실험에서 피실험자들은 한 시간 후의 상황을 생각하며 미리 다른 음악을 선택하였다. 즉, 기분조정 이론은 사람들이 현재 시점뿐만 아니라 다음에 올 상황을 고려하여 현재의 기분을 조정한다는 것이다. 따라서 빈칸에 들어갈 내용으로 ③이 가장 적절하다.

오답분석

①·④·⑤ 현재의 기분에 초점을 맞추고 있는 진술이므로 적절하지 않다.
② 기분조정 이론에 따르면 사람들은 다음에 올 상황을 고려하여 흥분을 유발하는 음악 또는 흥분을 가라앉히는 음악을 선택하여 기분을 조정한다. 따라서 흥분을 유발할 수 있는 음악을 선택한다는 진술은 적절하지 않다.

60

정답 ④

제시된 명제를 정리하면 다음과 같다.

- 내구성을 따지지 않는 사람 → 속도에 관심 없는 사람 → 디자인에 관심 없는 사람
- 연비를 중시하는 사람 → 내구성을 따지는 사람

따라서 '내구성을 따지지 않는 사람은 디자인에도 관심이 없다.'는 반드시 참이다.

61

정답 ③

대부분이 모두를 뜻하지 않으므로, 책 읽기를 좋아하는 사람 중에는 어린이가 아닌 사람이 있다는 반드시 참이다.

62

정답 ③

'환율이 하락하다.'를 A, '수출이 감소한다.'를 B, 'GDP가 감소한다.'를 C, '국가 경쟁력이 떨어진다.'를 D라고 하면 첫 번째 명제는 'A → D', 세 번째 명제는 'B → C', 네 번째 명제는 'B → D'이다. 두 번째 명제가 참이 되려면 'C → A'라는 명제가 필요하다. 따라서 'C → A'의 대우 명제인 '환율이 상승하면 GDP가 증가한다.'가 적절하다.

63

정답 ④

'비가 옴'을 p, '한강 물이 불어남'을 q, '보트를 탐'을 r, '자전거를 탐'을 s라고 하면 각 명제는 순서대로 $p \rightarrow q$, $\sim p \rightarrow \sim r$, $\sim s \rightarrow q$이다. 앞의 두 명제를 연결하면 $r \rightarrow p \rightarrow q$이고, 결론이 $\sim s \rightarrow q$가 되기 위해서는 $\sim s \rightarrow r$이라는 명제가 추가로 필요하다. 따라서 빈칸에 들어갈 명제는 ④이다.

64

정답 ③

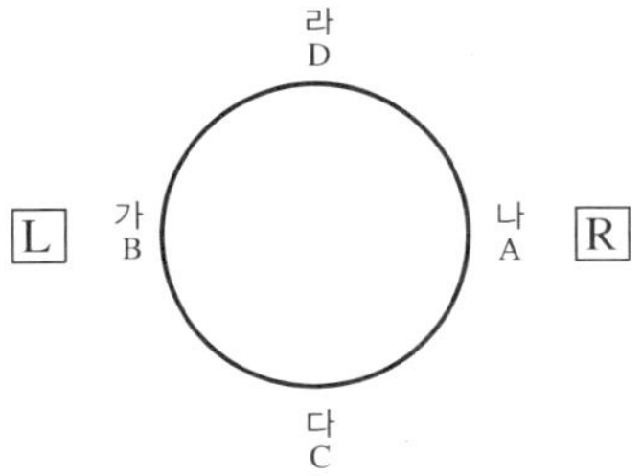

- 첫 번째 조건 • 다섯 번째 조건 : 다직원의 위치는 시계 6시 방향이고, 9시 방향과 12시 방향은 각각 B인턴과 D인턴을 맡은 직원이 앉게 된다.
- 두 번째 조건 : A인턴을 맡은 직원은 3시 방향에 앉고, 세 번째 조건에 의하여 라직원은 12시 방향에 앉아 있으므로 D인턴을 맡은 직원은 라직원이다.
- 네 번째 조건 : 나직원은 3시 방향에, 가직원은 9시 방향에 앉아 있게 되므로 A인턴을 맡은 직원은 나직원, B인턴을 맡은 직원은 가직원이다. 즉, 남은 C인턴은 다직원이 맡는다.

65

정답 ③

먼저 마지막 조건에 따라 D는 7호실에 배정되었으므로, B와 D의 방 사이에 3개의 방이 있다는 네 번째 조건에 따라 B의 방은 3호실임을 알 수 있다. 이때, C와 D의 방이 나란히 붙어 있다는 세 번째 조건에 따라 C는 6호실 또는 8호실에 배정될 수 있다.

i) C가 6호실에 배정된 경우

두 번째 조건에 따라 B와 C의 방 사이의 거리는 D와 E의 방 사이의 거리와 같으므로 E는 4호실 또는 10호실에 배정될 수 있다. 그러나 E가 10호실에 배정된 경우 A와 B의 방 사이에는 모두 빈방만 있거나 C와 D 2명의 방이 있게 되므로 첫 번째 조건과 모순된다. 따라서 E는 4호실에 배정되며, A ~ E가 배정받은 방은 다음과 같다.

1	2	3	4	5	6	7	8	9	10
		B	E	A	C	D			

ii) C가 8호실에 배정된 경우

두 번째 조건에 따라 B와 C의 방 사이의 거리는 D와 E의 방 사이의 거리와 같으므로 E는 2호실에 배정된다. 또한 첫 번째 조건에 따라 A와 B의 방 사이의 방에는 반드시 1명이 배정되어야 하므로 A는 1호실에 배정된다.

1	2	3	4	5	6	7	8	9	10
A	E	B				D	C		

따라서 항상 참인 것은 '9호실은 빈방이다.'의 ③이다.

66

정답 ④

농도 11%의 오렌지 주스의 양을 xg이라고 하면 다음 식이 성립한다.

$$\frac{5}{100}\times(400-x)+\frac{11}{100}\times x=\frac{8}{100}\times 400$$

$\rightarrow 2{,}000-5x+11x=3{,}200$

$\therefore\ x=200$

따라서 섞어야 하는 농도 11%의 오렌지 주스는 200g이다.

67

정답 ④

- 흰 구슬을 먼저 뽑고, 검은 구슬을 뽑을 확률 : $\frac{4}{10}\times\frac{6}{9}=\frac{4}{15}$
- 검은 구슬을 먼저 뽑고, 흰 구슬을 뽑을 확률 : $\frac{6}{10}\times\frac{4}{9}=\frac{4}{15}$

$\therefore\ \frac{4}{15}+\frac{4}{15}=\frac{8}{15}$

따라서 구하고자 하는 확률은 $\frac{8}{15}$이다.

68

정답 ③

6개의 숫자로 여섯 자릿수를 만드는 경우는 6!가지이다.

그중 1이 3개, 2가 2개씩 중복되므로 3!×2!의 경우가 겹친다.

따라서 가능한 경우의 수는 $\frac{6!}{3!\times2!}$=60가지이다.

69

정답 ⑤

A와 B가 같은 지점에서 동시에 서로 반대 방향으로 돌면, 둘이 만났을 때 A가 걸은 거리와 B가 걸은 거리의 합이 운동장의 둘레와 같다.

따라서 운동장의 둘레는 $100\times12+80\times12=2,160$m이다.

70

정답 ②

전체 일의 양을 1이라 하면 민수와 아버지가 1분 동안 하는 일의 양은 각각 $\frac{1}{60}$, $\frac{1}{15}$이다. 민수가 아버지와 함께 일한 시간을 x분이라 하면 다음 식이 성립한다.

$\frac{1}{60}\times30+\left\{\frac{1}{60}+\frac{1}{15}\right\}\times x=1$

$\therefore\ x=6$

따라서 민수와 아버지가 함께 일한 시간은 6분이다.

71

정답 ②

동생이 출발한 뒤 해선이를 만나게 될 때까지 걸리는 시간을 x분이라 하면 다음 식이 성립한다.

$80\times5+80x=100x$

$\therefore\ x=20$

따라서 두 사람은 동생이 출발한 뒤 20분 후에 만난다.

72

정답 ③

원뿔 조형물의 높이를 hm라고 하면 원뿔 조형물과 지지하는 강선에 대한 단면은 다음과 같이 나타낼 수 있다.

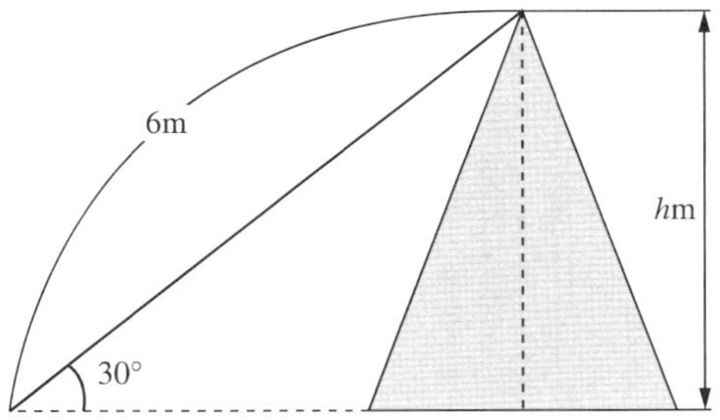

따라서 $\sin30°=\frac{h}{6}=\frac{1}{2}$이므로 $h=6\times\frac{1}{2}=3$m이다.

73

정답 ③

삼각형 ABC의 넓이는 $\frac{1}{2}\overline{AB}\times\overline{BC}\times\sin\theta$로 구할 수 있으므로 다음과 같은 식이 성립한다.

$3\sqrt{2}=\frac{1}{2}\times3\times4\times\sin\theta$

$\therefore\ \sin\theta=\frac{3\sqrt{2}}{6}=\frac{\sqrt{2}}{2}$

따라서 $\theta=\frac{\pi}{4}$이다.

74

정답 ②

이차방정식의 근과 계수의 관계에 따라 $\alpha+\beta=10$, $\alpha\beta=8$이다.

$\therefore\ \log_2\alpha+\log_2\beta=\log_2\alpha\beta=\log_2 8=\log_2 2^3=3$

75

정답 ②

$\frac{6x+5}{x^2-1}=\frac{2}{x-1}+\frac{3}{x+1}$

$\rightarrow\ \frac{6x+5}{x^2-1}\times(x^2-1)=\left(\frac{2}{x-1}+\frac{3}{x+1}\right)\times(x^2-1)$

$\rightarrow\ 6x+5=2\times(x+1)+3\times(x-1)$

$\rightarrow\ 6x+5=2x+2+3x-3$

$\rightarrow\ 6x-2x-3x=2-3-5$

$\therefore\ x=-6$

76

정답 ②

2024년 쌀 소비량이 세 번째로 높은 업종은 탁주 및 약주 제조업이다. 탁주 및 약주 제조업의 2023년 대비 2024년 쌀 소비량 증감률은 $\frac{51,592-46,403}{46,403}\times100≒11\%$이다.

77

정답 ②

ㄱ. 영어 관광통역 안내사 자격증 취득자 수는 2023년에 345명으로 전년 대비 감소하였으며, 스페인어 관광통역 안내사 자격증 취득자 수는 2023년에 전년 대비 동일하였고, 2024년에 3명으로 전년 대비 감소하였다.

ㄹ. 2022년에 불어 관광통역 안내사 자격증 취득자 수는 전년 대비 동일한 반면, 독어 관광통역 안내사 자격증 취득자 수는 전년 대비 감소하였다.

오답분석

ㄴ. 2024년 중국어 관광통역 안내사 자격증 취득자 수는 일어 관광통역 안내사 자격증 취득자 수의 $\frac{1,350}{150}=9$배이다.

ㄷ. 2021년과 2022년의 태국어 관광통역 안내사 자격증 취득자 수 대비 베트남어 관광통역 안내사 자격증 취득자 수의 비율은 다음과 같다.

- 2021년 : $\frac{4}{8}\times100=50\%$
- 2022년 : $\frac{14}{35}\times100=40\%$

따라서 2021년과 2022년의 차이는 $50-40=10\%$p이다.

78

정답 ③

곡물별 2022년과 2023년의 소비량 변화는 다음과 같다.

- 소맥 : $|680-697|=17$백만 톤
- 옥수수 : $|860-880|=20$백만 톤
- 대두 : $|240-237|=3$백만 톤

따라서 소비량의 변화가 가장 작은 곡물은 대두이다.

오답분석

① 제시된 자료를 통해 확인할 수 있다.

② 제시된 자료를 통해 2024년에 모든 곡물의 생산량과 소비량이 다른 해에 비해 많았음을 알 수 있다.

④ • 2022년 전체 곡물 생산량 : $695+885+240=1,820$백만 톤
• 2024년 전체 곡물 생산량 : $750+950+260=1,960$백만 톤
따라서 2022년과 2024년의 전체 곡물 생산량의 차이를 계산하면 $1,960-1,820=140$백만 톤이다.

⑤ 2024년의 곡물별 생산량 대비 소비량의 비중을 구하면 다음과 같다.

- 소맥 : $\frac{735}{750}\times100=98\%$
- 옥수수 : $\frac{912}{950}\times100=96\%$
- 대두 : $\frac{247}{260}\times100=95\%$

따라서 2024년에 생산량 대비 소비량의 비중이 가장 낮았던 곡물은 대두이다.

79

정답 ④

2020년과 2022년의 전체 풍수해 피해액 중 대설로 인한 풍수해 피해액의 비중을 구하면 다음과 같다.

- 2020년 : $\frac{477}{7,950}\times100=6\%$
- 2022년 : $\frac{119}{1,700}\times100=7\%$

따라서 전체 풍수해 피해액 중 대설로 인한 풍수해 피해액의 비중은 2022년이 2020년보다 크다.

오답분석

① 2016년의 전년 대비 태풍으로 인한 풍수해와 전체 풍수해 피해액의 증감 추이만 비교해도 바로 알 수 있다. 태풍으로 인한 풍수해 피해액은 증가한 반면, 전체 풍수해 피해액은 감소했으므로 옳지 않다.

② 2016년은 강풍, 2018년은 태풍, 2019년은 강풍의 피해액이 더 적었으므로 옳지 않다.

③ 2024년 호우로 인한 풍수해 피해액의 전년 대비 변화율은 $\frac{14-1,400}{1,400}\times100=-99\%$이므로 97% 이상 감소하였다.

⑤ 2015 ~ 2024년 중 태풍으로 인한 풍수해 피해액이 가장 큰 해는 2016년, 2021년이므로 옳지 않다.

80

정답 ③

2024년 3/4분기에도 감소하였다.

오답분석

① 조회 서비스 이용 실적은 817 → 849 → 886 → 1,081 → 1,100천 건으로 매 분기 계속 증가하였다.

② 2024년 2/4분기 조회 서비스 이용 실적은 849천 건이고, 전 분기의 이용 실적은 817천 건이므로 $849-817=32$, 즉 3만 2천 건 증가하였다.

④ 모바일 뱅킹 서비스 이용 실적의 전 분기 대비 증가율이 가장 높은 분기는 21.8%인 2024년 4/4분기이다.

⑤ 2025년 1/4분기의 조회 서비스 이용 실적은 자금 이체 서비스 이용 실적의 $\frac{1,100}{25}=44$배로 40배 이상이다.

BNK부산은행 직무수행능력평가

제2회 모의고사 정답 및 해설

01	02	03	04	05	06	07	08	09	10
⑤	③	②	⑤	①	①	②	⑤	②	⑤
11	12	13	14	15	16	17	18	19	20
③	②	⑤	②	⑤	②	②	③	①	③
21	22	23	24	25	26	27	28	29	30
④	①	①	⑤	③	③	②	③	④	④
31	32	33	34	35	36	37	38	39	40
③	④	②	④	③	②	④	③	④	③
41	42	43	44	45	46	47	48	49	50
④	②	②	④	④	③	①	③	④	⑤
51	52	53	54	55	56	57	58	59	60
②	④	③	②	④	⑤	②	⑤	②	⑤
61	62	63	64	65	66	67	68	69	70
③	⑤	②	⑤	①	②	④	②	③	④
71	72	73	74	75	76	77	78	79	80
③	③	④	①	②	④	③	②	③	③

01

정답 ⑤

ㄷ. 정부가 인센티브를 제공하여 쌀 생산량 감소를 유도하면 쌀 농부(생산자)는 쌀 가격 상승과 인센티브까지 포함하여 잉여가 증가하는 반면, 정부는 제공하는 인센티브, 소비자는 쌀 가격 상승에 따른 잉여 감소로 결과적으로 사회적 후생은 감소하게 된다.

ㄹ. 정부가 쌀을 매입함으로써 가격이 방어되어 생산자 입장에서는 쌀 생산량을 늘리는 요인이 된다.

오답분석

ㄱ. 쌀 가격이 하락할 것으로 예상될 때 시장 균형가격보다 높은 가격으로 정부가 매입하여 가격을 방어할 수 있다.

ㄴ. 쌀 가격 상승에 따라 쌀 소비를 줄이는 요인이 된다.

02

정답 ③

빅맥지수를 활용한 구매력 평가환율은 6,600÷4.9≒1,346.93원/달러이다. 구매력 평가환율 대비 원화가치가 20% 저평가되어 있으므로, 실제 명목환율은 1,346.93×1.2≒1,616.31원/달러이다.

03

정답 ②

고정환율제도에서는 재정정책으로 IS곡선이 오른쪽으로 이동하면서 대내균형이 우상방으로 이동하나, 국내이자율이 국제이자율보다 높아 해외자본이 유입된다. 이에 따라 환율하락을 방지하기 위하여 중앙은행이 개입하여 국내통화량을 증가시킴으로써 LM곡선이 오른쪽으로 이동하게 되고 결국 새로운 균형에서는 국민소득이 증가하게 된다.

변동환율제도와 고정환율제도에서의 확장적 재정정책

변동환율제도	고정환율제도
국민소득 불변	국민소득 증가
소비, 투자 불변	소비 증가, 투자 불변
환율하락에 따른 경상수지 적자 발생	국민소득 증가에 따른 수입증가로 인한 경상수지 악화 (적자 발생 불확실)

04

정답 ⑤

그린본드는 자금 사용 목적이 재생에너지, 전기차, 고효율에너지 등 친환경 관련 프로젝트 투자로 한정된 채권이다. 2013년 한국수출입은행이 해외에서 5억 달러 규모로 최초로 발행하였으며, 2018년 산업은행이 국내에서 처음으로 2,000억 원의 그린본드를 발행했다.

오답분석

① 불독본드(Bulldog Bond)
② 정크본드(Junk Bond)
③ 캣본드(Cat Bond)
④ 김치본드(Kimchi Bond)

05

정답 ①

가치의 역설은 사용가치가 높은 재화가 더 낮은 교환가치를 가지는 역설적인 현상으로, 희소가치가 높은 다이아몬드의 한계효용이 물의 한계효용보다 크기 때문에 다이아몬드의 가격이 물의 가격보다 비싸다고 설명한다.

오답분석

② 물은 필수재이고, 다이아몬드는 사치재이다.
③ 같은 물이라 해도 장소나 상황 등에 따라 가격이 달라질 수 있으므로 항상 다이아몬드보다 가격이 낮다고 할 수 없다.
④·⑤ 상품의 가격은 총효용이 아닌 한계효용에 의해 결정되며, 한계효용이 높아지면 상품의 가격도 비싸진다.

06

정답 ①

침투가격전략은 기업이 신제품을 출시할 때 처음에는 경쟁제품보다 낮은 가격을 제시한 후 점차적으로 가격을 올리는 전략으로, 수요탄력성이 클 때, 규모의 경제가 가능할 때, 원가 경쟁력이 있을 때, 가격 민감도가 높을 때, 낮은 가격으로 잠재 경쟁자들의 진입을 막거나 후발 주자가 저가 정책으로 기존 경쟁제품으로부터 고객을 가져오고 시장점유율을 확보할 수 있을 때 사용하는 것이 적절하다.

07

정답 ②

오쿤의 법칙에 따르면 경기 회복기에는 고용의 증가 속도보다 국민총생산의 증가 속도가 더 크고, 불황기에는 고용의 감소 속도보다 국민총생산의 감소 속도가 더 크다. 구체적으로 실업률이 1% 늘어날 때마다 국민총생산은 2.5%의 비율로 줄어드는데, 이와 같은 실업률과 국민총생산의 밀접한 관계를 오쿤의 법칙이라 한다.

오답분석

① 왈라스 법칙(Walars' Law)
③ 엥겔의 법칙(Engel's Law)
④ 슈바베의 법칙(Schwabe's Law)
⑤ 그레셤의 법칙(Gresham's Law)

08

정답 ⑤

국민총소득(GNI: Gross National Income)은 한 나라의 국민이 생산활동에 참여한 대가로 받은 소득의 합계이다. 그러므로 GNI에는 우리 국민이 해외에서 벌어들인 대외수취 요소소득이 포함되고, GDP 중에서 외국인에게 지급한 대외지급 요소소득은 제외된다. 또한, 실질GNI는 물가 등을 감안한 국민 소득의 실질구매력을 나타내는 지표이다.

오답분석

① GNI는 실질구매력을 나타내는 소득지표이므로 2020년 1분기부터 2021년 2분기까지의 GNI의 전년 동기 대비 성장률이 감소 추세에 있으므로 소비는 감소할 것이다.
② 교역조건이 개선되면 수출 한 단위로 수입할 수 있는 수입 재화의 양이 늘어나기 때문에 이를 반영한 실질GNI의 성장률은 실질GDP의 성장률보다 높게 된다.
③ 대외지급 요소소득이 낮다면 해외로 빠져나가는 돈이 줄어들기 때문에 GNI성장률이 GDP성장률보다 높아진다.
④ 문제에서 2020년 기준이라고 명시되어 있기 때문에 두 성장률 지표는 불변가격 기준인 실질변수이다.

09

정답 ②

소비자 주권은 소비자들이 어떤 물건을 얼마나 사느냐에 따라 기업들이 생산하는 물건의 종류와 수량이 정해지고, 이에 따라 사회적 자원배분이 결정된다는 의미이다. 즉, 자본주의체제에서는 무엇을 생산할 것인가가 소비자들의 선택에 달려 있다는 의미이므로 사유재산제도와는 직접적 연관이 없다.

오답분석

① 누구나 사용할 수 있는 공유재산은 누구의 재화도 아니라는 인식으로 인해 제대로 보존·유지되지 못하는 반면, 사유재산제도는 개인의 소유욕을 제도적으로 보장하여 사회의 생산적 자원이 보존·유지·증식되도록 한다.
③ 부의 분산에 기반하여 다양한 가치가 만들어지고 의사결정의 권력도 분산된다.

10

정답 ⑤

수요의 가격탄력성이란 어떤 재화의 가격이 변할 때 그 재화의 수요량이 얼마나 변하는지를 나타내는 지표이다. 수요의 가격탄력성은 수요량의 변화율을 가격의 변화율로 나누고 음의 부호(−)를 부가하여 구할 수 있으며, 이 값이 1보다 큰 경우를 '탄력적'이라고 하고 가격 변화에 따라 수요량이 민감하게 변한다는 것을 의미한다. 해당 문제에서 가격 변화율은 10%, 제품 판매량은 5% 감소하였으므로 수요의 가격탄력성은 $\frac{5\%}{10\%}=0.5$이다.

11

정답 ③

ㄱ. 최저임금제가 실시되기 전에는 노동수요와 노동공급이 400명으로 일치하는 임금 80만 원에서 형성되었다.
ㄴ. 정부가 최저임금을 100만 원으로 설정할 경우 100만 원 이하로는 임금을 책정할 수 없으므로 실질적으로 임금이 100만 원으로 인상된 효과와 동일하다.
ㄷ. 임금이 100만 원인 경우 노동공급량은 600명이고 노동수요량은 200명이므로 초과공급된 400명이 실업자가 된다.

오답분석

ㅁ. 최저임금제는 숙련된 노동자나 취업된 노동자에게는 유리한 제도이지만 미숙련 노동자나 취업준비생에게는 불리한 제도이다.

12

정답 ②

중국은 의복과 자동차 생산에 있어 모두 절대우위를 갖는다. 그러나 리카도의 비교우위론에 따르면, 양국 중 어느 한 국가가 절대우위에 있는 경우라도 상대적으로 생산비가 낮은 재화생산에 특화하여 무역을 한다면 양국 모두 무역으로부터 이익을 얻을 수 있다.

이때 생산하는 재화를 결정하는 것은 재화의 국내생산비로 재화생산의 기회비용을 말한다. 문제에서 주어진 표를 바탕으로 각 재화생산의 기회비용을 알아보면 다음과 같다.

구분	의복(벌)	자동차(대)
중국	0.5	0.33
인도	2	3

즉, 중국은 자동차의 기회비용이 의복의 기회비용보다 낮고, 인도는 의복의 기회비용이 자동차의 기회비용보다 낮다.

따라서 중국은 자동차, 인도는 의복에 비교우위가 있으므로 중국은 자동차, 인도는 의복을 수출할 것이다.

13

정답 ⑤

오답분석

① 수요곡선이 우하향하고 공급곡선이 우상향하는 경우 물품세가 부과되면 조세부과에 따른 자중적 손실의 크기는 세율의 제곱에 비례한다.

②·③ 다른 조건이 일정할 때 수요가 가격에 탄력적이면 소비자 부담은 작아지고 자중적 손실은 커진다.

④ 단위당 조세액 중 일부만 소비자에게 전가되므로 세금부과 후에 시장가격은 단위당 조세액보다 작게 상승한다.

14

정답 ②

올해가 좋은 해일 확률은 80%이고, 나쁜 해일 확률은 20%이므로 각각의 기대수익률을 계산하면 다음과 같다.

- 주식 A에 투자할 경우
  : (0.8×30%)+[0.2×(−10%)]=22%
- 주식 B에 투자할 경우
  : (0.8×20%)+[0.2×(−5%)]=15%
- 포트폴리오 C에 투자할 경우
  : (0.5×22%)+(0.5×15%)=18.5%

따라서 기대수익률은 A>C>B 순으로 높다.

15

정답 ⑤

오답분석

① 구직활동을 하고 있지 않으므로 비경제활동인구이다.

② 구직활동은 포기했지만 수입을 목적으로 버섯 재배업을 시작하였으므로 경제활동인구 중 취업자로 분류된다.

③ 가족이 경영하는 사업체에서 주중 내내 일하고 있으므로 취업자로 분류된다.

④ 구직활동을 포기한 실망노동자로 비경제활동인구로 분류된다.

16

정답 ②

- 매월 상환하는 원금=1,800만 원÷36개월=50만 원
- 1회 차 납부금액=50만 원+1,800만 원×(금리÷12)=59만 원

따라서 금리는 6%이다.

17

정답 ②

오답분석

ㄴ. 역사적 원가는 취득 이후 자산가치가 변동하여도 취득 당시의 금액으로 계속 기록한다.

ㄹ. 공정가치는 가격을 직접 관측하거나 다른 가치평가방법을 사용하여 추정할 수 있다.

18

정답 ③

물가가 급속하게 상승하는 인플레이션이 발생하면 화폐가치가 하락하게 되므로, 채무자나 실물자산보유자는 채권자나 금융자산보유자보다 유리해진다.

19

정답 ①

제시문의 상황은 케인스가 주장하였던 유동성 함정(Liquidity Trap)이다. 유동성 함정이란 시장에 현금이 흘러 넘쳐 구하기 쉬운데도 기업의 생산·투자와 가계의 소비가 늘지 않아 경기가 나아지지 않고, 마치 경제가 함정(Trap)에 빠진 것처럼 보이는 상황을 말한다. 유동성 함정에서는 금리를 아무리 낮추어도 실물경제에 영향을 미치지 못하게 된다.

20

정답 ③

오답분석

① 총공급곡선이 우상향 형태일 때 물가수준이 하락하면 총공급곡선 자체가 이동하는 것이 아니라 총공급곡선상에서 좌하방으로 이동한다.

② 확장적 재정정책을 실시하면 이자율이 상승하여 민간투자가 감소하는 구축효과가 발생하게 되는데, 변동환율제도하에서는 확장적 재정정책을 실시하면 환율하락으로 인해 추가적으로 총수요가 감소하는 효과가 발생한다. 즉, 확장적 재정정책으로 이자율이 상승하면 자본유입이 이루어지므로 외환의 공급이 증가하여 환율이 하락한다. 이렇듯 평가절상이 이루어지면 순수출이 감소하므로 폐쇄경제에서보다 총수요가 더 큰 폭으로 감소한다.

④ 장기균형 상태에 있던 경제에 원유가격이 일시적으로 상승하면 단기적으로 물가가 상승하고 국민소득이 감소하지만 장기적으로는 원유가격이 하락하여 총공급곡선이 다시 오른쪽으로 이동하므로 물가와 국민소득은 변하지 않는다.

⑤ 단기 경기변동에서 소비와 투자가 모두 경기순응적이며, 소비의 변동성은 투자의 변동성보다 작다.

21

정답 ④

효율임금이론의 의의 및 특징

- 효율임금이론이란 근로자의 생산성을 높이기 위해 균형임금보다 더 높은 임금을 지불하는 것이 이윤극대화를 추구하는 기업에 더 이익이 된다는 이론이다.
- 임금을 동종업계보다 많이 지급함으로써 근로자가 생산성을 최대한 발휘하도록 하는 전략과 연관된다.
- 고임금의 경제효과가 있을 때 임금이 상승하여도 생산성이 높으므로 새롭게 형성되는 노동수요곡선은 본래의 수요곡선보다 비탄력적이다.

22

정답 ①

그래프상에서 국민소득이 증가할 때 저축이 증가하므로 저축은 국민소득의 증가함수이다. 현재 국민총생산이 Y_0에서 달성되고 있을 때 소득 중 소비되지 않은 부분을 나타내는 저축이 기업의 새로운 자본재 구입액인 투자를 초과하므로, 생산물 중 일부가 덜 팔리면서 의도했던 것보다 재고가 증가한다.

23

정답 ①

완전경쟁시장에서는 P=MC를 만족할 때 시장균형생산량이 산출된다. 즉, $P=60-\frac{1}{2}Q=0 \rightarrow Q=120$이다.

꾸르노 모형에서의 생산량은 완전경쟁의 $\frac{2}{3}$이므로 Q=80이다.

독점시장에서는 수요함수가 $P=60-\frac{1}{2}Q$이고, MR은 수요함수 기울기의 2배 기울기를 가지므로 MR=60−Q이다. 문제에서 MC=0이며, 독점시장의 시장균형생산량은 MR=MC로 구할 수 있으므로, $60-Q=0 \rightarrow Q=60$이다.

따라서 꾸르노 모형에서의 생산량이 독점일 때보다 20단위 더 많다.

24

정답 ⑤

경기종합지수는 선행종합지수, 동행종합지수, 후행종합지수로 나뉜다. 도시가계소비지출은 후행종합지수의 구성지표이다.

선행종합지수

구인구직비율, 재고순환지표, 소비자기대지수, 건설수주액, 기계류내수출하지수(선박 제외), 국제원자재가격지수(역계열), 수출입물가비율, 코스피지수, 장단기금리차

동행종합지수

광공업생산지수, 서비스업생산지수(도소매업 제외), 소매판매액지수, 내수출하지수, 건설기성액, 수입액, 비농림어업 취업자수

후행종합지수

상용근로자수, 생산자제품재고지수, 도시가계소비지출, 소비재수입액, 회사채유통수익률

25

정답 ③

통화승수는 통화량을 본원통화로 나눈 값이다.

통화승수 $m=\frac{1}{c+z(1-c)}$이므로, 현금통화비율(c)이 하락하거나 지급준비율(z)이 낮아지면 통화승수가 커진다.

26

정답 ③

생산물 가격이 하락할수록 요소수요는 감소하므로 노동수요곡선이 좌측으로 이동하면서 새로운 균형에서는 임금과 고용량이 모두 감소한다.

27

정답 ②

최저임금이 W_2로 오르면 공급(S)은 늘어나고 수요(D)는 줄어든다. 이는 초과공급이 발생하는 것으로 기업이 필요로 하는 노동자 수는 줄어드는 한편 고용되기를 원하는 사람은 많아지는 것이다. 따라서 W_2를 최저임금으로 할 때, 일을 원하는 사람은 L_2이고, 기업이 고용할 수 있는 사람은 L_1이므로 비자발적 실업자 수는 $L_2-L_1=80-20=60$명임을 알 수 있다.

28

정답 ③

스태그플레이션이란 경제불황 속에서 인플레이션(물가상승)이 동시에 발생하고 있는 상태를 일컫는 말이다.

29

정답 ④

신축된 주택과 사무실의 가격은 GDP디플레이터 계산에 포함된다.

30

정답 ④

케인스의 이론에는 고전학파에서 주장하는 '공급은 스스로 수요를 창출한다.'는 세이의 법칙이 적용되지 않는다. 즉, 케인스학파는 유효수요의 부족으로 인해 경기침체가 발생하는 것으로 생각한다.

31

정답 ③

은행법 제33조에 의해 은행은 자기자본의 5배의 범위에서 사채(금융채)를 발행할 수 있다. 자기자본이 30조 원이므로 발행 가능한 금융채의 최대한도는 30×5=150조 원이다.

금융채의 발행(은행법 제33조)

은행은 자기자본의 5배의 범위에서 대통령령으로 정하는 한도 내에서 다음 각 호의 사채(금융채)를 발행할 수 있다. 다만, 제4호의 사채는 비상장은행만이 발행할 수 있다.

1. 「상법」에 따른 사채
2. 「자본시장과 금융투자업에 관한 법률」 제165조의11 제1항에 따른 사채 중 해당 사채의 발행 당시 객관적이고 합리적인 기준에 따라 미리 정하는 사유(예정사유)가 발생하는 경우 그 사채의 상환과 이자지급 의무가 감면된다는 조건이 붙은 사채(상각형 조건부자본증권)
3. 「자본시장과 금융투자업에 관한 법률」 제165조의11 제1항에 따른 사채 중 해당 사채의 발행 당시 예정사유가 발생하는 경우 은행의 주식으로 전환된다는 조건이 붙은 사채(은행주식 전환형 조건부자본증권)
4. 「상법」 제469조 제2항, 제513조 및 제516조의2에 따른 사채와 다른 종류의 사채로서 해당 사채의 발행 당시 예정사유가 발생하는 경우 비상장은행의 주식으로 전환됨과 동시에 그 전환된 주식이 상장은행지주회사의 주식과 교환된다는 조건이 붙은 사채(은행지주회사주식 전환형 조건부자본증권)
5. 그 밖에 제1호부터 제4호까지의 사채에 준하는 사채로서 대통령령으로 정하는 사채

32

정답 ④

은행이 은행이용자에게 금융상품을 투명하게 설명하지 않고 약관 설명을 생략하거나 부정확하게 전달하여 불리한 계약을 체결하게 하는 행위는 금융소비자보호법에서 규정하는 설명의무(제19조)를 위반한 것으로 은행법이 규정하는 불건전 영업행위에는 해당하지 않는다.

불건전 영업행위의 금지(은행법 제34조의2 제1항)

은행은 다음 각 호의 어느 하나에 해당하는 행위를 해서는 아니 된다.

1. 실제 자금을 수취하지 아니하였음에도 입금처리하는 행위 등 은행이용자에게 부당하게 편익을 제공하는 행위
2. 예금, 대출 등 은행이 취급하는 상품을 비정상적으로 취급하여 은행이용자의 조세포탈·회계분식·부당내부거래 등 부당한 거래를 지원하는 행위
3. 은행업무, 부수업무 또는 겸영업무와 관련하여 은행이용자에게 정상적인 수준을 초과하여 재산상 이익을 제공하는 행위
4. 그 밖에 은행업무, 부수업무 또는 겸영업무와 관련하여 취득한 정보 등을 활용하여 은행의 건전한 운영 또는 신용질서를 해치는 행위

33

정답 ②

오답분석

① 사이드카(Side Car) : 선물시장이 급변할 경우 현물시장에 대한 영향을 최소화함으로써 현물시장을 안정적으로 운용하기 위한 관리제도이다.
③ 트레이딩칼라(Trading Collar) : 주식시장 급변에 따른 지수 변동성 확대로 시장의 불안 정도가 높아질 때 발효되는 시장 조치이다.
④ 서킷브레이커(Circuit Breaker) : 주식시장에서 주가가 급등 또는 급락하는 경우 주식매매를 일시 정지하는 제도이다.
⑤ 스캘핑(Scalping) : 주식 보유시간을 짧게 잡아 수시로 거래를 하여 매매의 차익을 얻는 방법이다.

34

정답 ④

합자회사(合資會社)는 유한책임사원과 무한책임사원으로 이루어지는 회사로, 무한책임사원이 사업을 경영하고 집행하며 양도 시 무한책임사원의 동의가 필요하다.

35

정답 ③

법인세가 있는 경우 부채를 많이 사용할수록 기업가치가 증가한다.

오답분석

① 무관련이론 제1명제에 대한 설명이다.
②·④ 자기자본과 타인자본의 구성비율 변경을 통해 최적의 자본구조를 찾을 수 있다고 본다.
⑤ 법인세가 없을 때보다 있을 때 부채의 감세효과로 인해 부채를 많이 사용할수록 가중평균자본비용은 감소한다.

36

정답 ②

그린메일은 특정 기업의 주식을 대량 매입한 뒤 경영진에게 적대적 M&A를 포기하는 대가로 매입한 주식을 시가보다 훨씬 높은 값에 되사도록 요구하는 행위로 적대적 M&A 시도에 대한 사후 방어 전략에 해당한다.

오답분석

① 황금주 : 단 1주 만으로도 주주총회 결의사항에 대해 거부권을 행사할 수 있는 권리를 가진 주식을 발행하는 전략이다.
③ 황금낙하산 : 기업임원이 적대적 M&A로 인해 퇴사하는 경우 거액의 퇴직위로금을 지급받도록 하는 전략이다.
④ 포이즌 필 : 현재 주가 대비 현저히 낮은 가격에 신주를 발행하는 것을 허용하여 매수자가 적대적 M&A를 시도할 때 엄청난 비용이 들도록 하는 전략이다.
⑤ 포이즌 풋 : 채권자가 미리 약정한 가격에 채권을 상환할 것을 청구할 수 있는 권리를 부여하여 적대적 M&A를 시도하는 매수자가 인수 직후 부채 상환 부담을 갖게 하는 전략이다.

37

정답 ④

공매도를 통한 기대수익은 자산 가격(100%) 미만으로 제한되나, 기대손실은 무한대로 커질 수 있다.

오답분석

① 공매도는 주식을 빌려서 매도하고 나중에 갚는 것이기 때문에 주가상승 시 채무불이행 리스크가 존재한다.
② 매도의견이 시장에 적극 반영되어 활발한 거래를 일으킬 수 있다.
③ 자산 가격이 하락할 것으로 예상되는 경우, 공매도를 통해 수익을 기대할 수 있다.
⑤ 공매도의 가능 여부는 효율적 시장가설의 핵심전제 중 하나이다.

38

정답 ③

주식가격과 채권가격은 일시적으로 반대 방향으로 움직일 수 있으나, 기본적으로 같은 방향으로 움직인다.

39

정답 ④

IMC는 소비자 지향적인 마케팅 전략으로, 더 많은 소비자를 확보함으로써 브랜드 가치 확대 및 소비자 충성도 제고를 이끌어낼 수 있다.

오답분석

① IMC는 소비자를 획득, 유지, 증가시키며 소비자가 제품을 더욱 친숙하게 받아들이도록 한다.
② IMC는 광고, DM, PM 등 다양한 커뮤니케이션 방법을 활용하는 전략이다.
③ IMC의 내용 측면 마케팅 커뮤니케이션은 브랜드를 소비자에게 알리고 설득시키는 것을 의미한다.
⑤ IMC의 과정 측면 마케팅 커뮤니케이션은 회사 내부의 조직 간 조정 노력을 의미한다.

40

정답 ③

목표관리는 목표의 설정뿐 아니라 성과평가 과정에도 부하직원이 참여하는 관리기법이다.

오답분석

① 조직의 상·하 구성원이 모두 협의하여 목표를 설정한다.
② 조직의 목표를 부서별, 개인별 목표로 전환하여 조직구성원 각자의 책임을 정하고, 조직의 효율성을 향상시킬 수 있다.
④ 목표설정이론은 명확하고 도전적인 목표가 성과에 미치는 영향을 분석한다.
⑤ 목표는 지시적 목표, 자기설정 목표, 참여적 목표로 구분되고, 이 중 참여적 목표가 종업원의 수용성이 가장 높다.

41

정답 ④

GPU는 딥러닝(Deep Learning)에서 다량의 학습 데이터를 신속하게 반복 학습시키기 위해 많이 활용되고 있다. 실제로 GPU를 활용하면서 딥러닝의 성능 또한 크게 향상되었다.

오답분석

① CPU(Central Processing Unit) : 컴퓨터의 두뇌이자 심장부의 역할을 하는 중앙처리장치로, 다른 모든 장치의 동작을 제어하고 또한 프로그램 명령을 해독·실행하는 장치, 제어장치, 연산장치 및 내부 기억장치(레지스터)를 합친 것이다.
② AI(Artificial Intelligence) : 컴퓨터에서 인간과 같이 사고하고 생각하고 학습하고 판단하는 논리적인 방식을 사용하는 인간의 지능을 본 딴 고급 컴퓨터 프로그램이다.
③ HDD(Hard Disk Drive) : 자성체로 코팅된 원판형 알루미늄 기판에 자료를 저장할 수 있도록 만든 보조기억장치의 한 종류이다.
⑤ SSD(Social State Drive) : 반도체를 이용하여 정보를 저장하는 장치로, 하드디스크드라이브에 비하여 속도가 빠르고 기계적 지연이나 실패율, 발열·소음도 적으며 소형화·경량화할 수 있다는 장점이 있다.

42

정답 ②

오답분석

① RFID(Radio Frequency IDentification) : 극소형 칩에 상품정보를 저장하고 안테나를 달아 무선으로 데이터를 송신하는 장치를 말한다.
③ VPN(Virtual Private Network) : 우리말로 가상사설망이라고 하며, 인터넷망과 같은 공중망을 사설망처럼 이용해 회선비용을 크게 절감할 수 있는 기업통신 서비스이다.
④ NFC(Near Field Communication) : 10cm 이내의 가까운 거리에서 다양한 무선 데이터를 주고받는 통신 기술이다.
⑤ IDS(Intrusion Detection System) : 단순한 접근 제어 기능을 넘어서서 네트워크나 시스템의 사용을 실시간 모니터링하고 침입을 탐지하는 보안 제품이다.

43

정답 ②

싱귤래리티(Singularity)는 '특이성'을 의미하는 영어 단어로, 미래학자이자 발명가인 커즈와일은 인공지능이 인류의 지능을 넘어서는 순간을 싱귤래리티로 정의하였다.

44

정답 ④

스마트 팩토리(Smart Factory)란 ICT 기술이 융합되어 제품을 생산하고 유통하는 전 과정이 자동으로 이루어지는 공장을 의미한다. 공장 내 모든 설비와 장치가 연결되어 실시간으로 모든 공정을 모니터링하고 분석할 수 있다.

45

정답 ④

기존에는 수치와 같은 정형화된 데이터를 분석했다면, 빅데이터 기술은 수치뿐 아니라 문자, 영상 등의 비정형화된 데이터 분석까지도 가능하다.

46

정답 ③

제시문은 AR에 대한 설명이고, 빈칸에 들어갈 용어는 AR을 실외에서 실현하는 '착용 컴퓨터'이다. 착용 컴퓨터는 일상생활에서 사용하기 편리하고 휴대 또는 착용 가능한 형태의 컴퓨터로, 언제 어디서나 사용자의 요구에 응할 수 있는 유비쿼터스 컴퓨팅 환경을 제공한다.

47

정답 ①

오답분석

② 유틸리티 : 프로그램 작성에 도움이 되거나 컴퓨터 운영에 도움이 되는 소프트웨어이다.
③ 블로트웨어 : 반드시 필요한 기능 외에도 사용 빈도와 효용성이 낮은 기능까지 갖추다 보니 지나치게 많은 메모리를 요구하게 되어 저장 공간을 과다하게 차지하는 소프트웨어이다.
④ 블루투스 : 근거리 무선 통신 규격의 하나이다.
⑤ 링 네트워크 : 컴퓨터 네트워크의 한 형태로서 호스트 컴퓨터를 통하지 않고 인접된 컴퓨터 시스템끼리 서로 통신하도록 하는 구조이다.

48

정답 ③

블록체인의 데이터는 모든 사용자가 동일한 정보를 보관할 수 있도록 하기 때문에 한 부분의 정보가 손실되어도 금방 복구할 수 있다.

오답분석

① 온라인 거래 정보는 수정할 수 없도록 블록에 저장된다.
② 블록체인은 데이터를 분산하고 체인으로 연결하여 관리하는 분산 컴퓨팅 기술이다.
④ 가장 처음 생성된 블록을 제네시스 블록이라고 한다. 즉, 제네시스 블록은 그 앞에 어떤 블록도 생성되지 않은 최초의 블록을 말한다.
⑤ 블록체인에 참여하는 개개인의 서버를 노드라고 한다. 중앙 관리자가 없으므로 블록을 배포하는 노드의 역할이 중요하며, 참여하는 노드 중의 절반 이상의 동의가 있어야 새 블록이 생성된다.

49

정답 ④

메타버스(Metaverse)란 가상세계가 현실세계로 들어온 것으로 가상을 의미하는 '메타(Meta)'와 현실을 의미하는 '유니버스(Universe)'가 합해진 단어로, 국내의 대표적인 메타버스로는 '제페토'가 있으며, 미국은 '세컨드 라이프'가 있다.

오답분석

ㄷ. 가상현실(VR)이 발전한 개념이 메타버스이다.
ㅁ. 메타버스 내의 세계는 현실과 동일한 형태를 띄고 있다.

50

정답 ⑤

ㄷ. GAN(생성적 적대 신경망)은 결과물을 생성하는 모델인 생성자 모델과 진위여부를 식별하는 모델인 감별자 모델을 활용한 프로그램이다.
ㄹ. 기존의 학습 방식은 지도학습 방식으로 인간이 데이터 각각에 대해 라벨을 붙여주는 등의 데이터 정제과정이 필요했으나, GAN(생성적 적대 신경망)의 학습 방식인 비지도학습 방식을 도입하면 인간의 관여 없이 인공지능 자신의 힘으로 데이터를 관리할 수 있다.

오답분석

ㄱ. 인공지능 기술을 활용하여 진짜 같은 가짜를 만들어내는 프로그램이다.
ㄴ. 인간이 정리해 놓은 데이터를 학습하는 지도학습 방식이 아닌, 자신의 힘으로 답안을 찾는 비지도학습 방식을 활용한 프로그램이다.

51

정답 ②

제시된 단어는 유의 관계이다.
'참하다'는 성질이 찬찬하고 얌전하다는 뜻으로 '얌전하다'와 같은 의미를 가지며, '아결하다'는 단아하며 깨끗하다는 뜻으로 '고결하다'와 같은 의미를 가진다.

52

정답 ④

제시된 단어는 상하 관계이다.
'재즈'는 '음악'에 포함되며, '간장'은 '조미료'에 포함된다.

53

정답 ③

제시문은 습지보호구역과 정부에서 고창 갯벌을 습지보호구역으로 지정한 것에 대해 설명하고 있다. 따라서 (나) 정부에서 고창 갯벌을 습지보호지역으로 지정 고시한 사실을 알림 – (가) 고창 갯벌의 상황 – (라) 습지보호지역으로 지정 고시된 이후에 달라진 내용을 언급 – (다) 앞으로의 계획을 밝힘 순으로 나열하는 것이 적절하다.

54

정답 ②

제시문은 음악을 쉽게 복제할 수 있는 환경을 비판하는 시각에 대해 반박하며 미래에 대한 기대를 나타내는 내용을 담고 있다. 따라서 (다) 음악을 쉽게 변모시킬 수 있게 된 환경의 도래 – (가) 음악 복제에 대한 비판적인 시선의 등장 – (라) 이를 반박하는 복제품 음악의 의의 – (나) 복제품으로 새롭게 등장한 전통에 대한 기대 순으로 나열하는 것이 적절하다.

55

정답 ④

최근 대두되고 있는 '초연결사회'에 대해 언급하는 (나) 문단이 가장 먼저 오는 것이 적절하며, 그다음으로는 초연결사회에 대해 설명하는 (가) 문단이 와야 한다. 그 뒤를 이어 초연결 네트워크를 통해 긴밀히 연결되는 초연결사회의 (라) 문단이, 마지막으로는 이러한 초연결사회가 가져올 변화에 대한 전망의 (다) 문단이 오는 것이 적절하다.

56

정답 ⑤

엑셀로드는 팃포탯 전략이 두 차례 모두 우승할 수 있었던 이유가 비열한 전략에는 비열한 전략으로 대응했기 때문임을 알게 되었다고 마지막 문단에서 언급하고 있다.

오답분석

① 네 번째 문단에 의하면 팃포탯을 만든 것은 심리학자인 아나톨 라포트 교수이다.
② 두 번째 문단에 의하면 죄수의 딜레마에서 자신의 이득이 최대로 나타나는 경우는 내가 죄를 자백하고 상대방이 죄를 자백하지 않는 것이다.
③·④ 마지막 문단에서 엑셀로드는 팃포탯을 친절한 전략으로 분류했음을 확인할 수 있다.

57

정답 ②

첫 번째 문단에 따르면 르네상스의 야만인 담론은 이전과는 달리 현실적 구체성을 띠고 있지만 전통 야만인관에 의해 각색되는 것은 여전하다.

오답분석

①·④·⑤ 두 번째 문단에서 확인할 수 있다.
③ 첫 번째 문단에서 확인할 수 있다.

58

정답 ⑤

제시문에서는 우리 민족과 함께해 온 김치의 역사를 비롯하여 김치의 특징과 다양성 등을 함께 이야기하고 있으며, 복합 산업으로 발전하면서 규모가 성장하고 있는 김치 산업에 관해서도 이야기하고 있다. 따라서 제시문 전체를 아우를 수 있는 제목으로 가장 적절한 것은 ⑤이다.

오답분석

①·④ 첫 번째 문단이나 두 번째 문단의 소제목은 될 수 있으나, 제시문 전체 내용을 나타내는 제목으로는 적절하지 않다.
② 마지막 문단에서 김치산업에 관한 내용을 언급하고 있지만, 이는 현재 김치산업의 시장 규모에 대한 내용일 뿐이므로 산업의 활성화 방안과는 거리가 멀다.

59

정답 ②

빈칸 앞에서는 제3세계 환자들과 제약회사 간의 신약 가격에 대한 딜레마를 이야기하며 제3의 대안이 필요하다고 한다. 빈칸 뒤에서는 그 대안이 실현되기 어려운 이유는 '자신의 주머니에 손을 넣어 거기에 필요한 비용을 꺼내는 순간 알게 될 것'이라고 하였으므로 개인 차원의 대안을 제시했음을 추측할 수 있다. 따라서 빈칸에 들어갈 내용으로 ②가 적절하다.

60

정답 ⑤

'연차를 쓸 수 있다.'를 A, '제주도 여행을 한다.'를 B, '회를 좋아한다.'를 C, '배낚시를 한다.'를 D, '다른 계획이 있다.'를 E라고 할 때, 제시된 명제를 정리하면, $A \rightarrow B$, $D \rightarrow C$, $E \rightarrow \sim D$, $\sim E \rightarrow A$이다. 두 번째 명제를 제외한 후 연립하면 $D \rightarrow \sim E \rightarrow A \rightarrow B$가 되므로 $D \rightarrow B$가 성립한다. 따라서 그 대우 명제인 '제주도 여행을 하지 않으면 배낚시를 하지 않는다.'는 참이다.

61

정답 ③

'커피를 좋아함'을 p, '홍차를 좋아함'을 q, '우유를 좋아함'을 r, '콜라를 좋아함'을 s라고 하면 $p \rightarrow q \rightarrow \sim r \rightarrow s$가 성립한다. 따라서 $p \rightarrow s$이므로 '커피를 좋아하는 사람은 콜라를 좋아한다.'는 참이다.

62

정답 ⑤

'홍보실'을 A, '워크숍에 간다.'를 B, '출장을 간다.'를 C라고 하면, 첫 번째 명제와 마지막 명제는 각각 $A \rightarrow B$, $\sim C \rightarrow B$이다. 따라서 마지막 명제가 참이 되려면 $\sim C \rightarrow A$ 또는 $\sim A \rightarrow C$가 필요하므로 빈칸에 들어갈 명제는 '홍보실이 아니면 출장을 간다.'가 적절하다.

63

정답 ②

'밤에 잠을 잘 자다.'를 A, '낮에 피곤하다.'를 B, '업무효율이 좋다.'를 C, '성과급을 받는다.'를 D라고 하면, 첫 번째 명제는 $\sim A \rightarrow B$, 세 번째 명제는 $\sim C \rightarrow \sim D$, 마지막 명제는 $\sim A \rightarrow \sim D$이다. 따라서 $\sim A \rightarrow B \rightarrow \sim C \rightarrow \sim D$가 성립하기 위해서 필요한 두 번째 명제는 $B \rightarrow \sim C$이므로 '낮에 피곤하면 업무효율이 떨어진다.'가 적절하다.

64

정답 ⑤

작품상을 p, 감독상을 q, 각본상을 r, 편집상을 s라고 하면 심사위원의 진술은 다음과 같이 도식화할 수 있다.

• A : $\sim s \rightarrow \sim q$ and $\sim s \rightarrow r$

• B : $p \rightarrow q$

• C : $\sim q \rightarrow \sim s$

• D : $\sim s$ and $\sim r$

이때, D의 진술에 따라 편집상과 각본상을 모두 받지 못한다면, 편집상을 받지 못한다면 대신 각본상을 받을 것이라는 A의 진술이 성립하지 않으므로 A와 D의 진술 중 하나는 반드시 거짓임을 알 수 있다.

i) D의 진술이 참인 경우 : 편집상과 각본상을 모두 받지 못하며, 최대 개수를 구하기 위해 작품상을 받는다고 가정하면 B의 진술에 따라 감독상도 받을 수 있다. 따라서 최대 2개의 상을 수상할 수 있다.

ii) D의 진술이 거짓인 경우 : 편집상과 각본상을 모두 받으며, 최대 개수를 구하기 위해 작품상을 받는다고 가정하면 감독상도 받을 수 있으므로 최대 4개의 상을 수상할 수 있다.

따라서 해당 작품이 수상할 수 있는 상의 최대 개수는 4개이다.

65

정답 ①

제시된 조건에 따르면 김씨는 남매끼리 서로 인접하여 앉을 수 없으며, 박씨와도 인접하여 앉을 수 없으므로 김씨 여성은 왼쪽에서 첫 번째 자리에만 앉을 수 있다. 또한 박씨 남성 역시 김씨와 인접하여 앉을 수 없으므로 왼쪽에서 네 번째 자리에만 앉을 수 있다. 나머지 자리는 최씨 남매가 모두 앉을 수 있으므로 6명이 앉을 수 있는 경우는 다음과 같다.

i) 경우 1

김씨 여성	최씨 여성	박씨 여성	박씨 남성	최씨 남성	김씨 남성

ii) 경우 2

김씨 여성	최씨 남성	박씨 여성	박씨 남성	최씨 여성	김씨 남성

따라서 경우 1과 경우 2 모두 최씨 남매는 왼쪽에서 첫 번째 자리에 앉을 수 없다.

오답분석

② 어느 경우에도 최씨 남매는 인접하여 앉을 수 없다.

③ 박씨 남매는 항상 인접하여 앉는다.

④ 최씨 남성은 박씨 여성과 인접하여 앉을 수도 있고 인접하여 앉지 않을 수도 있다.

⑤ 김씨 여성은 최씨 여성과 인접하여 앉을 수도 있고 인접하여 앉지 않을 수도 있다.

66

정답 ②

배의 속력을 $x$km/h라고 하면, 강물을 거슬러 올라갈 때의 속력은 $(x-3)$km/h이다. $(x-3)\times1=9$이므로 배의 속력은 12km/h이다. 강물을 따라 내려올 때의 속력은 $12+3=15$km/h이고 걸린 시간을 y시간이라고 하면, $15y=9 \rightarrow y=\frac{9}{15}=36$분이다.

67

정답 ④

500g의 설탕물에 녹아있는 설탕의 양을 xg이라고 하면, 농도 3%의 설탕물 200g에 들어있는 설탕의 양은 $\frac{3}{100}\times200=6$g이다.

$\frac{x+6}{500+200}\times100=7$

$\rightarrow x+6=49$

$\therefore x=43$

따라서 500g의 설탕에 녹아있는 설탕의 양은 43g이다.

68

정답 ②

• 집 → 놀이터 → 학교 : $4\times5=20$가지

• 집 → 학교 : 2가지

따라서 집에서 학교까지 가는 경우의 수는 $20+2=22$가지이다.

69

정답 ③

(A의 톱니 수)×(A의 회전수)=(B의 톱니 수)×(B의 회전수)이므로, B의 회전수를 x회라고 하면 다음 식이 성립한다.

$30\times4=20x$

$\therefore x=6$

따라서 B는 6회 회전한다.

70

정답 ④

아버지의 나이를 x세, 형의 나이를 y세라고 하자.

동생의 나이는 $(y-2)$세이므로 $y+(y-2)=40 \rightarrow y=21$

어머니의 나이는 $(x-4)$세이므로 $x+(x-4)=6\times21 \rightarrow 2x=130 \rightarrow x=65$

따라서 아버지의 나이는 65세이다.

71
정답 ③

2주 동안 듣는 강연은 총 5회이다.
금요일 강연이 없는 주의 월요일에 첫 강연을 들었다면 5주 차 월요일 강연을 듣기 전까지 10회의 강연을 듣게 된다.
5주 차 월요일, 수요일 강연을 듣고 6주 차 월요일의 강연이 13번째 강연이 된다.
그러므로 6주 차 월요일이 13번째 강연을 듣는 날이므로, 8월 1일 월요일을 기준으로 35일 후가 된다.
8월은 31일까지 있으므로 1+35−31=5일, 즉 9월 5일이 된다.

72
정답 ③

(마름모의 넓이)=(한 대각선의 길이)×(다른 대각선의 길이)×$\frac{1}{2}$
이므로 다음 식이 성립한다.

$\left(9\times6\times\frac{1}{2}\right)-\left(4\times6\times\frac{1}{2}\right)=27-12=15$

따라서 두 마름모의 넓이 차는 15이다.

73
정답 ④

변 BC와 변 AC의 길이를 각각 $x$cm, $y$cm라고 하면 피타고라스의 정리에 의해 다음과 같은 식이 성립한다.

$18^2+x^2=y^2 \rightarrow y^2-x^2=324 \rightarrow (y+x)(y-x)=324 \cdots$ ㉠

직각삼각형 ABC의 둘레의 길이가 72cm라고 하였으므로 다음과 같은 식이 성립한다.

$x+y+18=72 \rightarrow x+y=54 \cdots$ ㉡

㉡을 ㉠에 대입하면 다음과 같은 식이 성립한다.

$54(y-x)=324 \rightarrow y-x=6 \cdots$ ㉢

㉡과 ㉢을 연립하면 $x=24$, $y=30$이다.

따라서 직각삼각형 ABC의 넓이는 $\frac{1}{2}\times18\times24=216\text{cm}^2$이다.

74
정답 ①

이차방정식 $x^2+2ax+a-4=0$의 한 근이 1이므로 $x=1$을 대입하면 다음과 같다.

$1+2a+a-4=0 \rightarrow 3a-3=0$

$\therefore a=1$

$a=1$을 이차방정식에 대입하면

$x^2+2x-3=0 \rightarrow (x+3)(x-1)=0$

$\therefore x=-3$ 또는 $x=1$

따라서 다른 한 근은 −3이다.

75
정답 ②

$\left(\sqrt{x}+\frac{1}{\sqrt{x}}\right)^2=x+\frac{1}{x}+2$이므로

$9=x+\frac{1}{x}+2 \rightarrow x+\frac{1}{x}=7$

$\left(x+\frac{1}{x}\right)^2=x^2+\frac{1}{x^2}+2$이므로

$49=x^2+\frac{1}{x^2}+2 \rightarrow x^2+\frac{1}{x^2}=47$

$\therefore \frac{x^2+x^{-2}+7}{x+x^{-1}+2}=\frac{47+7}{7+2}=6$

76
정답 ④

자료의 개수가 홀수개일 때 중앙값은 가장 가운데 오는 수이지만, 자료가 짝수개일 때, 중앙에 있는 2개 값이 중앙값이 된다. 12, 13, 15, 17, 17, 20 중 중앙값은 15와 17의 평균인 16이다. 최빈값은 17점이 두 번 나오므로 17점이 최빈값이 된다.
따라서 중앙값은 16점이며, 최빈값은 17점이다.

77
정답 ③

다음은 각 매장의 주중 평균 매출액이다.

구분	주중 평균 매출액
K치킨	$\frac{420+460+360+450+495}{5}=437$만 원
H한식당	$\frac{505+495+500+555+580}{5}=527$만 원
T카페	$\frac{450+460+400+450+500}{5}=452$만 원

따라서 T카페의 주중 평균 매출액 452만 원보다 일일 매출액이 많은 요일은 화요일, 금요일 이틀이므로 옳지 않다.

오답분석

① H한식당의 화요일 매출액 495만 원은 T카페의 목요일 매출액보다 $\frac{495-450}{450}\times100=10\%$ 많다.
② K치킨 주중 평균 매출액 437만 원은 470만 원보다 30만 원 이상 적다.
④ K치킨과 T카페의 주중 매출액 증감 추이는 '증가 − 감소 − 증가 − 증가'로 같다.
⑤ 세 곳의 수요일 매출액 대비 목요일 매출액 증가율은 다음과 같다.
- K치킨 : $\frac{450-360}{360}\times100=25\%$
- H한식당 : $\frac{555-500}{500}\times100=11\%$
- T카페 : $\frac{450-400}{400}\times100=12.5\%$

따라서 수요일 매출액 대비 목요일 매출액 증가율이 가장 높은 곳은 K치킨이다.

78

정답 ②

ㄱ. 주화 공급량이 주화 종류별로 각각 20십만 개씩 증가한다면, 이 지역의 평균 주화 공급량은 $\frac{1,000+20\times4}{4}=\frac{1,080}{4}=$ 270십만 개이다.

ㄷ. • 평균 주화 공급량 : $\frac{1,000}{4}=250$십만 개

• 주화 공급량 증가량 : $340\times0.1+215\times0.2+265\times0.2+180\times0.1=148$십만 개

• 증가한 평균 주화 공급량 : $\frac{1,000+148}{4}=287$십만 개

$250\times1.15>287$이므로, 증가율은 15% 이하이다.

오답분석

ㄴ. • 10원 주화의 공급기관당 공급량 : $\frac{340}{170}=2$십만 개

• 500원 주화의 공급기관당 공급량 : $\frac{180}{120}=1.5$십만 개

따라서 주화 종류별 공급기관당 공급량은 10원 주화가 500원 주화보다 많다.

ㄹ. 총 주화 공급액이 변하면 주화 종류별 공급량 비율도 당연히 변한다.

79

정답 ③

총 유출량이 가장 적은 연도는 2020년이다. 2020년에 기타를 제외한 선박 종류별 사고 건수 대비 유출량을 구하면 다음과 같다.

• 유조선 : $\frac{21}{28}=0.75$

• 화물선 : $\frac{51}{68}=0.75$

• 어선 : $\frac{147}{245}=0.6$

따라서 2020년에 사고 건수 대비 유출량이 가장 적은 선박 종류는 어선이다.

오답분석

① 2020년에 총 사고 건수는 증가하였으나 총 유출량은 감소하였다.

② 2022년에는 전년 대비 총 사고 건수는 감소했지만, 유조선 사고 건수는 증가하였다. 따라서 전년 대비 비율은 증가하였다.

④ 2019 ~ 2023년 동안 기타를 제외한 선박 종류별로 전체 유출량을 구하면 다음과 같다.

• 유조선 : $956+21+3+38+1,223=2,241$kL

• 화물선 : $584+51+187+23+66=911$kL

• 어선 : $53+147+181+105+30=516$kL

따라서 2019 ~ 2023년 동안 전체 유출량이 두 번째로 많은 선박 종류는 화물선이다.

⑤ 2023년 총 사고 건수의 전년 대비 증가율은 $\frac{480-384}{384}\times100=25\%$로, 20% 이상 증가하였다.

80

정답 ③

여성 조사인구가 매년 500명일 때, 2022년에 '매우 노력함'을 선택한 인원은 $500 \times 0.16 = 80$명이고, 2023년에는 $500 \times 0.2 = 100$명으로 2022년 대비 20명이 증가하였다.

오답분석

① 남성과 여성 모두 정확한 조사대상 인원이 나와 있지 않으므로 알 수 없다.

② 2023년에 '노력 안 함'을 선택한 비율이 가장 낮은 연령대는 40대이다.

④ 2023년에 60대 이상에서 '조금 노력함'을 선택한 비율은 전년 대비 $\frac{30.0-29.7}{30.0} \times 100 = 1\%$ 감소하였다.

⑤ '매우 노력함'을 선택한 비율은 2022년 대비 2023년에 50대와 60대 이상에서 감소하였다.

이 출판물의 무단복제, 복사, 전재 행위는 저작권법에 저촉됩니다.
파본은 구입처에서 교환하실 수 있습니다.

합격의공식
시대
에듀
www.sdedu.co.kr

합격의공식
시대
에듀
www.sdedu.co.kr

BNK경남은행 필기시험 OMR 답안카드

고사장

성 명

수 험 번 호						
⓪	⓪	⓪	⓪	⓪	⓪	⓪
①	①	①	①	①	①	①
②	②	②	②	②	②	②
③	③	③	③	③	③	③
④	④	④	④	④	④	④
⑤	⑤	⑤	⑤	⑤	⑤	⑤
⑥	⑥	⑥	⑥	⑥	⑥	⑥
⑦	⑦	⑦	⑦	⑦	⑦	⑦
⑧	⑧	⑧	⑧	⑧	⑧	⑧
⑨	⑨	⑨	⑨	⑨	⑨	⑨

감독위원 확인
인

문번	1	2	3	4	5	문번	1	2	3	4	5	문번	1	2	3	4	5	문번	1	2	3	4	5
1	①	②	③	④	⑤	21	①	②	③	④	⑤	41	①	②	③	④	⑤	61	①	②	③	④	⑤
2	①	②	③	④	⑤	22	①	②	③	④	⑤	42	①	②	③	④	⑤	62	①	②	③	④	⑤
3	①	②	③	④	⑤	23	①	②	③	④	⑤	43	①	②	③	④	⑤	63	①	②	③	④	⑤
4	①	②	③	④	⑤	24	①	②	③	④	⑤	44	①	②	③	④	⑤	64	①	②	③	④	⑤
5	①	②	③	④	⑤	25	①	②	③	④	⑤	45	①	②	③	④	⑤	65	①	②	③	④	⑤
6	①	②	③	④	⑤	26	①	②	③	④	⑤	46	①	②	③	④	⑤	66	①	②	③	④	⑤
7	①	②	③	④	⑤	27	①	②	③	④	⑤	47	①	②	③	④	⑤	67	①	②	③	④	⑤
8	①	②	③	④	⑤	28	①	②	③	④	⑤	48	①	②	③	④	⑤	68	①	②	③	④	⑤
9	①	②	③	④	⑤	29	①	②	③	④	⑤	49	①	②	③	④	⑤	69	①	②	③	④	⑤
10	①	②	③	④	⑤	30	①	②	③	④	⑤	50	①	②	③	④	⑤	70	①	②	③	④	⑤
11	①	②	③	④	⑤	31	①	②	③	④	⑤	51	①	②	③	④	⑤	71	①	②	③	④	⑤
12	①	②	③	④	⑤	32	①	②	③	④	⑤	52	①	②	③	④	⑤	72	①	②	③	④	⑤
13	①	②	③	④	⑤	33	①	②	③	④	⑤	53	①	②	③	④	⑤	73	①	②	③	④	⑤
14	①	②	③	④	⑤	34	①	②	③	④	⑤	54	①	②	③	④	⑤	74	①	②	③	④	⑤
15	①	②	③	④	⑤	35	①	②	③	④	⑤	55	①	②	③	④	⑤	75	①	②	③	④	⑤
16	①	②	③	④	⑤	36	①	②	③	④	⑤	56	①	②	③	④	⑤	76	①	②	③	④	⑤
17	①	②	③	④	⑤	37	①	②	③	④	⑤	57	①	②	③	④	⑤	77	①	②	③	④	⑤
18	①	②	③	④	⑤	38	①	②	③	④	⑤	58	①	②	③	④	⑤	78	①	②	③	④	⑤
19	①	②	③	④	⑤	39	①	②	③	④	⑤	59	①	②	③	④	⑤	79	①	②	③	④	⑤
20	①	②	③	④	⑤	40	①	②	③	④	⑤	60	①	②	③	④	⑤	80	①	②	③	④	⑤

※ 본 답안카드는 마킹연습용 모의 답안카드입니다.

BNK경남은행 필기시험 OMR 답안카드

고사장

성 명

수 험 번 호						
⓪	⓪	⓪	⓪	⓪	⓪	⓪
①	①	①	①	①	①	①
②	②	②	②	②	②	②
③	③	③	③	③	③	③
④	④	④	④	④	④	④
⑤	⑤	⑤	⑤	⑤	⑤	⑤
⑥	⑥	⑥	⑥	⑥	⑥	⑥
⑦	⑦	⑦	⑦	⑦	⑦	⑦
⑧	⑧	⑧	⑧	⑧	⑧	⑧
⑨	⑨	⑨	⑨	⑨	⑨	⑨

감독위원 확인
㊞ 인

문번	1	2	3	4	5	문번	1	2	3	4	5	문번	1	2	3	4	5	문번	1	2	3	4	5
1	①	②	③	④	⑤	21	①	②	③	④	⑤	41	①	②	③	④	⑤	61	①	②	③	④	⑤
2	①	②	③	④	⑤	22	①	②	③	④	⑤	42	①	②	③	④	⑤	62	①	②	③	④	⑤
3	①	②	③	④	⑤	23	①	②	③	④	⑤	43	①	②	③	④	⑤	63	①	②	③	④	⑤
4	①	②	③	④	⑤	24	①	②	③	④	⑤	44	①	②	③	④	⑤	64	①	②	③	④	⑤
5	①	②	③	④	⑤	25	①	②	③	④	⑤	45	①	②	③	④	⑤	65	①	②	③	④	⑤
6	①	②	③	④	⑤	26	①	②	③	④	⑤	46	①	②	③	④	⑤	66	①	②	③	④	⑤
7	①	②	③	④	⑤	27	①	②	③	④	⑤	47	①	②	③	④	⑤	67	①	②	③	④	⑤
8	①	②	③	④	⑤	28	①	②	③	④	⑤	48	①	②	③	④	⑤	68	①	②	③	④	⑤
9	①	②	③	④	⑤	29	①	②	③	④	⑤	49	①	②	③	④	⑤	69	①	②	③	④	⑤
10	①	②	③	④	⑤	30	①	②	③	④	⑤	50	①	②	③	④	⑤	70	①	②	③	④	⑤
11	①	②	③	④	⑤	31	①	②	③	④	⑤	51	①	②	③	④	⑤	71	①	②	③	④	⑤
12	①	②	③	④	⑤	32	①	②	③	④	⑤	52	①	②	③	④	⑤	72	①	②	③	④	⑤
13	①	②	③	④	⑤	33	①	②	③	④	⑤	53	①	②	③	④	⑤	73	①	②	③	④	⑤
14	①	②	③	④	⑤	34	①	②	③	④	⑤	54	①	②	③	④	⑤	74	①	②	③	④	⑤
15	①	②	③	④	⑤	35	①	②	③	④	⑤	55	①	②	③	④	⑤	75	①	②	③	④	⑤
16	①	②	③	④	⑤	36	①	②	③	④	⑤	56	①	②	③	④	⑤	76	①	②	③	④	⑤
17	①	②	③	④	⑤	37	①	②	③	④	⑤	57	①	②	③	④	⑤	77	①	②	③	④	⑤
18	①	②	③	④	⑤	38	①	②	③	④	⑤	58	①	②	③	④	⑤	78	①	②	③	④	⑤
19	①	②	③	④	⑤	39	①	②	③	④	⑤	59	①	②	③	④	⑤	79	①	②	③	④	⑤
20	①	②	③	④	⑤	40	①	②	③	④	⑤	60	①	②	③	④	⑤	80	①	②	③	④	⑤

※ 본 답안카드는 마킹연습용 모의 답안카드입니다.

BNK부산은행 직무수행능력평가 OMR 답안카드

고사장

성 명

수 험 번 호						
⓪	⓪	⓪	⓪	⓪	⓪	⓪
①	①	①	①	①	①	①
②	②	②	②	②	②	②
③	③	③	③	③	③	③
④	④	④	④	④	④	④
⑤	⑤	⑤	⑤	⑤	⑤	⑤
⑥	⑥	⑥	⑥	⑥	⑥	⑥
⑦	⑦	⑦	⑦	⑦	⑦	⑦
⑧	⑧	⑧	⑧	⑧	⑧	⑧
⑨	⑨	⑨	⑨	⑨	⑨	⑨

감독위원 확인
㊞

문번	1	2	3	4	5	문번	1	2	3	4	5	문번	1	2	3	4	5	문번	1	2	3	4	5
1	①	②	③	④	⑤	21	①	②	③	④	⑤	41	①	②	③	④	⑤	61	①	②	③	④	⑤
2	①	②	③	④	⑤	22	①	②	③	④	⑤	42	①	②	③	④	⑤	62	①	②	③	④	⑤
3	①	②	③	④	⑤	23	①	②	③	④	⑤	43	①	②	③	④	⑤	63	①	②	③	④	⑤
4	①	②	③	④	⑤	24	①	②	③	④	⑤	44	①	②	③	④	⑤	64	①	②	③	④	⑤
5	①	②	③	④	⑤	25	①	②	③	④	⑤	45	①	②	③	④	⑤	65	①	②	③	④	⑤
6	①	②	③	④	⑤	26	①	②	③	④	⑤	46	①	②	③	④	⑤	66	①	②	③	④	⑤
7	①	②	③	④	⑤	27	①	②	③	④	⑤	47	①	②	③	④	⑤	67	①	②	③	④	⑤
8	①	②	③	④	⑤	28	①	②	③	④	⑤	48	①	②	③	④	⑤	68	①	②	③	④	⑤
9	①	②	③	④	⑤	29	①	②	③	④	⑤	49	①	②	③	④	⑤	69	①	②	③	④	⑤
10	①	②	③	④	⑤	30	①	②	③	④	⑤	50	①	②	③	④	⑤	70	①	②	③	④	⑤
11	①	②	③	④	⑤	31	①	②	③	④	⑤	51	①	②	③	④	⑤	71	①	②	③	④	⑤
12	①	②	③	④	⑤	32	①	②	③	④	⑤	52	①	②	③	④	⑤	72	①	②	③	④	⑤
13	①	②	③	④	⑤	33	①	②	③	④	⑤	53	①	②	③	④	⑤	73	①	②	③	④	⑤
14	①	②	③	④	⑤	34	①	②	③	④	⑤	54	①	②	③	④	⑤	74	①	②	③	④	⑤
15	①	②	③	④	⑤	35	①	②	③	④	⑤	55	①	②	③	④	⑤	75	①	②	③	④	⑤
16	①	②	③	④	⑤	36	①	②	③	④	⑤	56	①	②	③	④	⑤	76	①	②	③	④	⑤
17	①	②	③	④	⑤	37	①	②	③	④	⑤	57	①	②	③	④	⑤	77	①	②	③	④	⑤
18	①	②	③	④	⑤	38	①	②	③	④	⑤	58	①	②	③	④	⑤	78	①	②	③	④	⑤
19	①	②	③	④	⑤	39	①	②	③	④	⑤	59	①	②	③	④	⑤	79	①	②	③	④	⑤
20	①	②	③	④	⑤	40	①	②	③	④	⑤	60	①	②	③	④	⑤	80	①	②	③	④	⑤

※ 본 답안카드는 마킹연습용 모의 답안카드입니다.

BNK부산은행 직무수행능력평가 OMR 답안카드

고사장

성 명

수 험 번 호						
⓪	⓪	⓪	⓪	⓪	⓪	⓪
①	①	①	①	①	①	①
②	②	②	②	②	②	②
③	③	③	③	③	③	③
④	④	④	④	④	④	④
⑤	⑤	⑤	⑤	⑤	⑤	⑤
⑥	⑥	⑥	⑥	⑥	⑥	⑥
⑦	⑦	⑦	⑦	⑦	⑦	⑦
⑧	⑧	⑧	⑧	⑧	⑧	⑧
⑨	⑨	⑨	⑨	⑨	⑨	⑨

감독위원 확인
㉑ 인

문번	1	2	3	4	5	문번	1	2	3	4	5	문번	1	2	3	4	5	문번	1	2	3	4	5
1	①	②	③	④	⑤	21	①	②	③	④	⑤	41	①	②	③	④	⑤	61	①	②	③	④	⑤
2	①	②	③	④	⑤	22	①	②	③	④	⑤	42	①	②	③	④	⑤	62	①	②	③	④	⑤
3	①	②	③	④	⑤	23	①	②	③	④	⑤	43	①	②	③	④	⑤	63	①	②	③	④	⑤
4	①	②	③	④	⑤	24	①	②	③	④	⑤	44	①	②	③	④	⑤	64	①	②	③	④	⑤
5	①	②	③	④	⑤	25	①	②	③	④	⑤	45	①	②	③	④	⑤	65	①	②	③	④	⑤
6	①	②	③	④	⑤	26	①	②	③	④	⑤	46	①	②	③	④	⑤	66	①	②	③	④	⑤
7	①	②	③	④	⑤	27	①	②	③	④	⑤	47	①	②	③	④	⑤	67	①	②	③	④	⑤
8	①	②	③	④	⑤	28	①	②	③	④	⑤	48	①	②	③	④	⑤	68	①	②	③	④	⑤
9	①	②	③	④	⑤	29	①	②	③	④	⑤	49	①	②	③	④	⑤	69	①	②	③	④	⑤
10	①	②	③	④	⑤	30	①	②	③	④	⑤	50	①	②	③	④	⑤	70	①	②	③	④	⑤
11	①	②	③	④	⑤	31	①	②	③	④	⑤	51	①	②	③	④	⑤	71	①	②	③	④	⑤
12	①	②	③	④	⑤	32	①	②	③	④	⑤	52	①	②	③	④	⑤	72	①	②	③	④	⑤
13	①	②	③	④	⑤	33	①	②	③	④	⑤	53	①	②	③	④	⑤	73	①	②	③	④	⑤
14	①	②	③	④	⑤	34	①	②	③	④	⑤	54	①	②	③	④	⑤	74	①	②	③	④	⑤
15	①	②	③	④	⑤	35	①	②	③	④	⑤	55	①	②	③	④	⑤	75	①	②	③	④	⑤
16	①	②	③	④	⑤	36	①	②	③	④	⑤	56	①	②	③	④	⑤	76	①	②	③	④	⑤
17	①	②	③	④	⑤	37	①	②	③	④	⑤	57	①	②	③	④	⑤	77	①	②	③	④	⑤
18	①	②	③	④	⑤	38	①	②	③	④	⑤	58	①	②	③	④	⑤	78	①	②	③	④	⑤
19	①	②	③	④	⑤	39	①	②	③	④	⑤	59	①	②	③	④	⑤	79	①	②	③	④	⑤
20	①	②	③	④	⑤	40	①	②	③	④	⑤	60	①	②	③	④	⑤	80	①	②	③	④	⑤

※ 본 답안카드는 마킹연습용 모의 답안카드입니다.

INTRODUCE

BNK금융그룹 기업분석

◇ 미션

금융을 편리하게
미래를 풍요롭게

◇ 비전

세상을 가슴 뛰게 하는 금융

◇ 전략 슬로건

TOUCH Your Heart, BNK

◇ 핵심가치

바른

새로운

함께하는

INFORMATION

신입행원 채용 안내

◇ 지원방법

❶ BNK경남은행 : 경남은행 채용 사이트(knbank.recruiter.co.kr)를 통한 인터넷 접수
❷ BNK부산은행 : 부산은행 채용 사이트(busanbank.recruiter.co.kr)를 통한 인터넷 접수

◇ 지원자격

❶ 학력/연령/성별 제한 없음
❷ 병역필 또는 면제자로 해외여행에 결격사유가 없는 자
❸ 당행 내규에 따른 결격사유에 해당하지 않는 자

◇ 채용절차

❶ BNK경남은행 : 서류전형 ➡ 필기전형 ➡ 종합면접 ➡ 기업문화 적합도 심사&컬처핏 면접 ➡ 최종면접 ➡ 최종합격자 발표
❷ BNK부산은행 : 서류전형 ➡ 필기전형 ➡ 종합면접 ➡ 기업문화 적합도 심사&컬처핏 면접 ➡ 신체검사 ➡ 최종면접

◇ 필기전형

❶ BNK경남은행

구분	영역	문항 수
일반 직군	논리사고력	30문제
	금융직무	20문제
	경제/경영학	20문제
	디지털	10문제

❷ BNK부산은행

구분	영역
일반 직군	일반금융 (경제, 경영, 금융직무)
	논리 · 사고력 (언어논리, 수리논리)
	디지털 IT 기초

❖ 2025년 신입행원 채용공고 기준입니다.

시대에듀 NCS 도서 구매자를 위한 특별한 혜택

NCS 기출풀이 특강 및 통합 온라인 모의고사

동영상 강의 이용 안내

1. 시대에듀 홈페이지 접속 (www.sdedu.co.kr)
2. 상단 카테고리 「회원혜택」→「이벤트존」→「NCS 도서구매 특별혜택 이벤트」 클릭
3. 쿠폰번호 입력 후 수강

모바일 OMR 답안채점 /성적분석 서비스

서비스 이용 안내

1. 회차별 모의고사 첫 번째 페이지의 OR 코드 찍고 '응시하기' 클릭
2. 나의 답안을 모바일 OMR에 입력
3. '성적분석&채점결과' 클릭하고 현재 내 실력 파악하기

※ 쿠폰 등록 후 30일 이내에 사용 가능합니다.

NCS 핵심이론 및 대표유형 분석자료

자료실 이용 안내

1. 시대에듀 도서 홈페이지 접속 (www.sdedu.co.kr/book)
2. 상단 카테고리 「도서업데이트」 클릭
3. '공기업/금융권 NCS 도서 무료 학습 자료' 검색 후 다운로드

※ 자료가 보이지 않을 때에는 '금융권'으로 검색하기 바랍니다.

무료제공 쿠폰

NCS 쿠폰번호

NCS 기출풀이 특강	CFC-22266-19054
NCS 통합 온라인 모의고사	ATNV-00000-BBC1F

BNK경남 · 부산은행 온라인 모의고사

BNK경남은행	ATQP-00000-E9B4C
BNK부산은행	ATQQ-00000-5B3A7

등록기간 : ~2026. 08. 31

❖ 쿠폰 등록 후 30일 이내에 사용 가능합니다.
❖ 쿠폰 등록 및 응시는 윈도우 기반 PC에서만 가능합니다.
❖ 모바일 및 macOS 운영체제에서는 서비스되지 않습니다.

온라인 모의고사

BNK경남 · 부산은행 온라인 모의고사

온라인 모의고사	
BNK경남은행	ATQP-00000-E9B4C
BNK부산은행	ATQQ-00000-5B3A7

(기간 : ~2026년 8월 31일)

※ 쿠폰 등록 후 30일 이내에 사용 가능합니다.
※ 쿠폰 등록 및 응시는 윈도우 기반 PC에서만 가능합니다.
※ 모바일 및 macOS 운영체제에서는 서비스되지 않습니다.

합격시대 맞춤형 온라인 테스트

www.sdedu.co.kr/pass_sidae_new

합격시대 홈페이지 접속 (www.sdedu.co.kr/pass_sidae_new) → 홈페이지 우측 상단 '쿠폰 입력하고 모의고사 받자' 클릭 → 쿠폰번호 등록 → 내강의실 → 모의고사 → 합격시대 모의고사 클릭 후 응시하기

합격시대 맞춤형 온라인 테스트 | www.sdedu.co.kr/pass_sidae_new | 1600-3600 평일 9시~18시 (토 · 공휴일 휴무)

PC/모바일 무료 NCS 특강

NCS 자소서 및 기출풀이 특강 제공

1 시대에듀 홈페이지 접속(www.sdedu.co.kr)

2 상단 카테고리 「회원혜택」 – 「이벤트존」 – 「NCS 도서구매 특별혜택 이벤트」 클릭

3 쿠폰번호 입력 후 수강

※ 해당 강의는 본 도서를 기반으로 하지 않습니다.